Horst-Eberhard Richter

Alle redeten vom Frieden

Horst-Eberhard Richter

Alle redeten vom Frieden

Versuch einer paradoxen Intervention

Sich für den Frieden nicht zu engagieren, heißt,
seine Zerstörung geschehen zu lassen.

Büchergilde Gutenberg

Lizenzausgabe für die Büchergilde Gutenberg,
Frankfurt am Main, Olten, Wien
mit freundlicher Genehmigung des
Rowohlt Verlages GmbH, Reinbek

Gesamtherstellung Clausen & Bosse, Leck
Einbandentwurf Eckard Warminski, Frankfurt am Main
Printed in Germany 1982
ISBN 3 7632 2709 1

Inhalt

Erste Vorbemerkung:

Welche Angst ist ungesund?

Angst ist schlecht. Zuversicht ist gut. Viele Menschen kommen wegen ihrer Angst zu uns Psychotherapeuten. Angst, die den Schlaf raubt, die Herzklopfen macht und die Arbeit behindert, ist ungesund. Und wir Psychotherapeuten wollen helfen, daß Menschen sich wohl befinden.

Aber manche Angst ist ungesund, weil die Umstände ungesund sind, unter denen die Menschen leben. Dann ist die Angst richtig, und Zuversicht wäre falsch. Denn dann wird die Angst zum vernünftigen Ratgeber, der die Umstände zu ändern verlangt. Ohne Angst würde man alles so lassen, wie es ist. Die Angst vor der atomaren Aufrüstung ist richtig, weil sie eine echte Gefahr anzeigt, die stetig anwächst. Diese Angst müssen wir so lange aushalten, bis wir mit ihrer Hilfe die Politik dazu gedrängt haben, mit echter Abrüstung zu beginnen.

Aber viele Politiker und viele Bürger wollen, daß die Medizin unter allen Umständen für Wohlbefinden sorgt. Die Menschen mögen in «Global 2000» lesen, daß bald Hunderttausende von Pflanzen- und Tierarten absterben, daß immer mehr Gifte die Atmosphäre verunreinigen, daß unsere Äcker, sofern sie sich nicht durch Verschwinden der Wälder in Wüsten verwandeln, durch sauren Regen versalzen werden. Sie mögen erfahren, daß der Abschreckungsfrieden durch die gigantische Atomrüstung und die verkürzten Reaktionszeiten immer unsicherer wird. Aber sie sollen sich dabei wohl befinden. Wenn sie nervös werden, sollen sie Tabletten nehmen oder sich in Psychotherapie begeben.

Wir Psychotherapeuten müssen aber einwenden: Tiefer gestört als diejenigen, die auf die Bedrohung mit Angst und Verzweiflung reagieren, sind die Verantwortlichen, die diese Risikopolitik betreiben und ihre eigene Angst verdrängen. Die Ohnmächtigen, die berechtigte Angst haben, müssen die Mächtigen, die falsche Zuversicht zeigen und predigen, zur Teilnahme an ihrer Angst zwingen. Und wir Psychotherapeuten müssen sie dabei unterstützen. Denn wenn diejenigen, die am Steuer sind, die von ihnen laufend erhöhte Gefahr nicht spüren, liegt die wahre psychische Gesundheit bei den vielen anderen, denen am Rande des Abgrunds schwindelig wird und die energisch auf einen unverzüglichen Kurswechsel dringen.

Zweite Vorbemerkung:

Welcher Sinn steckt im Wahnsinn?

«Auf jeden Menschen in den Staaten der NATO oder des Warschauer Paktes entfallen umgerechnet 60 Tonnen des Sprengstoffes TNT.»

A. A. Guha

«In einem weltweiten Nuklearkrieg würde mehr Zerstörungskraft als im gesamten Zweiten Weltkrieg freigesetzt werden, und zwar in jeder Sekunde des langen Nachmittags, den man für den Abschuß und Abwurf aller Raketen und Bomben benötigen würde; jede Sekunde würde ein Zweiter Weltkrieg stattfinden, und in den ersten Stunden würden mehr Menschen getötet als in allen Kriegen der Geschichte zusammen. Die Überlebenden – wenn es überhaupt welche geben würde – würden in Verzweiflung leben inmitten der vergifteten Ruinen einer Zivilisation, die Selbstmord begangen hätte.»

J. Carter

«Beide (Supermächte) haben Kernwaffen gleich Traumwandlern oder Lemmingen aufgehäuft, die bereit sind, sich ins Meer zu stürzen.»

G. F. Kennan

«Das alte Wort, wenn du den Frieden willst, dann rüste für den Krieg, ist ... ad absurdum geführt, wenn das heutige Waffenarsenal einmal losgeht ... Und ich meine, es ist ja nichts da, dies zu verhindern, nichts als der große Schrecken. Aber der Mensch hat meistens zu wenig Phantasie.»

F. Dürrenmatt

«In diesem Frieden durch Abschreckung leben wir heute. Er ist offensichtlich ganz instabil. Irgendein Zufall, eine unbedachte Handlung kann die Katastrophe auslösen.»

M. Born

«Ein Weltkrieg ‹aus Versehen› oder aus ‹menschlichem Versagen› wird immer wahrscheinlicher, je schlagkräftiger, zielgenauer und schneller die Machtblöcke sich gegenseitig zu vernichten vermögen. Zweimal gaben amerikanische Computer im Jahre 1980 Fehlalarm, stiegen Atombomber auf, wurden Raketen abschußfertig gemacht. Noch konnte der Fehler korrigiert werden. Aber wenn der Fortschritt der Waffentechnik die Reaktionszeiten weiter herunterdrückt, bleibt immer weniger Zeit, zu prüfen und eine vernünftig begründete Entscheidung zu fällen.»

J. Strasser

All dies wissen wir. Aber das Problem ist, daß wir es im Grunde nicht *glauben* wollen. Halbernst sprechen wir von «Rüstungswahnsinn». Aber zugleich verteidigen wir die Überzeugung, daß in allem doch Vernunft walten müsse. Vermutlich, so reden wir uns ein, werden die uns unheimlichen Risiken von jenen Experten besonnen kontrolliert, deren Rat gewiß die Politik folgt. Schlimm ist es nun, daß die große Mehrzahl der Friedensforscher dieser allgemeinen Hoffnung widerspricht. Sie haben die Wahrscheinlichkeit ausgerechnet, daß die Abschreckung irgendwann zu versagen droht.

Aber glauben wollen wir dies deshalb noch immer nicht. Glauben, das würde heißen, uns die Wahrheit *zu Herzen zu nehmen*. Es würde heißen, uns in einem Augenblick, da wir die Welt für total berechenbar und die Beseitigung aller Hindernisse für technisch machbar halten möchten, uns einer Ratlosigkeit und Verwirrung auszuliefern, die unsere Kräfte zu überfordern scheint. Deshalb kämpfen wir mit allen Mitteln um die Aufrechterhaltung der Verdrängung, damit unser Wissen nicht zum

Glauben wird. Und dabei hilft uns, wie Dürrenmatt gesagt hat, unser Phantasiemangel. Was sich ohnehin schwer anschaulich fassen läßt, können wir immer wieder von unserem Ich als scheinbar leeres Abstraktum fernhalten.

Wie «erfolgreich» viele von uns momentan die Wahrheit aber auch immer noch abspalten und den «Rüstungswahnsinn» zu einer Leerformel zu machen versuchen – unsere Abwehrmechanismen können der Realität kaum noch lange standhalten. Wir stehen vor dem unabweisbaren Zwang, uns das scheinbar Unfaßbare dennoch zu eigen machen zu müssen.

Ein wichtiger erster Schritt wäre der, die eigenartige Logik genauer zu durchschauen, welche beiderseits dazu führt, daß Sicherheit durch eine Aufrüstungspolitik erstrebt wird, die den Frieden in Wirklichkeit immer unsicherer macht. Und zu entlarven ist auch die Selbsttäuschung, daß man auf eine äußere Bedrohung der Freiheit sinnvoll antworten könnte, indem man seinerseits mit einer totalitären Vernichtungsdrohung reagiert, wodurch hüben wie drüben eine unvermeidliche Militarisierung der sozialen Strukturen bewirkt wird, die allerseits Freiheit vernichtet.

Aber es gibt – auch in der Psychiatrie – keinen Wahnsinn ohne Sinn. Entlarvung von Wahnsinn bedeutet nie allein Aufdeckung von Täuschungen. In dem «wahnsinnigen» Rüstungswettlauf steckt zweifellos eine latente Logik. Waltet hier etwa eine geheime kollektive Todessehnsucht, die dem unbeirrten Festhalten an einer stetigen Eskalation der Risiken einen Sinn geben würde? Ist es vielleicht nicht nur so dahingesagt, wenn Kennan, Augstein und andere uns neuerdings mit Lemmingen vergleichen und Carter die Vision eines Suizids einer Zivilisation beschwört? Verweist unsere Unfähigkeit zu einer Politik der friedlichen Verständigung und der internationalen Kooperation ähnlich wie unsere selbstschädigende Umweltzerstörungs-Politik etwa tatsächlich auf einen nachlassenden Überlebenswillen unserer Zivilisation?

Ich meine, daß es in der Tat schwerwiegende Anhaltspunkte für eine solche Mutmaßung gibt. Viele Erscheinungen ließen sich als Ausdruck einer weit ausgreifenden depressiven Strömung interpretieren, welche die gesellschaftlichen Selbstheilungskräfte hemmt. Natürlich bleibt dies eine spekulative These, aber ihr praktischer Wert könnte darin bestehen, daß sie in dem Maße, in dem man sie verfolgt und sich mit ihr auseinandersetzt, zum handelnden Widerspruch herausfordert.

Der langjährigen Diskussion der Friedens- und Konfliktforscher haftet die Einseitigkeit an, daß sie sich fast ausschließlich auf der Ebene sicherheitspolitischer und militärischer Analysen und Optionen abgespielt hat. Man landet dabei fast stets bei Vorschlägen in der Dimension allgemeiner Strategien, die man für falsch oder richtig halten kann, die indessen die Lebenspraxis des einzelnen nicht jetzt und hier berühren. Aber wenn man sich mit dem versteckten depressiven Pessimismus auseinandersetzt, der allem Anschein nach die wachsende Hilflosigkeit in der Meisterung schwerwiegender Krisenlagen kennzeichnet, so bedeutet dies letztlich eine Anfrage an jeden, sich seiner persönlichen Widerstandsenergie und seines Überlebenswillens zu vergewissern.

Max Horkheimer hat 1971 gesagt: «Mit theoretischem Pessimismus könnte eine nicht unoptimistische Praxis sich verbinden, die, des universalen Schlechten eingedenk, das Mögliche trotz allem zu verbessern sucht.»

Die nachfolgende «Geschichte» versucht, einen möglichen Sinn im Wahnsinn faßbar zu machen. In der Psychotherapie spricht man von einer «paradoxen Intervention», wenn man Negatives verstärkt, um eine konstruktive Reaktion herauszufordern. Ich meine, wir müssen uns die Möglichkeit des Schlimmsten zu Herzen nehmen, um uns zu jener fundamentalen Umbesinnung drängen zu lassen, ohne welche Albert Einstein das Überleben der Menschheit im Atomzeitalter für unmöglich erklärt hat.

Erster Teil

Rekonstruktion eines Dramas

1. Kapitel

Warum haben sie es getan?

«Die Welt bewegt sich in Richtung Hölle, mit einer hohen Geschwindigkeit, einer positiven Beschleunigung und vielleicht sogar einer ansteigenden Zuwachsrate dieser Beschleunigung.»

R. Oppenheimer

Irgendwann in der Zukunft mögen intelligente Wesen von einem anderen Stern in der noch immer radioaktiv verseuchten Kruste der Erde graben und nach Anhaltspunkten dafür suchen, wie es zur Auslöschung des menschlichen Lebens auf unserem Planeten gekommen ist. Sie werden herausfinden, daß eine mehrtausendfache nukleare Explosion die Erdvölker vernichtet hat. Aber wie es zu dieser Katastrophe gekommen ist, wird den eingeflogenen Fremdlingen zunächst rätselhaft erscheinen.

Die Erdbesucher mögen ermitteln, wie wir gewohnt und welche Geräte wir benutzt haben. Vielleicht werden sie durch hartnäckigen Forschungseifer auch die Sprachen der Erdvölker zu entziffern lernen. Eine Unzahl von ausgegrabenen Dokumenten wird es ihnen dann möglich machen, unsere Lebens- und Arbeitsformen zu rekonstruieren. Sie werden entdecken, wie die Bewohner der Länder mit der am höchsten entwickelten Technik die größten Bemühungen darauf verwendet hatten, das Leben zu erleichtern, Unglücksfällen vorzubeugen, Schmerzen und Gebrechen zu lindern oder zu beheben und die Ordnung des Zusammenlebens peinlich genau zu überwachen. Jedenfalls dürften diese fremden Forscher sich allmählich davon überzeugen, daß insbesondere die Angehörigen der auf der Erde dominierenden Völker nicht nur sehr an ihrem Leben hingen, sondern sogar darauf aus waren, sich immer noch machtvoller unter äußerster Ausnützung der Erdhilfsquellen zu entfalten. Was könnte sie dann aber dazu bewogen haben, zu Lande und zu Wasser Tausende von grauenhaften Massenvernichtungswaffen zu stapeln, mit deren Hilfe sie sich schließlich selbst ausgelöscht haben?

Es dürfte den neugierigen Eindringlingen trotz angestrengtester Forschungsbemühungen äußerst schwerfallen, für das gewaltsame Ende der Erdzivilisation eine plausible Erklärung zu finden. Warum sollten die Erdvölker vernichtet haben, was sie zuvor überaus planvoll mit gewaltigen Anstrengungen aufgebaut hatten? Immer wieder wird man auf die Hypothese einer gewaltigen Naturkatastrophe auszuweichen versuchen, die am ehesten den sonst unlösbar scheinenden Widerspruch aufklären könnte. Aber am Ende wird es keinen Zweifel mehr daran geben, daß niemand anders als die Völker der Industrieländer die Vernichtung der eigenen Zivilisation sowie alles übrigen Lebens auf der Erde vorbereitet und durchgeführt haben.

Warum um alles in der Welt haben sie das getan? Einige der fremden Forscher werden erwägen, daß eine Schlacht zwischen den Erdvölkern und Invasoren von einem fremden Stern stattgefunden haben könnte. Aber man wird vergeblich nach Beweisen für diese vermutete Landung außerirdischer Invasoren fahnden. Und es wird sich vielleicht auch zeigen, daß zur fraglichen Zeit kein benachbarter Himmelskörper mit Wesen bevölkert war, die imstande hätten sein können, die Erde anzufliegen oder gar ernstlich zu bedrohen.

Aber wird man eine plausiblere Theorie finden? Jedenfalls wird man sich genötigt sehen, den Anlaß zur Anhäufung und schließlich zum Abschuß vieler Tausender von Vernichtungsbomben auf der Erde selbst zu suchen. Die Tatsache, daß die Abschußvorrichtungen für die mörderischen Geschosse in Ost und West aufeinander gerichtet waren, wird der Hypothese Nahrung geben, daß beide Völkergruppen die Absicht verfolgt haben mögen, jeweils die andere niederzuwerfen. Und schließlich mögen beide gleichzeitig losgeschlagen und damit versehentlich den eigenen Untergang mit herbeigeführt haben.

Jedoch wird man auch gegen diese abenteuerliche Theorie triftige Einwände vorbringen:

1. Ein westlicher oder östlicher Angreifer hätte von vornherein wissen müssen, daß er selbst durch einen Überraschungskrieg einen verheerenden Gegenschlag nicht hätte verhindern können. Denn beiderseits wurde ja ein zur totalen Vernichtung der Gegenseite ausreichendes Waffenarsenal ständig auf schwimmenden Unterseebooten bereitgehalten. Keiner hätte diese Waffen des anderen ausschalten können, um die Gefahr der Selbstvernichtung zu beseitigen.
2. Allein die Folgewirkung einer radioaktiven Verseuchung der Atmosphäre und erheblicher Teile der Erdoberfläche hätte jedes noch so angriffsfreudige Erdvolk aus Gründen der Selbsterhaltung davon abhalten müssen, einen Atomkrieg anzuzetteln.
3. Nach allen Anzeichen haben die Menschen sich gerade in der Endphase so intensiv wie nie zuvor um den Schutz ihres Lebens und ihrer Gesundheit gekümmert. Man hatte eine hochentwickelte Medizin. Die Leute haben ihr Gewicht, ihren Blutdruck, ihren Blutzucker kontrolliert. Ihren Kreislauf haben sie trainiert, sich in großer Zahl das Rauchen abgewöhnt, sich nach Expertenratschlägen ernährt und ihre Kinder gegen sämtliche gefährlichen Krankheitserreger geimpft. Warum hätten diese Leute ihr Leben, für dessen Erhaltung und Verlängerung sie so gewaltige Opfer brachten, um der Sättigung feindseliger Gefühle oder der Freude an kriegerischen Eroberungen willen leichtfertig aufs Spiel setzen sollen?

   Dies würde jedenfalls die Annahme eines absolut irrationalen Verhaltens erfordern. Aber hat man sich nicht gerade in den Industrieländern in der letzten Phase überaus bemüht, jede Irrationalität auszuschließen? Hat man nicht alle Planungen mit einem Höchstmaß an Nüchternheit und Sachlichkeit betrieben und sämtliche Entscheidungen vorher exakt durchgerechnet? Nichts wurde damals, so wird man herausfinden, nur einfach intuitiv gemacht. Alle Folgen politischer und wirtschaftlicher Maßnahmen waren von Expertenstäben vorher bedacht und durchgespielt worden.

4. Aber vielleicht hatten weder die Ostvölker die Westvölker noch diese jene in einem Krieg niederzwingen wollen. Vielleicht hat jede Seite nur daran *geglaubt*, daß die andere Seite eben dies wollte? Und so hätten sie beide nur aus der gleichen Angst heraus um die Wette gerüstet und am Ende die Situation nicht mehr kontrollieren können? Auch diese Annahme mag man der Überprüfung für wert halten, aber am Ende verwerfen müssen. Wenn zwei Kontrahenten gleichermaßen nichts von dem im Schilde führen, was jeweils der andere unterstellt, so kann dieses Mißverständnis unter ihnen doch nur dann längere Zeit fortbestehen, wenn sie übereinander nur sehr mangelhaft Bescheid wissen. Aber zu jener Zeit war es bereits fast unmöglich, irgend etwas voreinander geheimzuhalten. Man konnte praktisch überall abhören, wo wichtige Gespräche geführt wurden. Spionagesatelliten meldeten von jedem Platz der Erde, was dort geschah. Und warum hätten denn die Regierungen auch ihre Absichten voreinander verbergen sollen, wenn diese friedlicher und defensiver Art waren? Jede Seite mußte doch darauf bedacht sein, Mißtrauen und Angst auf der Gegenseite zu vermeiden oder abzubauen, um nicht selbst fürchten zu müssen, daß der andere sich aus irrigem Mißtrauen zu einer aggressiven Auseinandersetzung rüste.

5. Natürlich hätte der Vernichtungskrieg letztlich auch einfach durch ein Versehen, d. h. ohne Absicht, ausgelöst werden können. Die Forscher vom fremden Stern mag es überhaupt verwundern, wie anfällig das System der Computer war, dem man ein hohes Maß an Verantwortung dafür übertragen zu haben schien, ob und wann das Riesenarsenal der Atomraketen abgefeuert werden sollte. Aber selbst dann, wenn man als letzten Anlaß des Vernichtungsschlages ein Versehen, mögli-

cherweise eine rein technische Panne annehmen würde, so wäre völlig ungeklärt, warum sich die dominierenden Industrievölker überhaupt erst einmal auf ein so gigantisches Pulverfaß gesetzt hatten. Sie müssen Jahrzehnte gebraucht haben, um ihre Länder und die Meere mit diesen grauenhaften mörderischen Sprengköpfen zu spicken. Hier kann kein bloßes Versehen gewaltet haben.

2. Kapitel

Gnadentod für eine unheilbare Zivilisation

«Der Begriff des ‹Exterminismus› kennzeichnet diejenigen Züge einer Gesellschaft..., die als Schubkraft in eine Richtung wirken, deren Resultat die Auslöschung riesiger Menschenmassen sein muß. Das Resultat wird die Auslöschung sein, aber es wird nicht zufällig dorthin kommen (selbst wenn der endgültige Auslöser zufällig sein mag), sondern es wird aus früheren politischen Handlungen, aus der Anhäufung und Perfektion der Mittel zur Vernichtung und aus der Strukturierung ganzer Gesellschaften auf dieses Ende hin folgen. Der Exterminismus bedarf zu seiner Entladung natürlich *zweier* tragender Kräfte, die aufeinanderprallen. Diesen Aufeinanderprall können wir jedoch nicht mehr dem Zufall zuschreiben, wenn er lange vorher sichtbar war und wenn beide treibenden Kräfte sich durch willentliche Politik darauf eingerichtet haben, den Kollisionskurs zu beschleunigen.»

E. P. Thompson

«Zwei Armeen, die gegeneinander kämpfen, sind eine große Armee, die sich selbst umbringt.»

H. Barbusse

Lange Zeit werden die fremden Besucher forschen und vergeblich rätseln, was die Völker der Industrieländer zur Vernichtung ihrer eigenen Zivilisation und zur totalen Verwüstung ihres Planeten getrieben haben mag. Aber eines Tages wird sich vielleicht eine Forschergruppe melden und ankündigen, daß es ihr gelungen sei, einen Weg durch das Gewirr der vielfachen Widersprüchlichkeiten zu bahnen und die Lösung zu finden. Und so etwa mag der Vortrag lauten, mit dem der Sprecher dieser Gruppe die sensationelle Erkenntnis vorträgt und erläutert:

Die Völker der Industrieländer, die den großen Vernichtungsschlag geführt haben, standen in jenem Augenblick mächtiger und großartiger da als je zuvor. Sie gehörten zu den reichsten der Erde, auf Kosten der Population der südlichen Erdhalbkugel, die sie systematisch ausgebeutet hatten. Ihre Medizin hatte mancherlei Erfolge erzielt und den Menschen für den Augenblick noch eine geradezu erstaunliche Lebenserwartung gesichert. Dennoch glauben wir, daß zumindest maßgebliche Kreise jener Völkerschaften die Auslöschung ihrer Zivilisation mit Absicht betrieben haben. Die atomare Erdkatastrophe kann nur als planmäßiger kollektiver Selbstmord erklärt werden.

Es waren hochgescheite Völker, die nichts dem Zufall – schließlich auch nichts mehr der Macht eines göttlichen Wesens – überließen. Die Herstellung, Erprobung und Installierung der gewaltigen Waffen muß viele Jahrzehnte beansprucht und riesige Summen gekostet haben. Diese systematischen und überaus aufwendigen Vorbereitungen setzen einen Entschluß voraus, der mit großer Tatkraft und Hartnäckigkeit verfolgt worden sein muß.

Gegen unsere These vom kollektiven Selbstmord scheint zunächst zu sprechen, daß diese Völker gerade in den letzten Generationen noch so viel angestellt haben, um ihren Lebenskomfort und somit ihr Wohlbefinden zu steigern. Warum sollten sie diese Interessen so plötzlich aufgegeben haben? Nach unseren Befunden haben sie zwar nicht diese Interessen aufgegeben, aber die Hoffnung, sie in Zukunft noch weiterhin erfüllen zu können. Wir behaupten, daß diese Zivilisation sich in einem unaufhaltsamen Niedergang befand. Die Menschen müssen dies gewußt haben. Es war ihnen unerträglich, einem schleichenden Siechtum entgegenzugehen. Sie wollten Schluß machen, bevor sie Armut und Elend hätten durchleiden müssen.

Zum Verständnis dieser Reaktion sei hier bereits auf einen merkwürdigen Zug in der Mentalität dieser Völker hingewiesen. Aus zahlreichen zuverlässigen Berichten ist zu entnehmen, daß einzelne Menschen und sogar größere Gruppen zum Selbstmord bereit waren, um drohende Schmerzen oder auch nur das Ertragen der Schuld oder der Schande über ein Versagen zu vermeiden. Diese Menschen, die sich so stark gebärdeten und alles taten, um die Hilfsquellen ihres Planeten in ihren Dienst zu zwingen, waren gleichzeitig überaus ängstlich, wenn es darum ging, ein Leiden auf sich zu nehmen. Viele wollten sich lieber töten, als sich schwach, armselig oder blamiert zu erleben.

Natürlich müssen wir uns nun fragen, ob jene Völker denn Grund zu der Befürchtung hatten, daß ihre Zivilisation tatsächlich vor dem Zusammenbruch stand. Das Material, das wir zur Klärung dieser Frage zusammengetragen haben, ist verwirrend. Offensichtlich hatten sich die Völkerschaften der hochindustrialisierten Länder in einen gewissen Größenwahn hineingesteigert. Sie behandelten die Erde mit all ihren Hilfsquellen wie ein Geschenk, dessen sie sich nach Belieben ausschließlich zur Erhöhung ihres Machtgefühls und ihrer Bequemlichkeit bedienen könnten. Dank ihrer raffinierten technischen Instrumente, die sie konstruiert hatten, müssen sie sich wie Riesen gefühlt und die Natur verachtet haben, weil diese sich lange Zeit willig gefallen ließ, daß man sie ausplünderte und verstümmelte. Aber dann muß plötzlich zumindest über gewisse Schichten dieser Populationen die Erkenntnis hereingebrochen sein, daß man sich auf einem höchst gefährlichen und unheilvollen Wege befand. Manche Hilfsquellen versiegten. Die Wirtschaft stockte. Man beauftragte Gruppen von Sachkundigen, die errechnen sollten, wie sich die Lebensbedingungen auf der Erde verändern würden, wenn die Völker sich weiter so verhalten würden wie bisher. Solche Untersuchungen haben u. a. ein «Club of Rome» und eine Studiengruppe «Global 2000» angestellt. Was diese Sachkundigen herausfanden, übertraf die pessimistischsten Befürchtungen. Schon in einer Generation würden sich die Verhältnisse auf dem Planeten derart verschlimmern, daß immer mehr pflanzliches, tierisches und auch menschliches Leben zugrunde gehen müßte. Man hatte z. B. errechnet, daß Jahr um Jahr neue Wüsten entstehen und fruchtbare Acker- und Weideflächen verdrängen würden. Giftige Gase würden die Atmosphäre immer mehr verunreinigen. Es würde saurer Regen entstehen, der überall die Böden und die Ernten schädigen würde. Das Trinkwasser würde rar und schmutzig werden. Und man würde die Abfallprodukte von Atommeilern schwerlich sicher beseitigen können. Hunderttausende von Tier- und Pflanzenarten würden unweigerlich aussterben. Krankheiten und Vergiftungen der Menschen würden zunehmen. Binnen zwanzig Jahren würden etwa 600 Millionen Menschen am Rande des Existenzminimums vegetieren. Wahrscheinlich würden die meisten von diesen sogar verhungern müssen, – es sei denn, die Völker würden sich entschließen, ihre Lebensformen und ihre Wirtschaft in völlig neue Bahnen zu lenken.

Bemerkenswert ist jedenfalls, daß die Wissenschaftler den Niedergang dieser Zivilisation keineswegs als unvermeidlich prophezeiten. Sie erläuterten sehr genau die Wege, die einzuschlagen wären, um das Unheil abzuwenden. Man sollte mit der Umwelt pfleglicher umgehen, die Hilfsquellen nicht über Gebühr ausbeuten, auf eine Expansion der Wirtschaft verzichten und daran denken, daß die Erde nicht eine sich beliebig vermehrende Menschheit ernähren könnte. Vor allem erschien nötig, daß die Völker zur Lösung dieser Probleme besser zusammenarbeiteten, die Vorräte gerechter untereinander aufteilten und insbesondere darauf verzichteten, ihre Mittel statt zum Lebensunterhalt zur Anlegung ungeheurer Waffenarsenale zu verwenden.

Erstaunlich ist nun für uns, daß diese Mahnungen kaum befolgt wurden. Millionen lasen die düsteren Prognosen, die sie doch eigentlich hätten alarmieren müssen. Aber nur einige, vor allem jugendliche Gruppen, versuchten, vernünftige Konsequenzen zu ziehen. Es entstand z. B. eine sogenannte «Umweltschutz-Bewegung», welche die Regierungen dazu drängte, das Verhältnis zwischen Technik und Natur zu ändern. Einige, allerdings sehr unzureichende Maßnahmen in dieser Richtung kamen auch zustande. Gruppen von Jugendlichen führten ihrer Umgebung modellhaft neue, einfachere Lebensformen und

Versuche mit einer «sanften Technik» vor. Aber vergeblich blieb ihr Versuch, die Völker mitzureißen. Man verlachte diejenigen, welche sich realitätsgerecht zu benehmen versuchten, als Träumer oder Utopisten. Wie sehr die Zukunftsforscher darüber enttäuscht waren, daß man ihre Mahnungen in den Wind schlug, zeigt uns ein aufgefundenes Dokument. Es ist die Äußerung eines Wissenschaftlers, der anderthalb Jahre zuvor ein Buch mit dem Titel «Die Grenzen des Wachstums» verfaßt hatte:

«Wenn ich mir das Anliegen dieses Buches vor Augen halte, dann gibt es absolut keinen Grund zur Freude. Kein einziger Politiker auf der Welt, keine einzige politische Organisation, keine Partei, kein wichtiges Industrieunternehmen hat sich bisher anders als vor der Veröffentlichung von ‹Die Grenzen des Wachstums› verhalten. Es ist, als ob nichts geschehen wäre; als ob wir diese Studie in unseren Schreibtischen versteckt hätten. Alles blieb beim alten! Noch vor achtzehn Monaten glaubten wir, daß uns die Grüne Revolution eine Gnadenfrist – frei von Hungersnöten – von mindestens fünfzehn bis zwanzig Jahren einräumen würde; heute müssen wir davon ausgehen, daß allein im kommenden Jahr zehn bis dreißig Millionen Menschen in Hungersnöten umkommen werden.»

Aus den achtzehn Monaten wurden noch viele Jahre, in welchen die Zivilisation unbeirrt an dem von den Sachkundigen als lebensgefährlich erkannten Kurs festhielt. Überall dort, wo die auf Hochtouren laufende Industrie durch Umweltschutz-Bestimmungen einschneidend gebremst worden wäre, entschied man sich zugunsten der Industrie-Interessen. Und auch sonst ließ man alles beim alten. Wir können nicht annehmen, daß die Völker die Warnung nicht verstanden oder nicht geglaubt hätten. Es muß etwas anderes, für uns schwer Faßbares gewesen sein, was sie davon abhielt, die zur Rettung ihrer Zivilisation notwendigen Schritte zu tun.

Wir haben uns darüber viele Gedanken gemacht. Und wir

müssen zugestehen, daß uns eine voll befriedigende Aufklärung dieses Rätsels nicht geglückt ist. Die Information über die Gefahr und darüber, was zu deren Abwendung zu tun wäre, war allgemein verbreitet. Einen Mangel an Einsicht können wir den Menschen also nicht unterstellen. Aber es muß sie etwas abgehalten haben, dieser Einsicht zu folgen. Wenn wir sagen, es sei einfach eine Beharrungstendenz gewesen, so ist dies nur eine Benennung, aber keine eigentliche Erklärung. Warum haben sie denn auf etwas Sinnlosem beharrt, während sie doch sonst z. B. auf Grund neuer technischer Erfindungen meist unverzüglich ihre Lebenspraxis verändert haben? Wir sind an diesem Punkt letztlich auf Spekulationen angewiesen. Was uns hier absurd scheint, muß mit der ganz andersartigen Mentalität jener Völker zusammenhängen, die uns unzugänglich ist, weil unsere Gehirne anders konstruiert sind. Wir können nur den Interpretationen mancher zeitgenössischer Schriftsteller und Wissenschaftler folgen, die versucht haben, die Triebkräfte jener Zivilisation zu analysieren.

Demnach war es nicht einfach Übermut, welcher die Leute damals antrieb, sich die Erde total unterwerfen zu wollen. Sondern es war umgekehrt eine ungeheure Angst, völlig hilflos zu sein, wenn sie nicht ihre äußere und ihre innere Natur total kontrollieren und beherrschen würden. Mit dem Vertrauen in einen gnädigen Gott, an den sie früher geglaubt hatten, hatten sie zugleich jegliches Vertrauen in die Natur verloren. Jegliche passive Abhängigkeit erschien ihnen fortan lebensbedrohlich. Nur worüber sie Macht hatten, ließ sie ruhig schlafen. Während wir anfangs meinten, die Völker hätten mit ihrer Technik eher ein lustvolles Spiel getrieben, scheint es so zu sein, daß sie in Wirklichkeit unter einem furchtbaren Zwang standen. Sie mußten alle Naturkräfte und letztlich sogar auch die Atomkraft in ihren Bann zwingen, weil nichts Unkontrolliertes auf sie einwirken durfte. Ohne die Annahme, daß ihnen unablässig eine fürchterliche Angst im Nacken saß, kann man die Hektik ihrer technischen Expansion in der Tat nicht verstehen.

Zu ihrem Unglück wurden die Völker über zahlreiche Generationen hinweg in ihrer Hoffnung immer wieder scheinbar bestätigt, daß sie tatsächlich alles wissen und machen könnten. Sie entdeckten immer neue Naturgesetze und entwickelten eine Technik, deren Möglichkeiten keine Grenzen gesetzt schienen. Also müßte man, so sah es aus, nie wieder klein und schwach und etwa auf das Vertrauen zu einer fürsorglichen Natur oder gar zu einem gütigen Gott angewiesen sein. Eine solche Abhängigkeit wurde schließlich undenkbar, je mehr man die Selbstsicherheit nur noch darauf baute, was man wußte, übersah und beherrschte. Und jetzt sollte man gerade dieses Streben nach ewigem Fortschritt zu Macht und Stärke, aus welchem man allein die innere Stabilität bezog, als fragwürdig oder gar als total illusionär begreifen? Dies war eine Überforderung, gegen die offensichtlich alle verfügbaren Kräfte der Verdrängung und Verleugnung eingesetzt wurden.

«Nicht ‹Menschheit›, sondern *Übermensch* ist das Ziel.»
F. Nietzsche

Wenn wir es richtig sehen, hätte eine Korrektur des falschen Weges nur von solchen Bevölkerungsteilen durchgesetzt werden können, die den vorherrschenden Macht- und Größenideen über Jahrhunderte widerstanden hatten. Das waren vor allem die Frauen. Aber eben weil die Frauen diesen dominierenden Vorstellungen nicht gefolgt waren, hatte man sie als fortschrittshemmend und minderwertig eingestuft und sozial unterdrückt. Deshalb konnten sie jetzt die erforderliche Wandlung des Denkens und der politischen Strategien nicht mehr herbeiführen.

Wenn die Männergesellschaft auch unfähig war, ihre selbstdestruktive Grundhaltung zu revidieren, so wurde sie nichtsdestoweniger durch die unabweisbaren Befunde der Zukunftsforscher irritiert und nervös gemacht. Angst breitete sich aus. Viele versuchten offensichtlich, ihre Angst auf Gefahren zu verschieben, deren Bekämpfung von ihnen keine radikale Umbesinnung erforderte. Unser Material beweist, daß zahlreiche Leute mittleren und höheren Alters plötzlich anfingen, zugunsten ihrer sogenannten Fitness zu laufen, zu turnen, zu fasten. Man regelte die gesamte Lebensweise nach hygienischen Vorschriften. Aber offenbar dachten die meisten nur daran, sich selbst für die allernächste Zeit noch maximal konsumfähig zu erhalten. In dem Sinne: «Nach uns ist sowieso alles zu Ende! Laßt uns alles tun, daß wir die noch vor uns liegenden Jahre so vital und frisch wie möglich auszukosten vermögen.» Die Vorsorge für die nachfolgenden Generationen vernachlässigte man immer mehr.

Jedoch auch die Lebensfrische dieser konsumwütigen Mehrheit war nach unserem Eindruck durchaus unecht. Man log sich gegenseitig Munterkeit vor, nur um von dem Abgrund wegsehen zu können, auf den man mit absurder Hartnäckigkeit zusteuerte. Wir haben Beweise dafür gefunden, daß zumal von den Industrievölkern des Westens, in geringerem Grade auch von jenen des Ostens, zuletzt große Mengen von beruhigenden, euphorisierenden und schlaffördernden Medikamenten verschlungen wurden. Das heißt, die Menschen waren nervös, weil sie ahnten, wie schlimm es um ihre Zukunft stand. Also versuchten sie, solange es ging, ihre Gehirne mit chemischen Mitteln daran zu hindern, auf das fatale Wissen mit der Produktion von Angst zu reagieren. Nach unseren Berechnungen dürfen wir annehmen, daß am Ende nur noch eine Minderheit ohne sogenannte Psychopharmaka, ohne überhöhte Mengen von Alkohol oder harte Drogen auszukommen vermochte. Diese Selbstschädigung durch berauschende, beruhigende oder auch künstlich aufputschende Mittel wog übrigens den Erfolg der vielen sogenannten Gesundheitstrainings, die damals in Mode waren, mehr als auf. Deshalb vermochte die in der Endzeit mit soviel Aufwand geförderte Medizin auch nichts mehr daran zu ändern, daß der Gesundheitszustand der Völker im ganzen immer labiler wurde.

Allerdings bemühte man sich nach wie vor mit vielen Verrenkungen, eben diese Stagnation der Medizin zu vertuschen. Man verschwieg den Menschen, daß sich in ihren Körpern laufend mehr gefährliche Rückstände aus Giften der Atemluft und aus chemisch verseuchten Nahrungsmitteln anhäuften. Man enthielt ihnen vor, daß alle Kampfmaßnahmen gegen den Krebs in ihrer Wirksamkeit weit hinter der stetig wachsenden Produktion von krebserzeugenden Substanzen zurückblieben. Um so mehr bluffte man sie durch die Erfindung von einigen virtuosen Operationen, die infolge ihres gewaltigen technischen und finanziellen Aufwandes niemals größeren Zahlen von Kranken hätten zugute kommen können. So verpflanzte man etwa einige hundert Herzen und erreichte damit, daß sich Millionen von der Tatsache ablenken ließen, daß sie ungeachtet aller Fitness-Kuren ihre Herzen und Kreislaufsysteme durch Stress, Hektik und alle möglichen Arten von Doping systematisch kaputtmachten. Willig fielen die Massen auch auf die Versprechung herein, sie könnten ihre Gesundheit schützen oder gar ihr Leben noch verlängern, wenn sie sich nur laufend zu Vorsorgeuntersuchungen begäben. Milliarden steckte man in diese Vorsorgeuntersuchungs-Programme und in die Krebs- wie in die Herzinfarktforschung. In einem merkwürdigen Mißverhältnis zu ihrer Intelligenz waren vor allem große Teile der westlichen Industrievölker leicht mit ihrer magischen Geldgläubigkeit zu manipulieren. Sie ließen sich weismachen, alles Unheil könne man noch abwenden, wenn man nur genügend dafür bezahle. Weil sie keinen Gott mehr hatten – obwohl sie immer noch durch Aufrechterhaltung gewisser Rituale diesen Anschein erwecken wollten –, hatten sie sich offenbar eine Art von käuflichem Ersatzgott erdacht. Diesen phantasierten sie als eine große Bank, die ihnen Heil und Heilung gewähren würde, wenn sie nur eifrig bei ihr einzahlten.

Natürlich konnten solche Selbsttäuschungsversuche immer nur mangelhaft gelingen. Es ließ sich nur schwer weiterleben ohne den beschützenden Gott, den sie in sich getötet hatten, und ohne die entschädigende Gewißheit, selbst stark und mächtig genug zu sein, keinen Trost und keine Gnade mehr nötig zu haben. Die Menschen fanden keine Stütze mehr, weil sie um sich herum nichts mehr hatten stehen und leben lassen, wie sie es vorgefunden hatten. An alles hatten sie Hand angelegt. Die Umwelt war zu «ihrer» verstümmelten, vergifteten, denaturierten Synthetikwelt geworden. Und in ihrem Inneren hatten sie zu viele ihrer Träume und Gefühle erstickt, um aus der Innenwelt noch hinreichend Kraft beziehen zu können. Sie waren gewissermaßen mit ihrem Selbst hinter dem verschwunden, was sie gemacht hatten. Deshalb gelangten viele am Ende dahin, daß sie die gescheiten und tüchtigen elektronischen Roboter beneideten, die sie als eine ihrer letzten technischen Schöpfungen hervorbrachten.

Es hat den Anschein, als ob sie in der Schlußphase versucht hätten, etwas von ihrer verkümmerten Innenwelt wieder zu beleben. Es verstärkte sich der Besuch von Bibliotheken, Konzertsälen und Kunstausstellungen. Die Frauen meldeten sich stärker zu Wort und drückten ihre Bedürfnisse und Gefühle aus. In manchen Pfarrhäusern, in Kreisen von «Aussteigern» und Sektierern suchte man eine neue Religiosität. Selbst Scharen von gigantomanen Machern kauften sich Trainer, Hypnotiseure oder Psychotherapeuten, um ihr inneres Vakuum mit Hilfe von Psychotechniken ein Stück weit aufzufüllen. Dies war offensichtlich weniger ein modischer Gag als ein verzweifeltes Rettungsverlangen. Es gab damals einen sogenannten «Psychoboom» mit einem Markt von mehr als hundert Psychotherapiemethoden. Dorthin drängten kaputte Ingenieure, Wirtschafts- und Politmanager, Lehrer, Bürokraten aller Ränge, die sämtlich depressiv oder schizophren zu werden fürchteten, weil sie in ihrem Tun keinen Sinn mehr sahen. Sie merkten, daß sie mit ihrem Produzieren, Managen, Administrieren nur noch einen Betrieb in Gang hielten, der sich in einer überaus fragwürdigen Richtung bewegte. Sie konnten nicht mehr an das glauben, was sie machten. Aber weil nur dieses Machen, dieses Funktionieren sie gestützt hatte, mußten sie schnell etwas unternehmen, um heilloser Panik zu entgehen.

Dankbar waren viele, wenn ihre Psycho-Trainer in ihnen wenigstens noch ein bißchen nostalgische Wärme entzünden konnten. Erinnerungen an kindliche Träume, an schreckliche, aber auch an schöne Gefühle. Daß sie überhaupt noch ein wenig von Phantasien und tieferen emotionalen Regungen wiederbeleben konnten, machte sie zu süchtigen Konsumenten dieser florierenden Psycho-Szene, die sich bezeichnenderweise vor allem im Umkreis der mächtigsten Polit- und Wirtschaftsbürokratien der Industrieländer ausbreitete. Die Psycho-Spezialisten wetteiferten mit den Psychopharmaka und den Drogen, um die Masse der Ratlosen von ihrem wahren Zustand und den düsteren Zukunftsperspektiven abzulenken. Sie erfanden verharmlosende Namen für die heillose Verwirrung ihrer Klienten und redeten jedem ein, er habe nur eine zufällige individuelle Störung, die – je nachdem – durch Erinnern, durch Schreien, durch Theaterspielen, durch Autosuggestion oder Kommunikationstraining verschwinden würde. Die Isolation der Menschen voneinander – Folge des egozentrischen Rivalisierens und der Mechanisierung der Lebensformen – wurde als eine jederzeit reparierbare «narzißtische Störung» des einzelnen deklariert. Man redete den Massen von Klienten und diese redeten es sich selbst ein, man könne seine kaputte Innenwelt wieder regenerieren, ohne mit der Zerstörung der Umwelt Schluß zu machen und ohne die expansionistische Anspruchshaltung aufzugeben. Man tat als psychische Krankheit der Individuen ab, was in Wirklichkeit ein Elend aller war. Man erfand Theorien, daß die Innenwelt auch nur eine Art von technischem System sei – wie die in Technik verwandelte Außenwelt. Dann wären in der Tat lediglich versierte Psycho-Ingenieure nötig gewesen, um die Defekte der psychischen Apparate und die Pannen im unsichtbaren psychischen Verkabelungssystem zwischen den psychischen Apparaten der einzelnen zu beheben. Diese Psycho-Techniker vermochten manchen ihrer Klienten wenigstens dadurch wieder zu einer gewissen Stabilisierung zu verhelfen, daß sie deren gestörte Psychomechanik reparierten. Und da viele Menschen sich ohnehin längst nur noch als Maschinen zu begreifen gewöhnt waren, entlastete es sie, wenn sie wenigstens wieder rein mechanisch halbwegs funktionieren konnten.

Einige scheint es gegeben zu haben, die darauf bestehen wollten, in sich ihr verlorenes Selbst, ihre entschwundene Identität wiederzufinden. Diese trafen sich in jenem Winkel der Psycho-Szene, wo sogenannte Psychoanalytiker statt Beschwichtigung eine radikale Aufdeckung der Wahrheit zu vermitteln versprachen. Aber es war für die Psychoanalytiker schwierig genug, ihren Klienten und sich selbst vor Augen zu halten, bis zu welchem Grade sie alle miteinander psychisch geschädigt waren – und vor allem, in welcher unheilvollen Wechselbeziehung diese Schädigungen zu einer zunehmenden Zerstörung der äußeren Lebensverhältnisse standen. Ein Stück weit entfalteten sich Zentren der Psychoanalyse, in denen man miteinander versuchte, sich auf sich selbst und auf tragfähigere Werte und Ziele für die Erziehung, die Arbeit, die Wirtschaft und die Politik zu besinnen. Aber damit rief man ein großes Erschrecken und Widerstand bei den Massen der anderen hervor, die sich durch solche neuen Ideen bedroht fühlten. Deshalb zogen sich viele Psychotherapeuten rasch auf das Feld der reinen Innerlichkeit zurück und versprachen, die Umwelt aus dem Spiel zu lassen und Träume, Phantasien, Ängste und Wünsche nur noch als eigenständige Gebilde einer abgesonderten Psycho-Welt zu bearbeiten. Die Innenwelt wurde also in der Weise abgespalten, als ob sie mit den sozialen und politischen Prozessen nichts zu tun hätte. Damit konnten sich in der politischen Wirklichkeit nach wie vor Machtwille und expansionistische Strebungen ungehemmt weiterentwickeln. Die psychischen Spannungen wurden auf eine Weise kanalisiert, daß sie jenen Kurs der Zivilisation nicht gefährdeten, der dem von den Zukunftsforschern prognostizierten Niedergang entgegenführte.

Die geschilderten Umstände mögen jedenfalls dazu beigetragen haben, daß jene Völker zu entschlossenen Abwehr- bzw. Vorbeugungsmaßnahmen außerstande waren, die ihnen die pessimistischen Zukunftsforscher dringend angeraten hatten. Nun hätte diese Kultur allmählich dahinwelken und sich auflösen können, so wie es auch schon geraume Zeit vorher ein namhafter «Untergangs-Philosoph» geweissagt hatte. Aber eben zu diesem sanften Erlöschen ist es gerade nicht gekommen. Vielmehr haben sich die dominierenden Völker ja noch einmal zu einer phantastischen Anstrengung aufgerafft, die – wie es scheint – widersinnigerweise auf totale Vernichtung statt auf Rettung abzielte.

3. Kapitel

Wer hat die heroische Aktion koordiniert?

Den bisher vornehmlich geschilderten Massen der Halbnarkotisierten, der Süchtigen, der menschlichen Roboter und der realitätsblinden Klienten des Psychobooms können wir schwerlich zutrauen, daß sie die ungeheure Energie aufgebracht haben sollten, das gesamte Erdenleben durch ein beharrlich und systematisch vorbereitetes Atombomben-Massaker auszulöschen. Die Entschlußkraft und die Durchhaltefähigkeit, welche zum Ingangsetzen und Verfolgen eines solchen Programms erforderlich waren, kann man nur von solchen Gruppen erwarten, die über eine ungebrochene Handlungsfähigkeit verfügten. Allerdings war diese Handlungsfähigkeit offenbar auf eine einzige Richtung eingeengt.

Über viele Generationen hinweg hatte man in dieser Zivilisation ja immer nur die Perspektive verfolgt, Hindernisse und Rückschläge auf eine expansive Art zu überwinden. Stets hatte man vermeintliche Feinde gesucht und gefunden, die angeblich diese oder jene Krise verschuldet hatten. Und niemals hatte man gezögert, gegen diese Feinde zu kämpfen. Waren solche Feinde ausnahmsweise nicht aufzutreiben, etwa bei Naturkatastrophen, hatte man die Teufel und die Hexen einfach erfunden, um – anstatt zu leiden – verfolgen und strafen zu können. Selbst den Tod, den unvermeidlichen, hatte man längst auch als das Werk feindlicher Aggression durch Gifte, Bazillen, Viren oder mechanische Gewalt uminterpretiert. Kein Leid war übriggeblieben, dem man sich nur hätte einfach ergeben müssen oder auch nur dürfen. Bis zum letzten Atemzug Stärke zu beweisen, war die allgemeine Leitvorstellung der in dieser Zivilisation herrschenden Männergesellschaft. Das Nicht-leiden-Können war – zur heroischen Tugend umgefälscht – einer Männergeneration nach der anderen systematisch anerzogen worden. Und nun stand die gesamte Fortschrittszivilisation, die sich immer nur nach vorn und oben entwickeln sollte, plötzlich vor einer unvermeidlichen Phase wachsender Not und Schwäche. Wie könnte man aber jetzt Hexen oder Teufel jagen und bestrafen, da man doch allzu augenscheinlich das Übel selbst zu verantworten hatte?

In dieser verzweifelten Lage verfiel man offensichtlich auf ein Konzept, das uns Heutigen aberwitzig vorkommt, den damals führenden Köpfen indessen als einzig sinnvoller Ausweg erschienen sein muß. Unfähig zu jener Kurskorrektur, welche die Zukunftsforscher gefordert hatten, blieb nur die Wahl – entsprechend einem damals geflügelten Wort – zwischen einem Schrecken ohne Ende oder einem Ende mit Schrecken. Der Gedanke, sich hilflos einem langwierigen Dahinsiechen zu ergeben, war unerträglich. Also blieb nur die Möglichkeit, dem Elend durch eine aktive Selbstvernichtungsaktion zuvorzukommen.

Man konnte den Volksmassen allerdings nicht in ihrer Gesamtheit zutrauen, daß sie die Geduld und die Tapferkeit für einen über Jahrzehnte hinweg vorzubereitenden Suizid aufbringen würden. Eher konnte man ihrer Mitwirkung bei der notwendig erscheinenden Aktion sicher sein, wenn man dieser den Anschein zu geben vermochte, es handele sich um eine heroische Rettungs- und Befreiungstat. Aber Befreiung von wem?

Anfangs hatte unsere Forschungsgruppe nur vage Anhaltspunkte, inzwischen aber wissen wir sicher, mit Hilfe welcher ausgeklügelten Strategie eine gewisse Führungselite es fertiggebracht hat, die Volksmassen in Ost und West zum willigen Mitspielen in einem schaurigen Drama zu verführen. Kernidee des Stückes war es, eine Spaltung zwischen den Ost- und Westvölkern künstlich zu vertiefen und den gemeinsamen Suizid als einen wechselseitigen Kreuzzug der so halbierten Völkergruppen erscheinen zu lassen.

Ich muß an dieser Stelle gestehen, daß unsere Forschungsgruppe zunächst nur auf Grund von Indizien zu der Annahme gelangt war, daß der Plan zum «Ende mit Schrecken» in der Form eines wechselseitigen Vernichtungskrieges auf einer gemeinsamen zentralen Planung beruhte. Anfänglich waren wir geblendet durch den Anschein, Planungsstäbe in Ost und West hätten das planetarische Inferno unabhängig voneinander vorbereitet und ursprünglich jeweils den eigenen Untergang gar nicht mit vorgesehen. Wir hatten uns ein Stück weit täuschen lassen durch die radikale Polarisierung und durch die totale beiderseitige Entfremdung, die in der Endphase die Szenerie bestimmten. Aber dann wurde uns klar, daß diese Szenerie ja nur das Finale eines langwierigen Prozesses darstellte, bei welchem viele Vorgänge seltsam präzise ineinandergegriffen hatten. Als wir den Prozeß in seiner Gesamtheit überblickten, stolperten wir geradezu über Hunderte von Indizien, die auf einen gemeinsamen Generalstabsplan hinwiesen. Und schließlich machten wir einen Fund, der uns den endgültigen Beweis für unsere Vermutungen lieferte.

Ich könnte, ja ich sollte hier vielleicht schon mit diesem Beweis herausrücken. Aber aus einer kleinen Eitelkeit heraus, die ich unserer Forschungsgruppe nachzusehen bitte, möchte ich zunächst die indirekten Indizien verfolgen, die uns bereits von der Richtigkeit unserer Theorie überzeugten, bevor diese eine unerwartete großartige Bestätigung fand. Die Theorie lautete also, daß die jahrzehntelange komplizierte Vorbereitung und die Vollendung des schrecklichen Aktes lediglich deshalb gelingen konnten, weil es sich von Anfang an um eine hervorragend koordinierte, sozusagen um eine *konzertierte Aktion* handelte. Nur *ein* Konzept, *ein* gemeinsamer Wille und *eine* ordnende Hand waren imstande, die Vorgänge in Ost und West jederzeit so aufeinander abzustimmen, daß die vielen sonst gegebenen Möglichkeiten zu einem Fehlschlag ausgeschlossen wurden.

1. Wie wollte man sonst z. B. die vollendete Symmetrie der «psychischen Aufrüstung» beider Seiten begreifen? Ich hatte zunächst erwogen, daß man hier vielleicht die Reiz-Reaktions-Theorie anwenden könnte. Das heißt: Auf der einen Seite hätte man mit einer feindseligen Stimmungsmache gegen die andere begonnen, dies hätte die andere Seite dazu gereizt, mit umgekehrten Vorzeichen eine ähnliche negative Einstellung hervorzubringen. Nach dem Motto: Niemand kann friedlich bleiben, wenn es dem bösen Nachbarn nicht gefällt. Er muß dann auch auf diesen ärgerlich werden. Und so hätte sich die Wut in einem wechselseitigen Prozeß von Reaktion und Gegenreaktion hochschaukeln können.

Aber der böse Nachbar, um bei diesem Beispiel zu bleiben, hätte seinen eher friedlich gesonnenen Partner höchstwahrscheinlich nur zu defensiven Reaktionen bewegen können. Dieser hätte sich in dem Maße erzürnt, das erforderlich gewesen wäre, um die Energie zur Abwehr des lästigen Störenfriedes aufzubringen. Es bliebe also eine Asymmetrie in dem System erhalten. Und der friedlichere Teil hätte sich zweifellos immer wieder bemüht, seine Abneigung gegen das Aufheizen feindseliger Stimmung glaubhaft zu vermitteln. Schließlich ist zu bedenken, daß es zum Aufbau von wuterregenden Feindbildern nötig gewesen wäre, beide Seiten durch eine gezielte Desinformationspolitik übereinander systematisch zu täuschen. Die Geheimdienste beider Seiten hätten jeweils gezielt Bedrohliches und Böses der Gegenseite vermitteln müssen, um diese darin zu unterstützen, Mißtrauen und Haß ewig höherzutreiben. Nun bin ich auf Grund der uns vorliegenden Materialien inzwischen überzeugt, daß genau dieses Zusammenspiel der Geheimdienste stattgefunden hat. Aber das Zusammenspiel war eben nicht zufällig. Sondern es war eine gesteuerte Hand-in-Hand-Arbeit, d. h. Ausdruck einer gemeinsamen Inszenierung.

2. Die gleiche Koordination muß man unterstellen, um die nahezu symmetrische Entwicklung von Angriffswaffen erklären zu können. Wie leicht hätte es geschehen können, daß die

eine Seite das Schwergewicht ihrer Rüstung auf reine Verteidigungswaffen gelegt hätte. Sie hätte nur solche Raketen entwikkelt und produziert, die für den Abschuß feindlicher Angriffsraketen geeignet waren. Wäre diese defensive Rüstung erfolgreich gewesen, wäre dadurch eine große atomare Aggression weitgehend neutralisiert worden. Im anderen Falle wäre nur die angegriffene Seite verwüstet worden, und es wäre wiederum nicht zu dem Ergebnis gekommen, das uns vorliegt.

3. Ohne «Konzertierung» wäre vermutlich auch ein vorzeitiger Ausbruch eines Atomkrieges kaum vermeidbar gewesen. Die eine Seite hätte eine momentane politische oder militärische Schwäche der anderen Seite oder auch eine Krise im eigenen Machtblock ausgenützt, um loszuschlagen. Dieser Fall wäre vermutlich vor dem Erreichen der Stufe der «Übertötungs-Kapazitäten» eingetreten, und so hätten gewisse Bevölkerungsreste überlebt.
4. Kein anderes Indiz erschien mir aber von vornherein so überzeugend wie die Erkenntnis, daß die qualitative und quantitative nukleare Rüstung in einer nahezu perfekten Ausgewogenheit vonstatten gegangen ist, wenn man einmal von kleinen vorübergehenden Tempodifferenzen absieht. Man bedenke, was dies bei der Langfristigkeit und Kompliziertheit der Planungen an Koordination erfordert hat, um die gewaltigen Finanzierungsanstrengungen zu parallelisieren, um Tausende von technologischen Neuerungen unverzüglich auszutauschen, um die Fortbildung der Spezialistenkader ausgewogen voranzutreiben, schließlich um die Produktion des Gerätes selbst – einschließlich der zum Teil schwierigen Rohstoffbeschaffung – genau aufeinander abzustimmen.

Nun könnte einer versucht sein, das zuletzt angeführte Argument gegen meine Theorie zu wenden: Wenn es soviel Aufwand gekostet hätte, eine solche überaus umfängliche Koordinierungsarbeit zu leisten, so müßten wir doch Informationen über irgendwelche größer angelegte Institutionen haben, die mit dieser komplizierten Aufgabe betraut gewesen waren. Der Skeptiker würde daran erinnern, daß man seinerzeit in den Industrieländern bereits für sehr viel anspruchslosere Koordinierungsvorhaben gewaltige Bürokratien benötigte, um mit der Arbeit fertig zu werden. Welche riesenhaften institutionellen Apparate wären erst nötig gewesen, um die gesamte militärische, wirtschaftliche und psychologische Rüstung des Ostens und des Westens zu «konzertieren»! Von solchen Institutionen wissen wir aber gar nichts. Wenn es sie indessen nicht gab, konnte auch das gar nicht geleistet werden, wovon hier die Rede ist. Und man müßte doch zu der Annahme zurückkehren, daß das, was als Ergebnis einer planvollen Konzertierung erscheint, durch Zufall, Telepathie oder sonstige magische Vorgänge zustande gekommen wäre, die wir heute noch nicht oder nicht mehr ergründen können.

Diesem Kritiker kann ich nun entgegenhalten, daß es in jener Zivilisation sehr wohl ein Instrument gab, das sich für eine zentrale Steuerung des Unternehmens einschließlich des kontinuierlichen Austauschs aller Informationen und der Parallelisierung der Detail-Programme eignete und das diese Arbeit zweifellos auch geleistet hat. Und zwar meine ich die hervorragend entwickelten Geheimdienste beider Seiten.

Die Spitzen dieser Organisationen hatten sich mit dem Argument, unsichtbar bleiben und mit einem Höchstmaß an Flexibilität arbeiten zu müssen, einigermaßen erfolgreich gegen die übliche Bürokratisierung wehren können, welche ihnen im Westen die Parlamente, im Osten die Zentrale der Staatspartei verordnen wollten. So arbeiteten diese Geheimdienste mit einem Netz kleiner, effizienter Arbeitsgruppen. Obwohl sie über hervorragende Archive und die modernsten Rechenzentren verfügten, spielten die Agententeams mit erstaunlicher Souveränität auf diesem technischen Instrumentarium, ohne sich von einem für die damalige Zeit ungewöhnlichen kreativen, lockeren und spontanen Arbeitsstil abbringen zu lassen. Ohne zeitlichen Verzug liefen, wo es nötig war, Informationen von der Spitze zu den einzelnen im Feld arbeitenden Spezialgruppen und umgekehrt.

Zwischen den Ost- und West-Geheimdiensten hatten sich im Laufe der Zeit die Kommunikationen in eben dem Maße ausgedehnt, wie die Kontakte auf Regierungsebene zurückgegangen waren. Wie später noch zu erläutern sein wird, beschränkten die Regierungen ihren offiziellen Verkehr untereinander in der Endphase auf völlig unzulängliche Kommunikationen. Der Austausch auf den sogenannten diplomatischen Kanälen lief träge und holperig. Dann gab es die absolut unergiebigen Staats- und Höflichkeitsbesuche, jahrelang auf der Stelle tretende Scheinverhandlungen, gelegentliche Botschafter-Audienzen und seltene Zusammenkünfte bei Trauerfeiern für verstorbene Staatsmänner internationalen Ranges. Um so mehr benötigten die Regierungen ihre Geheimdienste nicht nur zu Kundschafterdiensten, sondern auch zu dem Zweck, rasch der anderen Seite Botschaften zuzuspielen, was über die sogenannten offiziellen Wege mühsamer, langwieriger und mit weit größerem Indiskretionsrisiko verbunden gewesen wäre.

Unter diesen Umständen ließen es die Regierungen nicht nur zu, sondern begrüßten es, daß sich zwischen ihren Geheimdiensten immer umfangreichere Verflechtungen entwickelten. Sie waren sogar weitgehend auf das prompte Funktionieren dieser inoffiziellen Verbindungen angewiesen. Dies führte allmählich zu einer Umerziehung der Agenten alten Typs, die sich als patriotische Helden im Untergrundkampf gefühlt hatten, zum Typ des flexiblen Doppelagenten. Manche ältere Spione hatten, wie wir aus den aufgefundenen Notizen eines Top-Geheimdienstmannes wissen, Schwierigkeiten mit der Umstellung. Zugleich für und gegen die eigene Seite zu arbeiten, verwirrte sie, machte ihnen Schuldgefühle und trieb den einen oder anderen sogar zum Selbstmord. Hartgesottene Antikommunisten oder Antiwestler mußte man allmählich aus dem Geheimdienstgeschäft entfernen und auf niederen Rängen in den Propagandastäben beschäftigen. Die modernen Doppelagenten hingegen besorgten ohne Skrupel das immer mehr aufblühende Geschäft des Nachrichtenaustausches mit einem hohen Maß an technokratischer Virtuosität. Zur Sicherheit hatte jede Seite ein paar

Spitzenleute direkt in der Zentrale des Partner-Dienstes plaziert. Peinlich wurde es nur gelegentlich, wenn irgendwelche ahnungslosen subalternen Schnüffler die Doppelagentenrolle eines hohen Amtschefs enttarnten. Dann mußte man natürlich zur Beschwichtigung der Massen einen fingierten Prozeß inszenieren, bis man das Opfer dieses Ungeschicks durch ein Austauschverfahren aus seiner unverdienten Notlage befreien konnte.

Auf der höchsten Ebene der Dienste hatte sich nun schließlich so etwas wie ein internationales Geheimkabinett gebildet. Hier waren Superagenten tätig, die viel genauer und umfassender informiert waren als ihre jeweiligen Auftraggeber in den Regierungen und den Parteibürokratien, denen sie an sich nur als Informanten und gelegentliche Ratgeber zugeteilt waren. Sie merkten, daß diese verantwortlichen Politiker im Übermaß von Nebeninteressen und Routineaufgaben abgelenkt wurden. Die Politiker erschöpften sich im Managen, im machtpolitischen Hader der Parteien, in den Querelen der Parlamentsarbeit und in den Mühen um eine glänzende Selbstdarstellung, die ihnen massenpsychologisch wichtig schien. So fiel es diesen Staatsmännern, Ministern und Parteifunktionären immer schwerer, die weltpolitischen Zusammenhänge noch umfassend zu übersehen, geschweige denn kompetent zu steuern. Entlastet von dieser Fülle zermürbender und unproduktiver Nebenaufgaben begriffen die Geheimdienst-Spitzenleute, daß sie die Macht ihres überlegenen Wissens nützen und in Entscheidungen von internationaler Tragweite aktiv eingreifen sollten. So planten und organisierten sie am Ende die Absetzung oder Stützung von Regierungen, überwachten den internationalen Waffenhandel, zettelten Generalstreiks oder sogar Bürgerkriege an, und selbst größere militärische Konflikte im Mittleren Osten und in Ostasien wurden von ihnen generalstabsmäßig kontrolliert. Schließlich gab es kein Ereignis von weltpolitischer Bedeutung mehr, das ohne ihren maßgeblichen Einfluß ablief.

4. Kapitel

Der Club HERMES und die Aufzeichnungen des Kronzeugen SC*

«Es ist fast unmöglich, über die ‹Dienste› keine Satire zu schreiben. Das Schlimme ist nur: die Phantasie reicht nicht aus, die Realität ist ihr allemal überlegen. Auch auf den Science-fiction-Roman ist kein Verlaß mehr. George Orwells Zukunft hat schon begonnen.»

H. Palmer

Anfangs hatten die Chefspione aus Ost und West nur an eine Art von gemeinsamem Eingreifstab für Krisenfälle gedacht. Dann ging man mehr und mehr zu einer kontinuierlichen Konsultation über. Und man fand immer häufiger Anlaß, sich in den Lauf der Dinge einzumischen und die beiderseitigen Regierungen zur Durchführung von Beschlüssen zu bewegen, auf die man sich insgeheim untereinander verständigt hatte. Auf

* An HERMES zu glauben, verlangt nicht mehr Sensibilität für Magie als daran zu glauben, daß die Kommunisten Teufel seien oder daß für unsere Sicherheit dadurch gesorgt würde, daß unsere Länder in nukleare Pulverfässer verwandelt werden. Da aber Magie nur als zulässig gilt, wo sie entlastet oder beschwichtigt, entschuldige ich mich bei meinen – hoffentlich nachsichtigen – Lesern dafür, daß ich mit meinen Enthüllungen über HERMES dieser alterprobten Regel zuwiderhandle.

diese Weise wurde aus dieser internationalen Agentur für geheimen Nachrichtenaustausch allmählich eine Institution von höchster politischer Machtfülle. Eben weil diese Macht nirgends verbrieft war und nur informell ausgeübt wurde, war sie praktisch unangreifbar. So wurde das Ost-West-Geheimdienstzentrum allmählich zu einer Art von gemeinsamem Aufsichtsorgan für die Regierungen der beiden Blocksysteme. Seine hochrangigen Mitglieder ersannen für diese Einrichtung die Codebezeichnung HERMES.

An dieser Stelle kann und muß ich nun mit dem Geständnis herausrücken, daß ich über einen Kronzeugen verfüge, der nicht nur die Richtigkeit der hier vorgetragenen Annahme eines geplanten Kollektiv-Suizids bestätigt, sondern uns darüber hinaus Informationen von unschätzbarem Wert über die Geheimdienstzentrale HERMES und deren Verbindungen zu Regierungen, Propagandastäben, Militärs und Wirtschaft in Ost und West hinterlassen hat. Es handelt sich um geheime Aufzeichnungen des Top-Doppelagenten SC. Wie er schreibt, haben ihm die Kollegen in HERMES irgendwann scherzhaft den Namen Strategic Commander verliehen. Später beließ man es bei der Abkürzung. Die Notizen von SC waren in einer Bleikassette in einem Gebirgsbunker deponiert.

Als ich zusammen mit einigen Mitarbeitern das Material von SC bereits vor einiger Zeit sichtete, wußten wir damit zunächst nichts Rechtes anzufangen. Die Lektüre brachte uns mehr Verwirrung als Klarheit. Wir glaubten, wir hätten es mit einem phantastischen Roman zu tun. Denn ähnliche utopisch klingende Geschichten waren damals von zahlreichen Schriftstellern, vor allem im Westen, am laufenden Band verfaßt und, vermutlich zur Abreaktion von Ängsten, begierig gelesen worden. Bestärkt wurden wir in unseren Bedenken dadurch, daß SC seine Notizen in einem sehr lässigen, geradezu saloppen Stil niedergelegt hatte. Dagegen waren wir gewöhnt, daß Politiker, Militärs oder Experten von Format über Zeitereignisse immer nur in einer um pedantische Präzision bemühten Sachlichkeit geschrieben hatten. Wir gingen also davon aus, daß formaler Perfektionismus ein eindeutiges Kriterium für die Authentizität von Dokumenten sei. Erst allmählich haben wir unseren Irrtum korrigiert. Mit ihrer schülerhaften Akkuratesse wollten die seinerzeit bekannten Memoiren- und Tagebuchschreiber meist nur verbergen, daß sie logen oder daß sie nichts wußten. Sie waren pingelig in den Details, weil sie nur selten die großen Zusammenhänge überschauen. Und mit der formalen Überordentlichkeit und einem betont würdevollen Duktus wollten sie über ihre Korrumpiertheit und ihren Opportunismus hinwegtäuschen, denen sie zumeist ihre Karrieren zu verdanken hatten.

SC's aphoristische Geschichten indessen lesen sich eher wie eine laxe Plauderei. Heute sind meine Mitarbeiter und ich indessen fest überzeugt, daß uns SC viel mehr Wahrheit als jene pedantischen Autoren vermittelt hat, gerade weil er mit so ungehemmter Spontaneität und fast spielerischer Lockerheit zu Werke gegangen ist. Aber natürlich war es nicht die vordergründige Stilanalyse, die uns schließlich den Glauben an die Authentizität der Notizen eingegeben hat. Wir haben SC keine einzige Behauptung nachweisen können, die den auf andere Art gesicherten historischen Befunden widerspräche.

Nach SC's Darstellung traf sich in HERMES eine kleine Gruppe ausgewählter östlicher und westlicher Spitzenagenten aus den Schwerpunktbereichen Militär, Wirtschaft, Technologie, Außenpolitik, Propaganda. Man bezeichnete und verstand sich als Club. Es gab keine Sitzungen mit bürokratischen Tagesordnungen und registrierten Wortmeldungen. Man redete, während man spazierenging, in der Sauna, am Swimmingpool oder am Kamin saß. Gespräche zu zweit oder zu dritt mit wechselnden Partnern bildeten die Vorbereitungen zu einem Brainstorming in der Gesamtgruppe. Aber auch dort ging es nicht formell, geschweige denn feierlich zu. Man vertraute darauf, daß irgendwann irgendwem einfallen würde, auf welchem Weg die jeweils gesuchte Problemlösung zu finden wäre.

Mühsamer wurden die Arbeitsprozesse, wenn der Club gelegentlich aus den Spezialabteilungen wissenschaftliche Experten hinzuziehen mußte. Diese mußten häufig erst ein, zwei Tage intensiv präpariert werden, um sich kurz und locker äußern zu lernen und vor allem ihren persönlichen Standpunkt deutlich zu machen. Denn nichts konnte die Gespräche sicherer lähmen als der übliche technokratische, unverbindliche Berichtsstil spezialistischer Theoretiker.

SC und drei weitere Clubmitglieder hatten bereits im Zweiten Weltkrieg erfolgreich gegen das deutsche Nazi-Regime zusammengearbeitet. Im Verlaufe vieler gegenseitiger Besuche hatten sie miteinander eine Freundschaft geschlossen, die auch während des sogenannten Kalten Krieges nie getrübt wurde. Durch Erweiterung dieses Freundeskreises entstand HERMES. Einige Clubmitglieder waren Geheimdienstbeamte ihres Heimatlandes. Andere waren offiziell vom Geheimdienst ihres Gastlandes angestellt. Dadurch vermochten z. B. russische und amerikanische Clubmitglieder jederzeit auch dringende Informationen in den westlichen bzw. östlichen Metropolen auszutauschen.

Entscheidend für die verläßliche Kooperation war, daß die HERMES-Leute längst die mit der Doppelagentenrolle ursprünglich verknüpften Identitätskonflikte überwunden hatten. Alle fühlten sich inzwischen beiden Völkergruppen gleichermaßen verbunden. Nationalistische Rivalitäten erschienen ihnen lächerlich. In den Unterschieden zwischen dem östlichen und dem westlichen Wirtschaftssystem sahen sie nicht den mindesten Anlaß für ideologische Zwietracht im eigenen Kreis. Wenn gebürtige Russen und gebürtige Amerikaner einander doch hin und wieder in die Haare gerieten, dann – eher scherzhaft – wegen irgendwelcher Konkurrenzen im Eishockey, im Amateurboxen, im Schach oder Basketball.

Ehe ich nun dazu übergehe, die uns von SC übermittelten strategischen Konzepte von HERMES zu erläutern, habe ich eine wesentliche Tatsache aus der Vorgeschichte von HERMES nachzutragen, die sich aus einer Reihe von verstreuten Bemerkungen des interessanten Autors rekonstruieren läßt.

Schon lange vor HERMES hatte es bereits einen internationalen Freundeskreis von bedeutenden Doppelagenten gegeben. Dessen Aktivitäten reichten bis in die Zeit vor dem Ersten Weltkrieg zurück. In diesem Zirkel war man bereits zu einer tief pessimistischen Beurteilung der Industriezivilisation und ihrer Zukunftsaussichten gelangt. Und damals war wohl erstmalig die gespenstische Idee aufgekommen, den Industrievölkern ein würdigeres und heroischeres Ende zu bereiten als jenes einer absehbaren langen Kette von kleinen Selbstverstümmelungen und schrittweisen Degenerationsprozessen. Von gewisser Seite war auch ein moralisches Argument eingebracht worden, das auf eine ähnliche Folgerung hinauslief: Die Verdorbenheit der Völker habe ein solches Maß erreicht, daß diese eine neue Sintflut verdienten. Und da man nicht mehr an einen Gott glaubte, der eine solche reinigende Sintflut herbeiführen könnte, müßte man selbst eine solche inszenieren.

Nach einer in dieser Zivilisation verbreiteten Legende hatte nämlich Gott die sündenverstrickte Menschheit schon einmal – bis auf den gläubigen Noah und seine Frau – in einer gewaltigen Naturkatastrophe untergehen lassen. Nun hatten sich in manchen Ländern Leute zu Sekten zusammengefunden, die wiederum an ein unmittelbar bevorstehendes Weltgericht glaubten. Sie meinten allerdings, dazu auserwählt zu sein, diese Katastrophe heil zu überleben, um danach aus sich eine neue, bessere Menschheit erstehen zu lassen. Ein sehr einflußreiches Mitglied jenes früheren Doppelagenten-Kreises war Mitglied einer solchen Sekte gewesen und hatte gefordert, daß man die Entwicklung absichtlich auf eine Weltkatastrophe in Form eines Krieges zutreiben sollte, um einen Reinigungs- und Erlösungsprozeß nach dem Sintflut-Modell auszulösen. SC läßt offen, welchen Einfluß solche Planspiele dieser damaligen Agentenzentrale auf die Anzettelung des Ersten Weltkriegs gehabt haben mögen. Er weist allerdings darauf hin, daß im Wechselspiel der Kontrahenten dieses Krieges gewisse Symmetrien erkennbar seien, die wie koordiniert wirken.

Das Kernstück der Inszenierung – wenn es eine war – hat der Sozialpsychologe Erich Fromm beschrieben:

«Die Deutschen behaupteten, eingekreist und bedroht zu sein und außerdem für die Freiheit zu kämpfen, weil sie gegen den Zaren kämpften. Ihre Feinde behaupteten, vom aggressiven Militarismus der deutschen Junker bedroht zu sein und für die Freiheit zu kämpfen, weil sie gegen den Kaiser kämpften.»

Natürlich waren es nicht die Deutschen und ihre Gegner als Völker, die diese Bedrohungs- bzw. Befreiungstheorien in symmetrischer Weise ausgetauscht hatten. Vielmehr waren die beiderseitigen Rechtfertigungssprüche von Spezialisten in den Propagandastäben formuliert und den Massen systematisch von den Regierungen eingeimpft worden. Aber paßten diese Formeln nur zufällig zueinander, oder waren sie nicht vielleicht doch von einer gemeinsamen Werkstatt beiden Seiten zugespielt worden?

Ganz gleich aber, ob der Erste Weltkrieg planmäßig als Test arrangiert worden war oder nicht, er ließ sich wie ein solcher auswerten. Interessanterweise stellte sich heraus, daß die bürgerlichen Schichten, vor allem die Intellektuellen und die Studenten, wesentlich bereitwilliger als die Arbeiter der jeweiligen Verhetzung erlegen waren. Sie hatten jedenfalls zu Kriegsbeginn die gewünschte Begeisterung entwickelt, um sich übergefügig in das absurde Gemetzel schicken zu lassen.

Eine zweite Lehre bestand darin, daß es vollauf zu genügen schien, einigen Enthusiasmus für die Startphase eines Bruderkrieges zu entzünden. War das Werk der wechselseitigen Vernichtung einmal in Gang gesetzt, konnte man den Kampfbetrieb ohne Mühe und nahezu automatisch lange Zeit weiterlaufen lassen, sofern die hierarchischen Organisationsformen gut genug funktionierten, um die Menschen in ihren widernatürlichen Rollen festzuhalten.

Aus den Beobachtungen des Ersten Weltkrieges ließ sich auch bereits folgern, daß der Überlebenswille innerhalb der großen Industrievölker nicht mehr besonders stark war. Obwohl erstmalig in diesem Krieg mehrere Millionen Menschen getötet wurden und obwohl das Kriegsresultat, wie jedermann deutlich sein mußte, den gewaltigen Opfern keinerlei Sinn verlieh, hielt der Widerstand gegen die Vorbereitung eines neuen Krieges keineswegs lange an.

Geradezu paradox erscheint auf den ersten Blick, daß nun gerade das Volk der Deutschen, das in jenem Krieg die höchsten Blutopfer gebracht hatte, sich am ehesten auf die Möglichkeit eines neuen Krieges einstimmen ließ. Aber vielleicht war gerade das besondere Elend, das die Deutschen sich durch den verlorenen Weltkrieg I bereitet hatten, für ihre Führungsschicht ein Antrieb, den in ihrem Selbstgefühl und ihrem Machtbewußtsein weniger beschädigten übrigen Völkern in der Entwicklung jener Selbstmordbereitschaft voranzugehen, die ich zuvor erläutert habe. Der Leitgedanke, sich indirekt durch Herausforderung eines mächtigen verteufelten Feindes selbst umzubringen, würde jedenfalls das sonst völlig absurd anmutende provokatorische Benehmen der deutschen Führung, die einen von vornherein verlorenen Weltkrieg II anzettelte, gut verständlich machen. Hätten die westlichen Bomber, die am Ende zahlreiche deutsche Städte in Brand setzten, schon die später entwickelten Superwaffen zur Verfügung gehabt, wäre bereits damals der indirekte Selbstmord eines ganzen Volkes, dessen Führung vor dem Ruin ihrer Größen- und Machtträume stand, zustande gekommen. Um ein Haar wäre es Hitler und seinen Mitverschwörern also geglückt, den Deutschen modellhaft jenes Schicksal zu bereiten, das später für die gesamte Menschheit arrangiert worden ist. Hitlers eigener Lebenslauf läßt sich jedenfalls durchaus als typisch für einen solchen Motivationszusammenhang interpretieren.

Allerdings wäre es Hitler und den Nazi-Führern kaum geglückt, das deutsche Volk bis an den Rand des totalen Unterganges zu treiben, wäre dieses noch von einem intakten Lebenswillen beseelt gewesen. Statt dessen rannten Millionen Deutsche jahrelang, die absolut unvermeidliche Niederlage vor Augen, willig in das Feuer der übermächtigen Gegner. Gehorsam ließen sie sich von diesen in großer Zahl töten, obwohl sie ohne weiteres einen frühen Friedensschluß hätten erreichen können. Aber sie ließen sich ihren Massenselbstmord als heroische Großtat verklären. Das konnte nur funktionieren, weil die Propaganda auf eine untergründige Stimmung traf, die zu ihr paßte.

SC begründet in seinen Notizen, warum er und einige der befreundeten Doppelagenten nichtsdestoweniger die Umstände der Auslösung und des Verlaufs des Zweiten Weltkriegs als hoffnungsvolles Indiz zu bewerten versuchten. Sie redeten sich ein, die Industriezivilisation sei vielleicht doch imstande, die ihr innewohnenden Kräfte der Destruktivität und der Verderbnis zu lokalisieren und abzukapseln. Wie ein Organismus zur Ausstoßung der in ihm kreisenden Gifte einen Eiterherd bildet, so ließ sich der Faschismus – in einer gewagten Analogie – als ein Herd ähnlicher Art verstehen, dessen sich die Zivilisation vielleicht zu einer gründlichen Selbstreinigung bedienen wollte. Würden die Alliierten also Nazi-Deutschland niederwerfen, könnte sich dies als eine großartige Selbstheilungstat der Industrievölker erweisen, als ein Sieg der Kräfte des Guten, der Vernunft und der Solidarität. Wer immer erwartete, daß ein sintflutartiges Ereignis einen radikalen Wandel im menschlichen Denken und Verhalten herbeiführen könnte, mußte diesem Zweiten Weltkrieg mit seinen Millionen Opfern genau diese Wirkung zutrauen.

In diesem Sinne glaubte SC unmittelbar nach dem Zusammenbruch der Nazi-Herrschaft, daß HERMES dazu beisteuern könnte und müßte, die Selbst-Regeneration der vom Kriege befreiten Industrievölker zu fördern. Es war klar, daß die Zivilisation jetzt die letztmalige Chance hatte, das Blatt zu wenden und sich auf neue Formen des Zusammenlebens der Menschen und Völker umzustimmen. Andere Clubmitglieder beurteilten die Lage von vornherein skeptischer als SC. Aber sie stimmten in fairer Weise einer Übereinkunft zu, die Arbeit des Clubs zunächst eindeutig auf das Ziel auszurichten, die friedliche Verständigung unter den Völkern voranzutreiben und dem unheilvollen Expansionismus beider Blocksysteme entgegenzuwirken. Man sorgte für einen unverzüglichen Austausch aller Informationen über Waffentechnologien, Rüstungsplanungen und strategische Konzepte. Man wünschte sich, beide Seiten sollten des Wettrennens bald müde werden wie zwei Athleten, die merken, daß keiner den anderen übertreffen kann. Nicht unbegründet erschien auch die Erwartung, daß ein Klima des wechselseitigen Zutrauens zwischen Ost und West dadurch begünstigt werden würde, daß alle Geheimnisse sofort offengelegt würden. Vermochte keiner dem anderen mehr etwas zu verbergen, hätte für jede Seite der Schluß nahegelegen, daß man einander durch kein Waffenmonopol und kein strategisches Manöver mehr würde austricksen können. Ungefähr ähnelte die Situation derjenigen eines Schachspiels, bei welchem ein übergeordnetes Expertengremium beide Spieler auf Remis hin berät und im übrigen dafür sorgt, daß jeder der beiden Kontrahenten genau weiß, welche Züge mit welcher Absicht der Mitspieler plant.

Tief enttäuscht mußten nun SC und die paar Optimisten unter seinen HERMES-Freunden feststellen, daß ihre Mühen vergebens waren. Zwar entfalteten die Völker nach diesem Krieg neue Energien. Aber sie rafften sich nicht etwa zu einer maßvolleren Selbsteinschätzung, zu einer menschlicheren Technik oder gar zu einer über die Völkergrenzen hinausreichenden Brüderlichkeit auf. Wenn es noch eines Beweises für die Unheilbarkeit dieser Zivilisation bedurft hätte, so wurde er jetzt von diesen Völkern erbracht, die – mit Hilfe der von ihnen beauftragten Regierungen – den für kurze Zeit aufgeflackerten Geist internationaler Zusammenarbeit wieder rasch und gründlich erstickten. Manche gigantomanen Träume vermochten sich die Industrievölker noch für einen Augenblick zu erfüllen – indem sie etwa zum Mond flogen, Retortenmenschen züchteten und elektronische Supergehirne bauten. Aber keine dieser Erfindungen verhalf ihnen dazu, ihr Zusammenleben wieder humaner zu gestalten. Sie fuhren darin fort, ihre Beziehungen zueinander verarmen zu lassen und ihre Umwelt kaputtzumachen. Was manche dieser Völker nach dem Zweiten Weltkrieg als wirtschaftlichen und technischen Aufschwung feierten, war in Wirklichkeit nur noch eine letzte trügerische Scheinblüte einer unheilbar kranken Zivilisation, deren angebliche Erfolge einen

«Fortschritt» nur noch in dem Sinne bedeuteten, daß man dem Niedergang beschleunigt näherrückte. Im Spiel um alles oder nichts war man in die Schlußetappe eingetreten. Durch die Möglichkeit der Kernspaltung hatte man die höchste Stufe der erreichbaren Beinahe-Allmacht erklommen. Aber kein Zweifel konnte mehr daran bestehen, daß die Menschen außerstande waren, mit dieser Wunderenergie anders als in absolut verantwortungsloser und destruktiver Weise umzugehen.

Damit war für HERMES der Zeitpunkt gekommen, die Strategie des Clubs von Grund auf neu zu überdenken. In einer Tagung von außergewöhnlicher Dauer prüfte man die Spezialistenberichte aus allen Ressorts und kam abschließend überein, bereits vorliegende Pläne einer umfassenden kollektiven Selbsttötungsaktion von einer kleinen Kommission durchsehen und auf ihre Realisierbarkeit unter den veränderten Umständen überprüfen zu lassen. Mit Hilfe von Experten der Spezialdienste erarbeitete die Kommission innerhalb eines Jahres ihren Bericht. Man ließ eine weitere längere Denkpause folgen, ehe man erneut zu einer entscheidenden Beschlußfassung zusammentrat. Wie SC berichtet, verlief diese denkwürdige Sitzung keineswegs besonders dramatisch. Keinem der Clubmitglieder war eine vertretbare Alternative eingefallen. Allen leuchtete ein, daß man der schwerwiegenden Verantwortung nicht länger entgehen konnte, der unheilbar kranken Zivilisation eine aktive Sterbehilfe zu verschaffen. Man war sich einig, daß die Ost- und die Westvölker sich bereits ausweglos solchen Kräften ausgeliefert hatten, die den Untergang anstrebten. So konnte es nur noch darum gehen, diesen qualvollen Prozeß abzukürzen und einer jämmerlichen passiven Agonie durch eine frei gewählte tapfere Aktion zuvorzukommen.

5. Kapitel

Grundzüge des HERMES-Plans
Wie beeinflußt man Staatsmänner?

«Es wäre leichtfertig anzunehmen, daß die ‹Herren der Apokalypse›: diejenigen, die auf Grund ihrer wie immer gewonnenen politischen oder militärischen Machtposition nun die Verantwortung tragen, diesen Forderungen und Überforderungen besser gewachsen seien, oder daß sie das Ungeheure angemessener vorstellen könnten als wir, die wir lediglich ‹morituri› sind; oder daß sie auch nur wüßten, daß sie es können *müßten*. Viel eher ist Argwohn berechtigt: der Argwohn, daß sie schlechthin ahnungslos sind. –»

G. Anders

SC hat sich ein wenig darüber verwundert, mit welcher Festigkeit und Klarheit seine Clubfreunde und er selbst zu der Grundsatzentscheidung standen und wie sie mit der drückenden Verantwortungslast fertig wurden. Gewiß war es ein schauriges Werk, das zu vollbringen sie sich anschickten. Aber es war notwendig und sinnvoll. Diese hochentwickelte Menschheit der nördlichen Halbkugel, die eine der bemerkenswertesten Kulturen der Erdgeschichte hervorgebracht hatte, hätte es nicht verdient gehabt, in einem sich langsam ausbreitenden Chaos, in Armut und an einer schleichenden Vergiftung zugrunde zu gehen. Und man spürte, daß sich, von den Intellektuellen angefangen, in den Völkermassen ja auch schon die Ahnung ihrer Unheilbarkeit ausbreitete. Die Sehnsucht nach einem Gnadentod war unterschwellig vorhanden. Ein großer hellsichtiger Psychologe hatte sogar bereits eine Lehre vom «Todestrieb» verkündet. Allerdings hatte er damit viele verschreckt, die sich noch trotzig gegen den in ihnen aufkommenden Pessimismus wehrten und nicht kampflos kapitulieren wollten. Bedeutende Künstler aus der Gruppe des sogenannten Expressionismus hatten schon teils vor, teils im Ersten Weltkrieg Visionen eines kollektiven Unterganges gemalt, die der späteren Realität ziemlich nahegekommen sein dürften. «Apokalypse» oder «Sintflut» lauteten die Titel dieser prophetischen Bilder.

Solche und andere Zeugnisse deuteten die HERMES-Leute als untrügliche Anzeichen für latente kollektive Selbstzerstörungstendenzen. Daß große Teile der Industrievölker sich diese Impulse aus Angst nicht eingestehen mochten, war allzu verständlich. Aber die Clubmitglieder waren sich ihrer Sache sicher. Und sie hätten sich selbst verachten müssen, hätten sie noch länger gezögert, die erlösende Euthanasie-Aktion vorzubereiten. Sie sahen sich gewissermaßen in der Rolle von Ärzten, die aus ihrem überlegenen Wissen von den Marterungen, die einer irregeleiteten und zugleich aus eigener Schuld verwirrten Völkermasse bevorstanden, die einzig angemessene Folgerung zu ziehen hatten. Es galt, etwas zu vollbringen, was dem untergründigen, aber auch bereits halbbewußten Willen der Völker entsprach. Und schließlich exekutierte man ja nicht selbst, man gab den Völkern die Chance, ihr Sterben in eine eigene, letzte große Tat zu verwandeln.

Die Kommission, welche die Unterlagen für die Grundsatzentscheidung erarbeitet hatte, hatte auch bereits die kritischen Punkte für die strategische Planung benannt und dazu Vorstellungen entwickelt. Diese Vorarbeit erleichterte es dem Club, die Ausarbeitung des Programms zügig voranzutreiben.

Einig war man sich darüber, daß die *Militärs* beider Seiten ohne Schwierigkeiten dazu zu gewinnen sein würden, eine atomare Hochrüstung bis zu dem notwendigen Grad von «Übertötungs-Kapazitäten» zu unterstützen. Allen militärischen Führern wohnte der Drang inne, über die stärksten und modernsten Waffensysteme zu verfügen. Dabei konnte man auch leicht sowohl im Westen wie im Osten Rivalitäten zwischen den verschiedenen Waffengattungen ausnutzen. Man würde das Wettrennen noch anheizen, das zwischen den Luft-, Land- und Seestreitkräften ohnehin üblich war, wenn es um die Sicherung hoher Anteile am jeweiligen Verteidigungshaushalt ging. Alle militärischen Stäbe würden aber zweifellos wie Pech und Schwefel zusammenhalten, wenn es hieß, sich eine große Scheibe aus dem Kuchen des Gesamtetats herauszuschneiden und die konkurrierenden Ansprüche der Zivilisten zurückzudrängen.

Auch auf die Mitwirkung der *Wissenschaft* würde man sich im großen und ganzen verlassen können. Es kam nur darauf an, genügend Top-Nachwuchs in die waffentechnologische Forschung zu leiten. Der Ehrgeiz, fortwährend waffentechnische Neuerungen zu entwickeln und auszuprobieren, würde sich automatisch durchsetzen. Man mußte zwar damit rechnen, daß der eine oder andere Erfinder einer noch größeren oder in der Vernichtungskraft noch gefährlicheren Bombe Skrupel bekommen und ein paar pazifistische Abhandlungen und Reden verfassen würde. Man war es bereits gewohnt, daß sich große Erfinder auf dem Gebiet der Atomwaffentechnik nachträglich als Friedensprediger hervortaten, um ihr Gewissen zu beruhigen.

Es gab im Club allerdings zunächst einige, die meinten, man sollte besonders skrupulöse Wissenschaftlertypen von den wichtigsten Forschungslabors fernhalten. Aber man ließ eine Studie anfertigen, die ergab, daß zwischen der Sensibilität der Forscher und ihrem Erfindergenie ein enger Zusammenhang bestand. Wenn man also wissen wollte, wie man noch brisantere Sprengköpfe, noch raffiniertere Raketen, wie man vielleicht demnächst auch großartige Strahlenwaffen konstruieren könnte, mußte man sogar bevorzugt auf die zarten, empfindsamen «Eierköpfe» zurückgreifen. Im übrigen hatte die genannte Studie ermittelt, daß die den Erfindungen gelegentlich nachfolgenden pazifistischen Reue-Appelle niemals nennenswerten Schaden angerichtet hatten. Jedenfalls war durch solche missionarischen Aktivitäten die rüstungstechnische Auswertung der betreffenden Erfindungen niemals gestört oder gar verhindert worden.

Um die *Wirtschaft* der Ostländer für das Projekt zu mobilisieren, würde es genügen, die Führung der Staatspartei entsprechend zu motivieren. Das würde unter Hinweis auf das Leninsche Dogma vom Vorrang der Schwerindustrie leicht gelingen. Während man in Moskau nur die entsprechenden bürokratischen Entscheidungen abzusichern hatte, hatte man im Westen *die private Rüstungsindustrie* zum Mitspielen zu bewegen. Hier konnte man der Unterstützung durch das Profitmotiv der Konzerne gewiß sein. Die Firmen würden sich um die entsprechenden Aufträge reißen. Sie würden allerdings auch irgendwann versuchen, Atombomben oder zumindest das Know-how in andere Regionen, selbst in unterentwickelte Länder zu exportieren. Dies würde unerwünschte Zwischenfälle möglich machen, z. B. einen verrückten Atomkrieg im sogenannten Nahen Osten oder zwischen Pakistan und Indien. Die internationale psychologische Schreckwirkung könnte sich ungünstig auf die Motivation der Industrievölker auswirken. Aber dieses Risiko mußte man tragen.

Natürlich war das vorgesehene atomare Hochrüstungsprogramm auch im Westen nur durchführbar, wenn die staatlichen Organe bereit sein würden, die Riesenaufträge an die Rüstungswirtschaft zu vergeben. Würden die staatlichen Bürokratien und die Parteien willig sein, diese Gelder aufzubringen bzw. den anderen Etats zu entziehen? Dies erschien als ein unsicherer Faktor, der besondere Aufmerksamkeit erforderte. Immerhin würde man sich vorläufig noch auf die Eigendynamik der Wachstumswirtschaft verlassen können. Die Rüstungsindustrie spielte innerhalb der westlichen Wirtschaftsordnungen eine Hauptrolle. Der Wachstumsdruck müßte, wenn sich nicht die Grundorientierung der Menschen, demzufolge auch die der mächtigen Parteien, radikal ändern würde, als stetiger Impuls zur Aufrechterhaltung der notwendigen Rüstungsproduktion ausreichen.

Alle Überlegungen führten zu dem Ergebnis, daß die bedeutendsten Anstrengungen für die *psychische Aufrüstung* der Industrievölker geleistet werden müßten. Die Bereitschaft, sich gegenseitig zu vernichten – bei allerhöchstem Eigenrisiko –, müßte zu einem alles andere überragenden Motiv in den Köpfen der Massen verankert werden.

Dabei hatte man zu bedenken, daß die ahnungslosen Völker der sogenannten Dritten Welt in das Vernichtungsprogramm einbezogen werden mußten. Denn in diesen Ländern wirkten Millionen von westlichen und östlichen Militärs, Wirtschaftlern, Technikern und Lehrern, die unter dem Vorwand von Hilfe und Beratung Kontrolle und Ausbeutung betrieben. Diese Außenposten der Industriezivilisation aus der Aktion auszuschließen, hätte das ganze Unternehmen um seinen Sinn gebracht. So erschien es gewissermaßen als das kleinere Übel, die armen Völker der Südhalbkugel mit auszurotten.

Wir müssen uns heute natürlich fragen, wie die HERMES-Leute es fertigbringen konnten, ihr Verantwortungsgefühl gegenüber jenen unschuldigen Südvölkern abzustreifen, die mit den für die Selbsthinrichtung der Industriepopulation maßgeblichen Gründen nichts zu tun hatten. Wir können uns diese Unbarmherzigkeit nur so erklären, daß unter den Clubmitgliedern die gleiche rassistische Verachtung gegenüber den armen Völkerschaften Afrikas, Asiens und Lateinamerikas herrschte, wie sie innerhalb der Industriezivilisation feste Tradition war. Wir haben zwar ermittelt, daß die Industrievölker zuletzt vermieden hatten, jene armen Populationen noch ausdrücklich und formell als Sklaven-Klasse einzustufen. Aber in der Praxis hatten sie die Methoden der Unterdrückung nur verfeinert oder auch nur besser getarnt. Schon lange vor der totalen atomaren Verwüstung hatten sie Jahr um Jahr viele Millionen ihrer Brüder und Schwestern in den alten Kolonialländern an Hunger und Seuchen sterben lassen. Die Unterschiede in Hautfarbe, Bildungsniveau und wirtschaftlicher Entwicklung werteten sie als natürliche Legitimation, sich über die Ansprüche jener als minderwertig diskriminierten Völker ziemlich bedenkenlos hinwegzusetzen, mochten diese zum Teil auch einer älteren und in mancher Hinsicht humaneren Kulturtradition entstammen als sie selbst. – Jedenfalls war es eine Tatsache, daß man sich im Club über die Einbeziehung der Südregion in die Vernichtungsaktion keine besonderen Gedanken machte. Niemand traute den Volksmassen in Ost und West zu, daß diese auch nur das geringste Unbehagen darüber verspüren würden, daß die Einwohnermassen der Südhalbkugel die Risiken der geplanten «Overkill»-Rüstung ungefragt mittragen sollten.

Das eigentliche Problem der psychischen Aufrüstung betraf also nicht die Ausräumung irgendwelcher Sympathieregungen oder gar Verpflichtungsgefühle gegenüber den Völkern der sogenannten unterentwickelten Länder. Es bestand allein darin, eine kriegsbereite Stimmung in der Bevölkerung der Industrieregion selbst zu erzeugen und stabil zu halten. Und zwar war ein Gleichgewicht in den Aggressionspotentialen zwischen Ost und West herzustellen, die aufeinander polar auszurichten waren. Alle Gegenströmungen wie Gefühle von Brüderlichkeit, Versöhnungswünsche, moralisch oder religiös begründete Forderungen nach Gewaltfreiheit mußten entweder ganz verhindert, in frühen Stadien erstickt, in engen Grenzen gehalten oder – notfalls – auf irgendwelche Ersatzziele umgelenkt werden.

Ehe ich indessen auf die diversen Methoden der psychischen Aufrüstung zurückkomme, die von HERMES sorgfältig ausgearbeitet und über zahlreiche Schaltstellen zur praktischen Anwendung gebracht wurden, sollten wir wenigstens einen kurzen Blick auf die *Instrumente* werfen, die dem Club zur Verfügung standen, um den strategischen Gesamtplan praktisch zu verwirklichen.

Selbstverständlich hatten die Geheimdienste beider Seiten längst Mitarbeiter in Schlüsselstellungen eingeschleust, die für die Rüstungsdynamik wichtig waren. Wo es nicht gelang, eigene Leute unterzubringen, versuchte man einflußreiche Militärs, Wirtschaftler, Politiker, Forschungsstellen-Leiter, Publizisten gezielt zu beeinflussen und auf die Linie des Programms einzustimmen.

Eine gewisse Schwierigkeit für den Club bestand freilich darin, daß er nur einen relativ kleinen ausgesuchten Personenkreis aus den östlichen und westlichen Geheimdiensten einweihen und für sein Vorhaben einsetzen konnte. Zwar gab es inzwischen, wie SC uns glaubhaft berichtet, keinen Mangel an ausgekochten und routinierten Doppelagenten mehr. Doch darunter waren viele Spezialisten mit relativ engem Horizont, die in ihrem Fach ausgezeichnet funktionierten, aber ein Unternehmen von dieser Größenordnung weder hätten begreifen noch verantwortlich mittragen können. Man konnte sie nur punktuell für die übliche Kleinarbeit verwenden. Nichtsdestoweniger war man im Club perfekt darauf trainiert, auch mit einem sehr bescheidenen Personalvolumen sehr viel zu bewirken. Dabei nützte man die Tatsache aus, daß die Polit-, Militär- und Wirtschaftsbürokratien nicht nur im Osten, sondern inzwischen auch im Westen perfekt hierarchisch durchorganisiert waren. Selbst in den westlichen Medien hatten sich diese Strukturen, von der Öffentlichkeit kaum bemerkt, trotz verbriefter Presse- und Meinungsfreiheit in einem solchen Grade durchgesetzt, daß man durch gezielte Interventionen an wichtigen Schaltstellen bedeutende Effekte erzielen konnte.

Die Mitglieder des Clubs und ihre assoziierten Helfer haben sich, wie SC notiert hat, als *Katalysatoren* gefühlt. Sie stießen überall nur Prozesse an, die sich – wenn man an der richtigen Stelle und mit passender Taktik interveniert hatte – oft lawinenartig ausbreiteten und eine erstaunliche Dynamik entfalteten. Erleichtert wurden diese Katalysatorwirkungen nicht nur durch die strengen hierarchischen Abhängigkeitssysteme in den Institutionen, sondern auch durch die inflationäre Ausbreitung eines rein funktionalen, unkritischen Denkens der Menschen. Es war für die Mitglieder des Clubs, so läßt uns SC wissen, mitunter geradezu bedrückend, wie bequem sie ziemlich grundlegende Vorstellungs- und Verhaltensänderungen selbst in solchen Gruppen durchsetzen konnten, denen sie genügend Phantasie und autonomes Denken zur Abwehr von Manipulation zugetraut hatten.

Ein wichtiger, aber keineswegs besonders problematischer Fall war die Beeinflussung von führenden *Staatsmännern.* Wichtig, ja sogar entscheidend war die Einwirkung auf diese Leute natürlich deshalb, weil sie mächtig waren und von ihren Beschlüssen viel abhing. Aber es bereitete in der Regel erstaunlich wenig Schwierigkeiten, sie zu manipulieren.

Staatsmänner waren nur nach außen souveräne Führergestalten. In Wirklichkeit waren es zumeist erschöpfte, kränkliche Figuren, gebeutelt durch eine Vielzahl auf sie einwirkender Entscheidungszwänge, denen keiner von ihnen noch gewachsen war. Sie mußten sich – zur Einschüchterung von Rivalen und Opponenten und zur Beschwichtigung der Massen – zu scheinbar potenten Supermännern aufblähen, während sie halbblind durch das wirre Dickicht der Probleme taumelten, durch das sie ein Heer von untereinander konkurrierenden Beratern und Pressure-Groups teils zerrte, teils stieß. Ehe diese großen Bosse auch nur ungefähr begriffen hatten, worum es ging, hatten sie schon öffentlich erklärt, was ihre Ghostwriter getextet hatten, und unterschrieben, was hinter ihrem Rücken unter Ressortchefs, penetranten Lobbyisten und ihrem Beraterstab ausgehandelt worden war. Meister ihres Fachs waren diejenigen Staatsmänner, die wenigstens einigermaßen in Erinnerung behielten, welche Texte sie aufgesagt und welche Beschlüsse sie irgendwann unterzeichnet hatten. Alle benötigten schließlich sogar Spezialberater, die ihrem Gedächtnis auf die Sprünge halfen, damit sie bei Interviews, Debatten oder Verhandlungen wenigstens eine Ahnung davon bekunden konnten, welche Linie sie bisher verfolgt hatten. Sie mußten dann nur erklären, daß diese Linie ein ständiger Fortschritt gewesen sei und daß sie fest entschlossen seien, in dieser Richtung weiterzumarschieren, um neue herrliche Fortschritte zu erzielen. – Die im Laufe der Jahrzehnte noch zunehmende Beeinflußbarkeit der Staatsmänner erklärte SC damit, daß die zu bewältigenden politischen Materien laufend komplizierter wurden und dadurch die Verwirrung der politischen Bosse automatisch ansteigen mußte.

Hier wie an manchen anderen Stellen seines Notizenkonvoluts dürfte SC etwas übertrieben haben. Zu glauben ist ihm freilich, daß die meisten Staatspräsidenten und Regierungschefs tatsächlich keineswegs als die starken, unabhängigen Persönlichkeiten handelten, als welche sie von den Massen gesehen und bewundert wurden. Und es dürfte auch zutreffen, daß diese Männer genügend Ansatzpunkte für Manipulationen boten, so daß es für den Club hauptsächlich darauf ankam, geeignete Gewährsmänner in die Beraterstäbe einzuschleusen.

Je weniger die verantwortlichen Spitzenpolitiker aber ihre sich immer mehr ausweitenden Verantwortungsbereiche übersehen konnten und in Gefahr gerieten, sich als völlig inkompetente Marionetten zu entlarven, um so mehr mußten sie zu einem Trick Zuflucht nehmen, um ihr bedrohtes Image zu schützen. Sie mußten sich jeweils eine einzige im Vordergrund des Masseninteresses stehende Frage heraussuchen, diese mit Beratungshilfe genauer studieren und dann laufend als *das* Zentralthema der Politik schlechthin herausstellen. Das hieß natürlich, sich um das Verständnis aller anderen politischen Materien überhaupt nicht mehr ernstlich zu bemühen und sich ganz und gar darauf zu verlassen, darin kompetent beraten oder – genauer gesagt – gelenkt zu werden. Dieser Bluff klappte in der Regel ganz gut. Denn auch die Volksmassen waren zumeist froh, wenn sie gar nicht mehr durch die tatsächliche Problemfülle der Politik verwirrt wurden, sondern wenn man ihnen sagte: eigentlich kommt es nur auf *eines* an. Das ist der gefährlichste und der wichtigste Punkt. Wenn man dieses Problem löst, gibt es Freiheit, Gerechtigkeit, Wohlstand, Gesundheit für alle. Und natürlich bot sich der betreffende Staatsmann dazu an, eben *dieses* Problem auf die vortrefflichste Weise zu lösen.

Tendierte der betreffende Staatsführer zu Einschätzungen, die der strategischen Linie des Clubs nahekamen, war es selbstverständlich opportun, ihn auf die Zentralfrage der Aufrüstung zu lenken. Man hatte ihm also einzureden, daß er sich vor allem anderen als allwissender und praktisch unfehlbarer *Sicherheits-*

politiker ausgeben sollte. Und dann hatte man ihn dahin zu führen, daß er eine stürmische atomare Rüstung als die beste, ja als die einzige Sicherheitsgarantie verkündete. Die Aufstellung immer neuer Atomraketen auf dem eigenen Territorium – Zielscheibe für einen vernichtenden Gegenschlag – hatte er als ein absolut beschützendes Abschreckungsmittel zu propagieren und natürlich auch praktisch zu veranlassen.

War dieser führende Mann indessen von seiner Natur her dem Militarismus eher abhold, war ihm tunlichst einzureden, daß er jedes andere Thema, nur nicht die Rüstungspolitik als einen Schwerpunkt auswählen und herausstellen sollte. Man lenkte ihn etwa auf das Energieproblem, die Inflation oder dergleichen. Man half ihm durch eine flankierende publizistische Kampagne, die echte Energieverknappung oder die Inflation so zu dramatisieren, daß es für die Bevölkerung unmöglich schien, auf ihn als Retter in der Not zu verzichten. Indem man ihn und die Massen vom Thema Rüstung ablenkte, konnte der Club im Dunkeln schalten und walten, um den militärisch-industriellen Komplex auf Touren zu halten. So gelang es beispielsweise in einer Phase, welche die internationale Öffentlichkeit als «Entspannung» erlebte, in aller Stille die Rüstung auf ein wesentlich höheres Tempo als in der vorherigen Periode des sogenannten «Kalten Krieges» hochzukurbeln. Irgendwann später konnte man die Massen dann wieder durch schlagartige Enthüllung der inzwischen bereitgestellten «Übertötungskapazitäten» hinreichend erschrecken, um sie nun erneut durch die Angst zur Befürwortung «erhöhter Verteidigungsbereitschaft» (sprich: weitere Rüstungssteigerung) zu motivieren.

Aber ganz so simpel war die Aufgabe, die Staatsführer auf dem gewünschten Kurs zu halten, nun doch nicht. Und die HERMES-Leute waren viel zu gescheit, als daß sie gewisse Faktoren außer acht gelassen hätten, die das Verhalten der Spitzenpolitiker mit bestimmten. Mochten diese mächtigen Leute auch ziemlich ahnungslos und zumeist kränklich und erschöpft sein, so hatte doch jeder von ihnen festgeprägte Charaktermerkmale, die man einkalkulieren mußte. Und im Auftrage des Clubs war eine kleine Spezialkommission gelernter Psychologen kontinuierlich damit beschäftigt, die Persönlichkeitsprofile der höchsten Verantwortungsträger zu analysieren. Diese Psycho-Kommission gelangte dazu, drei Typen aufzustellen, wohl wissend, daß kein Staatsmann einen solchen Typ in reiner Form, sondern nur annähernd repräsentierte.

Die Kommission unterschied 1. den Idealisten, 2. den Technokraten, 3. den Schauspieler.

In der Brust des *Idealisten* brannte der Drang, Gutes zu tun. Er wollte nicht nur verwalten, Konflikte ausgleichen und die «Firma Gesellschaft» in relativ reibungslosem Betrieb halten. Sondern er träumte von großen Taten zum Wohle seines Volkes, zum Wohle der östlichen oder der westlichen Völkergemeinschaft oder zum Wohle der Menschheit schlechthin. Natürlich wich seine Phantasie, wo dieses Wohl liege, häufig erheblich davon ab, was sich die Menschen selbst ursprünglich darunter vorstellten, die er beglücken wollte. So war es einem amerikanischen Präsidenten ungeheuer wichtig, zum Mond zu fliegen. Und tatsächlich vermochte er viele mitzureißen und das Ziel seines pubertären Ehrgeizes als Erfüllung eines der wichtigsten Menschheitsträume zu vermitteln. Immerhin fielen bei diesem Projekt nebenbei bemerkenswerte technische Erkenntnisse ab, die man für die Produktion von Nuklearraketen nutzen konnte.

Neben solchen jungenhaft *romantischen* Idealisten gab es andere, die eher von *moralistischem* Eifer durchdrungen waren. Ihnen schwebten keine gewaltigen Sprünge oder Innovationen vor, um die Menschen noch größer und freier zu machen. Sondern sie spähten eher in einer defensiven Haltung nach Übeln aus, von denen sie das eigene und nach Möglichkeit alle anderen Völker reinigen wollten. So gab es einen anderen amerikanischen Präsidenten, der geradezu passioniert darauf lauerte, irgendwo in der Welt neues Unrecht als Anlaß zur Anprangerung und zur Planung von Strafaktionen ausfindig zu machen. Er fühlte sich nie wohler, als wenn irgendwelche schauerlichen Schandtaten in fernen Ländern ihm in rascher Folge die Chance zuspielten, seine Nation und sich selbst als Hüter der moralischen Weltordnung glänzen zu lassen.

Solche moralistischen Tendenzen waren aus der Perspektive des Clubs gesehen nicht ungefährlich. Die Möglichkeit war nicht von der Hand zu weisen, daß ein solcher einflußreicher Saubermann sich zu einem fanatischen Pazifisten und Abrüstungsapostel hätte entwickeln können. Um so wichtiger war es, das Blickfeld des Betreffenden auf die Ost-West-Beziehungen einzuengen. Er sollte sich nicht über jedes beliebige Böse ereifern, sondern gefälligst seine moralische Empörung auf Vorgänge im Bereich der gegnerischen Supermacht konzentrieren. Im Falle des als Beispiel genannten amerikanischen Präsidenten boten die Sowjets im rechten Augenblick einen gewichtigen Anlaß, alle heilige Wut des betreffenden Staatsmannes auf sich zu ziehen. Indem sie das Nachbarland Afghanistan überfielen, um dort ihre bedrohte Machtstellung zu festigen, war die alte Frontstellung wieder gesichert, und zugleich forderte die militärische Stärke der räuberischen Sowjets den Präsidenten dazu auf, der eigenen Atomrüstung wieder einen kräftigen Schub zu verordnen. Denn wie sonst hätte man diesen Verbrechern glaubhaft mit Strafe drohen können.

Sehr viel trockener als der Idealist stellte sich der Typ des *Technokraten* dar. Nichts lag diesem ferner, als sich dazu berufen zu fühlen, irgendwelche großartigen Ideen zu verwirklichen. Verächtlich bespöttelte er seine idealistischen Kollegen als Utopisten, Träumer oder verhinderte Missionare. Seine Welt, die er für die Wirklichkeit schlechthin hielt, war die berechenbare Seite der gesellschaftlichen Prozesse. Also mußte man den noch nicht berechneten Teil der Probleme auch noch berechenbar machen. Dann würde man die Gesellschaft endgültig wie eine Maschine kontrollieren und steuern können.

Dementsprechend verkürzte sich das gesamte Problem der Militär- bzw. Friedenspolitik für den Technokraten zu der Rechenaufgabe, die Waffenarsenale beider Seiten genau auszuzählen und ein perfektes rechnerisches Gleichgewicht herzustellen. Da der Technokrat nur in diesen technischen Kategorien zu denken vermochte, mußte um jeden Preis eine mechanische Symmetrie hergestellt werden. Wäre auf der einen Seite ein mechanischer Überdruck in Form waffentechnischer Überlegenheit vorhanden, müßte diese Seite automatisch in das relative Vakuum der anderen Seite eindringen.

Der Technokrat konnte nicht zur Kenntnis nehmen, daß die historische Wirklichkeit ihn widerlegte. Immer wieder hatte es wechselnde Überlegenheiten in der Atomrüstung (nach langer Zeit einer Übermacht der Amerikaner) gegeben, ohne daß dieser automatische Druckausgleich erfolgt war. Andere Antriebsquellen außer den sogenannten materiellen Sachzwängen konnte ein Technokrat indessen kaum wahrnehmen.

Ein Beispiel für diesen Typ lieferte ein westeuropäischer Staatsmann, den nichts mehr ärgerte, als wenn man ihm vorhielt, daß Politik auch etwas mit Sinn und Geist zu tun habe. Politik sei nüchterne Konfliktregelung, sagte er einmal. Philosophieren über harmonische Welten gehöre da nicht hinein. Für geistige Orientierung sei der Staat nicht zuständig, womit er zeigte, daß er die in Technik verwandelte Außenwelt so total selbst verinnerlicht hatte, daß er weder sich noch der Menschheit überhaupt noch zutraute, den Lauf der Dinge aus der Kraft eigener Ideale und Bedürfnisse wenden zu können.

Natürlich waren Technokraten nicht dazu zu gebrauchen, die psychische Spannung zwischen Ost und West weiter aufzuladen. Ihre Nüchternheit machte es ihnen überhaupt unmöglich, sich in eine Szenerie einzufühlen, die zwischen einem Block der Edelsinnigen und einem Block der Bösartigen differenzierte. Deshalb boten sich technokratische Typen auch mitunter gern als Vermittler an. Da sie diese Rolle aber ausschließlich in der Art eines geschäftlichen Managens verstanden, konnten sie kaum je bewirken, was die Publizisten «Verbesserung des Klimas» nannten.

Eine Zeitlang fielen Technokraten ohne weiteres auf die lancierte Hypothese herein, die Hochrüstung sei deshalb nicht so schlimm, weil der Wettlauf bestimmt automatisch sein Ende finden würde, wenn keine Seite mehr die Nase vorn hätte. Man würde dann zweifellos zu beiderseitigem Nutzen das erreichte Patt unverzüglich festschreiben. Da dies nur allzu logisch erschien und Funktionalisten nur diese Art mathematischer Logik als Motivation gelten ließen, mußte es sie mit Entsetzen erfüllen, als diese Rechnung schließlich doch nicht aufging, indem sich die parallelen Rüstungen sogar noch beschleunigten, je höher sich die Bombenarsenale türmten. Da verstanden auch die hartgesottenen Technokraten die Welt nicht mehr, vielmehr erlitten sie schwere psychosomatische Krisen und merkten daran, daß auch sie selbst nicht nur nach rationaler Logik funktionierten, sondern ebensosehr aus dunklen psychischen Impulsen bestanden, die sie zuvor immer nur verdrängt hatten. Diese Zusammenbrüche bedeuteten allerdings auch meist den Schlußpunkt ihrer Politiker-Karriere.

Dagegen erlebte der *Schauspieler-Typ* gerade in der Endphase seine politische Hochkonjunktur. Der Schauspieler war besser als alle anderen in der Lage, selbst dann noch Zuversicht zu mimen und den Massen zu suggerieren, als die anderen Typen an dem Mißverhältnis zwischen ihren Konzepten und der Wirklichkeit verzagten. Dem eigentlichen Schauspieler blieb dieses Problem erspart, weil er gar kein eigenes Konzept hatte. Er merkte, wie sich derjenige darstellen sollte, an den sich die bedrängten Menschen klammern wollten. Und das genau spielte er ihnen vor. Als die Massen am Abgrund der Katastrophe zu märchengläubigen Kindern regredierten, die aus Angst, die sie nicht mehr niederhalten konnten, einen wundertätigen Drachentöter herbeisehnten, da entwarf er eben dieses Bild von sich. Wiederum war es ein amerikanischer Präsident, der sich diesmal als Repräsentant dieses Typs mit seinem Publikum arrangierte. Er ließ sich überzeugen, daß er das klassische High-Noon-Motiv nachspielen müßte, um die Massen für die Schlußrunde vor dem Inferno bei der Stange zu halten. Hier er selbst und Amerika als Sheriff, von feigen und kleinmütigen Bundesgenossen nur halbherzig unterstützt oder sogar im

Stich gelassen. Dort die anrückende bedrohliche Verbrecherbande – die Sowjets an Stelle der drei üblen Filmgangster. Noch einmal konnte sich das Volk in nostalgischer Wildwest-Pose groß und herrlich fühlen. Es war die von dem Starschauspieler möglich gemachte nostalgische Illusion, aus der man nicht mehr aufwachen wollte. Ein Wunsch, der in makabrer Weise in Erfüllung gehen sollte.

Daß am Ende speziell den Vertretern des Schauspieler-Typs politische Spitzenkarrieren geradezu in den Schoß fielen, hatte in den Westländern noch einen besonderen Grund. Hier war die *Werbung* inzwischen zu besonderer Macht gelangt. Man ermittelte durch Umfragen, was sich die Leute wünschten. Und dann produzierte man Waren, von denen die Werbung versicherte, daß sie genau das seien, was alle sich gewünscht hatten. In dieser Weise erkundigten sich die Parteien bei den Massen, was für eine Variante von politischem Führer sie haben wollten. Und dann bauten die Werbespezialisten einen solchen Menschen auf. Man brachte diesem bei, was er zu denken und zu versprechen hatte. Er hatte eine neue Mimik und Gestik zu trainieren. Er hatte z. B. nachdenklich, aber nicht grüblerisch zu wirken. Sein Lächeln mußte verbindlich, trotzdem souverän erscheinen. Eine würdevolle, aber um Himmels willen nicht steife Haltung war einzuüben. Man verordnete ihm eine neue Frisur, bestimmte Krawatten, Hemden, Schuhe. Der Unsportliche mußte sich trimmen, der Sperrige den Kontaktfreudigen mimen. Selbst seine Biographie wurde neu aufgebaut. Was dann noch nicht stimmte, lernte der Schauspieler bei tausend Wahlkampfauftritten zu korrigieren. Er verrenkte sich willig hierhin und dorthin, je nachdem, was man mit Applaus belohnte. Und am Ende glaubte er, das zu sein, wozu man ihn gemacht und als welchen man ihn gewählt hatte. Er war dann natürlich ein Spielball in der Hand seiner Berater. Und nichts war leichter für den Club, als einen Staatsmann von dieser synthetischen Sorte zu manipulieren. Man mußte ihn freilich wie ein kleines Kind auf Schritt und Tritt bewachen. Verlor man ihn auch nur einen Augenblick aus den Augen, war er fähig, sich chamäleonartig zu verwandeln und alles zu dementieren, was man ihn gestern noch hatte beschwören lassen.

Es gab aber auch den zynischen, den ausgekochten Schauspieler. In manchen romanischen Ländern wuchsen gelegentlich regelrechte Trickkünstler zu Führergestalten heran. Die brauchten keine Maskenbildner und Regisseure, um sich zu politischen Spitzenämtern hochzulügen. Es waren Salongangster, Mafiosi der Spitzenklasse. Sie rochen einander wie Drogensüchtige und bildeten geheime Verschwörerclans, z. B. strengstens abgeschirmte Geheimlogen.

Diese Leute (und ihre Cliquen) bedeuteten für den Club kein geringes Problem. Sie waren so undurchschaubar und so wendig wie die routiniertesten Doppelagenten von HERMES. Nur wenn der Club einen Vertrauten zum Logenmeister machen konnte, vermochte er halbwegs sicher zu sein, diesen Klüngel einigermaßen überwachen zu können.

Gelegentlich passierte das Mißgeschick, daß in dem einen oder anderen Land Führungspositionen mit völlig unmöglichen Leuten besetzt wurden, mit denen zu kooperieren für den Club zu einer reinen Qual wurde. Da war irgendein halsstarriger Esel oder ein arroganter Ignorant zum Spitzenmann gemacht worden. Es gab Dummköpfe, die durch ihre Wahl und den hündischen Applaus der Massen plötzlich an ihre tatsächliche Großartigkeit glaubten und sich von ihren eigenen törichten Einfällen leiten lassen wollten. Es war keine geringe Zumutung für die HERMES-Elite, solche Irrläufer immer wieder einzufangen und mit unendlicher Geduld leidlich auf Kurs zu halten.

Geduld war ohnehin eine der Tugenden, die man im Club an die höchste Stelle setzte. Man mußte immer wieder kurzfristige Rückschlage hinnehmen. Wenn man es für eine Weile mit einem ungeeigneten Staatsmann in irgendeinem Land zu tun hatte, dann konnte man immerhin hoffen, ihn bei der nächsten Wahl durch eine passendere Figur ersetzen zu können. Und im übrigen brachte die Psycho-Kommission dem Club bei, daß manche eigenartigen Stellenbesetzungen mit unvermeidlichen

Stimmungsschwankungen innerhalb der Völker unmittelbar zusammenhingen. Das heißt, man mußte hin und wieder einen wunderlichen Regierungschef einfach deshalb hinnehmen, weil sich das betreffende Volk seinerseits in einer kritischen Verfassung befand und sich deshalb einen führenden Repräsentanten ausgesucht hatte, der als eine Art Symptom seine Verwirrung ausdrückte.

Die Amerikaner gerieten z. B. verschiedentlich in solche Krisen. Sie waren zunächst davon ausgegangen, daß sie für alle Zeit nicht nur das gute Weltgewissen repräsentierten, sondern noch dazu berufen seien, ihren idealen Way of Life allmählich der ganzen Menschheit beizubringen. Aber dann verwickelten sie sich in den kolonialistischen Vietnam-Krieg. Dort verübten sie Massaker wie jenes von My Lai und wüteten mit Napalm. Das Weltgewissen, mit dem sie sich auf ewig identifiziert geglaubt hatten, klagte sie der imperialistischen Aggression an. Der verheerenden moralischen Niederlage folgte die militärische. Aber das Maß wurde erst voll durch den Watergate-Skandal: Der eigene Präsident, Symbolfigur der freien, guten Welt, ließ sich des zynischen Machtmißbrauchs und der Lügnerei überführen. Gekränkt und mit Scham beladen stand die Nation da, die nichts anderes gewöhnt war, als sich mit ihrem Ideal absoluter moralischer Integrität zu verwechseln und sich dadurch aus der Masse der weniger feinen Völker herauszuheben. In dieser Krisenlage durfte niemand anderes als ein moralistischer Idealist Präsident werden. Er sollte das peinlich befleckte Image der Nation reinwaschen und aller Welt wieder das alte edle Amerika vorführen. Da spielte es keine Rolle, daß dieser Mann unsicher, zaghaft und schwankend in seinen Entschlüssen war. Die Hauptsache war, daß ihm die Moral über alles ging und daß er als ihr Prediger so lange kontrollierend und mahnend durch die Lande zog, bis das nationale Schamgefühl getilgt und das Image wieder einigermaßen entfleckt war. Aber mit dem endlich erreichten Bewußtsein, daß es mit dem Reinwaschen nun ein Ende haben könnte, verband sich prompt Überdruß an demjenigen, dessen Rolle man nun nicht mehr brauchte. Der Schock war teils überwunden, teils verdrängt, und die Sowjets hatten mit ihrer Afghanistan-Aggression ihr Teil dazu beigetragen. Also war es an der Zeit, der Welt wieder selbstsicher die Zähne zu zeigen. Der Prediger hatte ausgedient. Ein Sheriff mußte her, um zu demonstrieren, daß Amerika die Position zurückforderte, Ordnung und Recht in der Welt zu bestimmen und durchzusetzen.

An dieser historischen Episode wollte SC verdeutlichen, daß man im Club mitunter geduldig kurztreten mußte, wenn die Bedingungen für die Arbeit der psychischen Aufrüstung zeitweilig ungüngstig waren. Während der moralischen Krise Amerikas mußte man es hinnehmen, daß sich das Aufrüstungstempo dort vorübergehend arg verlangsamte. Eine gewaltsame Gegensteuerung wäre in diesem Augenblick das Allerverkehrteste gewesen. Die Psycho-Kommission hatte ganz richtig prognostiziert, daß die Amerikaner bald wieder zu ihrer alten Selbstgerechtigkeit und zu ihrem Weltbeglückungsanspruch zurückfinden würden.

6. Kapitel

Start der psychischen Aufrüstung: Begriffsverwirrung und Ablenkungstherapie

«Sie finden mich bei denen, die immer besorgter sind über den Umgang, den wir mit den Vokabeln Krieg – Verteidigung – Frieden – Sicherheit haben. Denn bei dem, was wir beschönigend ‹Krieg› und ‹Verteidigung› nennen, handelt es sich, wie jedermann weiß, in Europa und bei einem Zusammenstoß der Weltmächte um Massenvernichtung und Völkermord, um verbrannte und vergiftete Erde und die Zerstörung der Schöpfung. Und das Wort ‹Verteidigung› ist vor dieser Wirklichkeit eine fromme Lüge.»

H. Albertz

Wir haben uns klargemacht, welche Gründe den Club dazu gebracht haben, die Vorbereitung einer umfassenden und endgültigen «Euthanasieaktion» als unerläßliche Aufgabe zu akzeptieren. Wir haben verfolgt, wie sich die Beschlußfassung selbst abgespielt hat. Wir wissen inzwischen ferner, an welchen Schaltstellen HERMES mit Vorrang seine Katalysator-Strategie anzusetzen sich anschickte. Wir haben eine ungefähre Vorstellung von der personellen Organisation der Beeinflussungsarbeit gewonnen. Des weiteren sind uns durch SC gewisse interessante Einblicke in die sozialpsychologische Vorbereitung der Manipulation der politischen Spitzenkräfte gewährt worden. Nun erscheint es an der Zeit, die psychische Aufrüstung bis in die Basis hinein zu verfolgen. Wie hat man versucht, das Denken der Massen an den strategischen Plan anzupassen? Und welche Wirkungen sind dadurch erzielt worden?

Natürlich kann ich diese Prozesse hier nur in groben Zügen nachzeichnen. Der besseren Übersicht halber darf ich es mir auch ersparen, jedesmal im einzelnen zu erwähnen, ob ich meine Kenntnis den Aufzeichnungen von SC oder anderer zeitgenössischer Beobachter verdanke, oder ob es sich um indirekte Schlußfolgerungen aus sonstigen Indizien handelt.

Die Aufgabe war jedenfalls klar. Die Völkermassen in Ost und West waren dazu zu bewegen, eine Jahrzehnte währende atomare Aufrüstung zu fordern, zumindest zu tolerieren. Tolerieren hieß aber nicht nur, einer Entwicklung geduldig zuzuschauen. Vielmehr mußten die Völker ungeheure Opfer auf sich nehmen, um das Geld für die Entwicklung und die Produktion der gewaltigen Arsenale aufzubringen. Selbst wenn sie bereit waren, jährlich 15 bis 20 Millionen Menschen in der sogenannten Dritten Welt verhungern zu lassen, so reichte dieser Verzicht auf wirksame Entwicklungshilfe ja keineswegs aus. Es würde zu fühlbaren Senkungen des sogenannten Lebensstandards in den Industrieländern selbst kommen, die den Bevölkerungen als sinnvoller Verzicht zugunsten der Produktion von Sprengköpfen und Trägerraketen klargemacht werden mußten. Obendrein war den Menschen schwerlich zu verheimlichen, daß es im Fall des Einsatzes der neuen Wunderwaffen für sie selbst kein Entrinnen, keine sicheren Luftschutzkeller oder Bunker geben würde. Die Massentötungen würden natürlich nicht mehr wie in den Kriegen zuvor, teilweise auch noch im Zweiten Weltkrieg, auf Schlachtfelder begrenzt bleiben. Sie würden unweigerlich auch die Frauen und Kinder in den Wohnungen, die Schüler in den Schulen und die Kranken in den Kliniken treffen. Außer den Massen, die unmittelbar durch die gewaltigen Explosionen zerfetzt werden würden, würden Millionen anfänglich Überlebende geblendet werden, an verbrannten Schleimhäuten zugrunde gehen oder allmählich den radioaktiven Spätschäden auf qualvolle Weise erliegen.

Völker, deren Vorfahren über Generationen hinweg gespart und geschuftet hatten, um ihrem Gott Kirchen zu bauen, in denen sie seinen Schutz und seine Gnade erflehen wollten, sollten sich nunmehr mit dem gleichen Eifer dafür engagieren, ihr gesamtes Geschlecht, alle Werke, die sie je geschaffen hatten sowie alles Lebendige auf der Erde überhaupt auszutilgen. Wenn man nicht auf die Unterstützung jener bereits erörterten kollektiven Todessehnsucht hätte rechnen können, wäre die Aufgabe, den Massen eine derart groteske Motivation einzupflanzen, von vornherein unlösbar erschienen.

Gewiß hätte sich der Club die Lösung dieses Problems nie zugetraut, wenn nicht die sozialpsychologischen Beobachtungen aus den beiden vorhergegangenen Weltkriegen und den jeweiligen unmittelbaren Nachkriegsphasen entsprechende Anhaltspunkte geliefert hätten. Man konnte auf folgenden Erkenntnissen aufbauen:

1. Selbst die unmittelbare Erfahrung von Kriegsgreueln bewirkte keine längerfristige Abschreckung, im Gegenteil: Ein Großteil der Kriegsveteranen verklärte bald diese Erinnerungen. Viele, die jahrelang pausenlos tausendfachen Tod um sich herum erlebt hatten, erzählten später von nichts lieber als von diesen «Abenteuern» und feierten ihre Kriegszeit als die großartigste ihres Lebens. Weit verbreitete Kriegsbücher dienten dazu, diese Zurückversetzung in die «heroische» Vergangenheit zu fördern. Kriegsteilnehmer hatten, wie Umfragen zeigten, späterhin sogar weniger Bedenken gegen eine nukleare Aufrüstung als die Nachfolgegeneration.
2. Große Teile der Bevölkerung waren ohnehin bereit, alles mitzumachen, was ihnen von oben befohlen wurde und was im Umfeld die Mehrheit mittat. Wenn Gewalt nicht mehr verboten, sondern umgekehrt verlangt wurde im Rahmen von staatlichem Recht und staatlicher Ordnung, dann folgten Millionen kritiklos einer «Pflicht», die gestern noch als Verbrechen gegolten hatte. In einer Reihe von Ländern hatte man durch Experimente die Kriegserfahrungen voll bestätigt: Die meisten Menschen waren, allenfalls nach kurzem Zögern, ohne weiteres dazu bereit, Mitmenschen zu quälen

und zu foltern, wenn sie sich einer geachteten Autorität verpflichtet glaubten, die solches Tun von ihnen verlangte.

3. Wenn auch etwa zwischen Westalliierten und Russen, die als Waffenbrüder im Zweiten Weltkrieg Millionen von Blutopfern gebracht hatten, freundschaftliche Gefühle gewachsen waren, so gab es doch Anzeichen dafür, daß man solche Sympathien würde propagandistisch zurückdrängen können. Umgekehrt sprachen gewisse spontane Tendenzen dafür, daß alte Antipathien wie etwa zwischen Franzosen einerseits und Deutschen andererseits kein Hinderungsgrund sein müßten, diese Westvölker zu Bundesgenossen gegen die Sowjets zusammenzuschweißen.
4. Eine besonders hilfreiche Bedingung war darin zu sehen, daß die Völker in jener Phase offensichtlich psychisch schon so weit abgestumpft waren, daß sie mit starker Angst nur noch darauf reagierten, was man ihnen als Gefahr aktuell und anschaulich vorführte. Hiroschima war nach kurzer Zeit nur noch ein Begriff in ihren Köpfen, der ihre Herzen nicht mehr anrührte. Wenn man die Fotos, Filme und Zeugenschilderungen der damaligen Katastrophe allmählich in den Archiven untertauchen lassen würde, dürfte späterhin die Einbildungskraft kaum mehr angeregt werden, wenn es von neuen Bomben heißen würde, in diesen stecke ein hundertfaches oder ein tausendfaches Hiroschima. Und niemand würde ja diese Sprengköpfe je zu Gesicht bekommen. Dafür würden alle laufend um sich Verkehrsunfälle beobachten. Da und dort würden die Zeitgenossen am Infarkt oder am Krebs sterben. Mit diesen aktuellen Bedrohungen würde man der Angstbereitschaft der Massen hinreichend Material zur Absorbierung ihrer Phantasien bieten können. Und es sollte sich später zeigen, daß diese Erwartung keineswegs trog. Für uns Heutige erscheint es tragikomisch, wie wenig diese an sich hochintelligenten Völker fähig waren, sich mit ihrer Angst nach dem objektiven Grad einer Gefahr anstatt nach so vordergründigen Merkmalen wie der Präsenz augenfälliger Beweise der Bedrohung zu richten.

Als sich nun die verschiedenen mit der «psychischen Aufrüstung» befaßten Spezialgruppen ans Werk machten, vermochten sie in mannigfacher Weise von den erwähnten Befunden zu profitieren. Insbesondere der zuletzt geschilderte Umstand, daß die Menschen nur auf Begriffe reagierten, die sie unmittelbar mit konkreten und plastischen Vorstellungen verbinden konnten, ließ sich vortrefflich ausnützen. Sprachspezialisten wurden auf die Frage angesetzt, wie man vor allem die Begriffe «Frieden», «Krieg» und «Sicherheit» in den Köpfen der Massen so vernebeln könnte, daß sie am Ende zu bloßen Leerformeln würden. Jedes dieser Worte sollte in einer möglichst vieldeutigen Abstraktheit verschwimmen. So durfte am Ende niemand mehr genau wissen, was Frieden eigentlich sei, warum man dafür und nicht dagegen sein müßte. Wo es ging, galt es sogar zu versuchen, die Begriffe mit falschem Sinn zu füllen. Also z. B. «Frieden» mit friedlicher Hinnahme der Atomrüstung zu verbinden und «Sicherheit» mit der Anhäufung eines überlegenen Waffenpotentials gleichzusetzen usw.

Die Sprachspezialisten wußten zu berichten, daß in den Industrieländern bereits spontane Tendenzen vorhanden waren, den Begriff «Frieden» zu verwässern. Man würde also diese Bewegung nur unterstützen und ergänzen müssen, um die Köpfe vollends zu verwirren.

Daß die Sprachspezialisten in dieser Hinsicht erfolgreich tätig geworden sind, steht nach unseren heutigen Forschungen außer Frage. Dennoch können wir rückblickend nicht immer differenzieren, welche Ursachen im einzelnen dafür maßgeblich waren, daß das Wort Frieden in der Endphase eine regelrechte Inflation erlebt hat. Nach unseren Ermittlungen waren dabei vier Faktoren im Spiel:

1. Jene spontane Neigung der Völker, von dem Wort Frieden einen immer unschärferen und beliebigeren Gebrauch zu machen;
2. die gezielte Sprachverwirrung und -verdrehung durch HERMES und seine Beauftragten;

3. ein Wettstreit der Politiker, der Parteien und der gesellschaftlichen Organisationen, die jeweils den hochbesetzten Wertbegriff Frieden propagandistisch für sich vereinnahmen wollten;
4. ein echtes Engagement für den Frieden, das sich in der Schlußphase an der Basis der Völker ausgebreitet hat. Aber in dieser Zeit ist es den entsprechenden Friedensgruppen und -initiativen bereits augenscheinlich schwergefallen, sich mit einem Wort verständlich zu machen, das inzwischen zugleich alles und nichts bedeutete.

Gewiß ist, daß die letzten Generationen Tausende von «Friedens-Straßen», «Friedens-Alleen» und «Friedens-Plätze» erfunden haben. Überall pflanzte man «Friedens-Palmen» und «Friedens-Eichen». Man züchtete «Friedens-Tauben», organisierte «Friedens-Festspiele», «Friedens-Fahrten» für Radrennfahrer, «Friedens-Flüge», «Friedens-Konzerte», schließlich «Friedens-Wettbewerbe» für Künstler, Schriftsteller und Schüler.

Für den «häuslichen Frieden» sollten teils die Familien selbst sorgen, teils wurde er vom Staat gegen «Hausfriedensbrecher» geschützt. Der «Arbeits-Frieden» und der «soziale Frieden» waren zu bewahren, was vor allem die Arbeiter, die Betriebsräte und die Gewerkschaften bedenken sollten. Natürlich galt der Eiserne Vorhang zwischen Ost und West, jedenfalls aus der eigenen Sicht, als «Friedens-Wall». Frieden war das gleiche wie ruhig, brav, still – friedliche Landschaft, friedliches Meer, Abendfrieden, Feiertagsfrieden, friedliches Lächeln, friedlicher Friedhof. Tu, was man dir sagt, sei friedlich! Friede, Freude, Eierkuchen. Aber dann hieß es auch, der wichtigste Frieden sei der, den jeder mit sich selbst oder in seinem Herzen zu machen habe, der Seelenfrieden. Begrabe in dir Groll und Bitterkeit! Das ist deinem Seelenheil dienlich und schützt dich, was noch wichtiger ist, vor Magengeschwüren und Herzinfarkt!

Ein glänzender Einfall aller noch so gegensätzlichen und

miteinander rivalisierenden Parteien war es, daß sie sich unisono als «Friedens-Parteien» deklarierten. Damit schien Frieden zu allem und jedem zu passen. Zu den Nationalisten, den Rassisten, den Radikalen, den Liberalen. Der Grabesfrieden von Militärdiktaturen und der Frieden einer humanen Gesellschaft waren ein und dasselbe. Der Friedensbegriff wurde zur Wegwerf-Formel.

Ein zweiter Trick bestand darin, den Friedensbegriff an bestimmte Rituale zu binden. Man verlieh dem traditionellen und längst verflachten Weihnachts-Friedensfest eine neue Scheinwürde, und periodisch verteilte man «Friedens-Orden», «Friedens-Plaketten» und «Friedens-Preise».

Natürlich war es opportun, solche Plaketten und Orden nicht etwa Rüstungsgegnern, nicht einmal Anhängern des «zivilen Widerstandes» oder der «sozialen Verteidigung» zu verleihen. Wesentlich nützlicher erschien die Bevorzugung von mildtätigen Krankenschwestern, von Armenpriestern, Ärzten oder rein theoretisierenden Friedensforschern, deren Festansprachen niemand verstand. Auf jeden Fall war dem Publikum möglichst klarzumachen, daß die wahren Friedenshelden nur in der Stille karitativ oder wissenschaftlich wirkten und mit Militär und praktischer Politik so gut wie nichts zu tun hatten. Diese Trennung deutlich zu machen, darauf kam es an. Daß sozialer Verantwortungssinn, wenn er sich voll entfaltet, vom privaten Helfen und Forschen notwendigerweise zum politischen Engagement weiterführt, sollte nicht erkennbar werden. Immer hilfreich war das pseudomoralische Argument, ein reiner friedlicher Helfer, Arzt, Priester, Wissenschaftler beachte tunlichst die Grenzen seines Metiers und wirke bescheiden für den Frieden ausschließlich am Krankenbett, am Altar oder am Schreibtisch.

Am allerwirksamsten waren freilich solche propagandistischen Unternehmungen, die einen direkten positiven Assoziationszusammenhang zwischen Waffenproduktion und Friedensliebe herstellten. So brachte man das Kunststück fertig, den Erfinder des Dynamits und der Sprenggelatine, der ein

Riesenvermögen durch die Massenfabrikation des Sprengstoffes einheimste, mit dem bereits in den ersten beiden Weltkriegen viele Millionen Menschen umgebracht wurden, zum großen Friedensheiligen aufzubauen. Indem man mit seinem Geld alljährlich einen bedeutenden Friedenspreis bezahlte und diesen mit seinem Namen – Friedens-Nobel-Preis – belegte, setzte sich in vielen Hirnen unwillkürlich die Gleichung fest: Sprengstoff gleich Alfred Nobel, gleich Friedens-Nobel-Preis, gleich Sicherung des Friedens. Für uns heute ist es natürlich schwer zu entscheiden, mit welcher Planmäßigkeit solche Motivationszusammenhänge gebahnt wurden. Daß der Spender selbst etwas Gutes zur Gewissensentlastung tun wollte, bezweifeln wir nicht. Aber warum sich die Völker nicht schämten, ihr berühmtestes Friedens-Zeremoniell ausgerechnet mit dem Geld auszustatten, das unmittelbar oder mittelbar aus den Dynamit-Profiten stammte, muß uns schwer begreiflich bleiben.

Eine geringere Zumutung bedeutete es, wenn man den Leuten nur nahelegte, das Wort Frieden nicht mit positiven Inhalten wie Liebe, Brüderlichkeit, Solidarität oder Versöhnung zu besetzen, sondern statt dessen mit irgendeiner Form von Rivalität zu verknüpfen. Frieden, das hieß dann z. B.: friedlicher Wettkampf. Das attraktivste Fest des Friedens war die Olympiade, wo die Nationen zwar erbittert, aber fair miteinander konkurrierten. Das Friedliche des sportlichen Friedensfestes reduzierte sich dazu, daß die Mannschaften, die miteinander «stritten», einander «schlugen», einander «niederrangen», ihre Aggressivität durch Regeln einigermaßen im Zaum hielten. Es war eine Panne, wenn Eishockey-Spieler einander die Knochen brachen oder auch mal ein Boxer den anderen in friedlichem Wettkampf totschlug. Immerhin konnte es sein, daß gerade diese Kämpfer besondere «Moral» bewiesen hatten. Denn bezeichnenderweise wurde «Moral» – ohne Beiwort gebraucht – üblicherweise nicht mehr als «Fairness-Moral», sondern bloß noch als «Kampfmoral» verstanden. Moral hatte, wer seinem Gegner «nichts schenkte».

Frieden pauschal als eine Variante von Kampf zu deklarieren, war durchaus ein sinnvolles Mittel, um bei den Massen den Prozeß der psychischen Militarisierung zu fördern. Man mußte aber bedenken, daß eine solche pauschale Vernebelung nicht ausreichen würde, um bestimmte intelligente Minderheiten von ihren antimilitaristischen Tendenzen abzubringen.

Da gab es z. B. im Westen die kritischen Linken, die zwar rein zahlenmäßig nicht übermäßig ins Gewicht fielen, in denen jedoch ein erhebliches latentes Protestpotential steckte. Die Sprachspezialisten ließen über den Club geschulte Vertrauensleute in diese linken Organisationen einschleusen. Diese Agenten waren dazu ausersehen, folgende Verwirrungstheorie auszustreuen: Um den Abrüstungsfrieden brauche man sich vorerst nicht zu kümmern. Er werde gewissermaßen wie eine reife Frucht vom Baum fallen, wenn man vorher den *gesellschaftlichen Unfrieden* beseitigt haben werde. Um die in den sozialen Strukturen verteckt oder offen wirksamen Unterdrückungen und Ungerechtigkeiten aufzuheben, müsse man die gesellschaftliche Ordnung grundsätzlich verändern. Eifrig schürten die HERMES-Agenten den Streit unter den linken Gruppen darüber, ob man den gesellschaftlichen Frieden mehr trotzkistisch, mehr leninistisch, mehr reformsozialistisch oder mehr humanistisch liberal zu definieren habe. Jedenfalls ließ man Rüstung und Völkerfrieden als nachgeordnete Probleme hinter der scheinbar allein wichtigen Aufgabe verschwinden, die gesellschaftlichen Binnenstrukturen umzukrempeln.

Da es in der Tat genügend unausgeräumte interne gesellschaftliche Konflikte gab, war es über längere Zeit nicht allzu schwer, die westlichen Linken ausschließlich gegen diverse soziale Mißstände anrennen zu lassen. Natürlich war man sich bei HERMES darüber im klaren, daß dieser Kampf alle Energien absorbieren würde, die der Aufrüstung gefährlich werden könnten. Die Linken würden sich in Rivalität untereinander zermürben und zumindest vorläufig an den rigiden kapitalistischen Strukturen der führenden Weststaaten die Köpfe einrennen. Das heißt, sie würden ihr Modell des gesellschaftlichen

Friedens als Voraussetzung für einen internationalen Abrüstungsfrieden niemals verwirklichen. Aber selbst wenn sie mit der größten Mühe einige Fortschritte in sozialistischer Richtung erkämpfen könnten, würden darüber Jahrzehnte vergehen, in denen man die Atomrüstung genügend hochschaukeln könnte, um den HERMES-Plan voll durchzuziehen.

So ergab sich die paradoxe Situation, daß man eine kritische politische Gruppierung, die von ihren Zielen her dazu berufen schien, HERMES die größten Schwierigkeiten zu machen, indirekt zunächst sogar als eine Art von Bundesgenossen gewann. Es war ja auch zu erwarten, daß erhebliche Gruppen aus dem Lager der konservativen gesellschaftlichen Mehrheit durch die Linken zu einer innenpolitischen Frontstellung gezwungen werden würden. Auch sie würden dazu provoziert werden, an Stelle der Weltkriegsgefahr die gesellschaftlichen Konflikte als vorrangiges Thema anzuvisieren. Nur würden diese Konservativen selbstverständlich den «gesellschaftlichen Frieden» genau anders herum definieren und verlangen, daß man den Status quo gegen alle Aufrührer und Systemveränderer schütze. In der Tat erwies sich das doppelsinnig definierte Ideal des gesellschaftlichen Friedens als besonders nützliches Ablenkungsinstrument, mit dessen Hilfe der Club dem militärisch-industriellen Komplex für längere Zeit den Rücken freihalten konnte.

Den auf die Mehrheit der eher apolitischen Population angesetzten Sprachverdrehern mußte daran gelegen sein, nicht nur den *Friedens*begriff teils zerfließen zu lassen, teils zu pervertieren. Gleichzeitig galt es auch den *Kriegs*begriff gründlicher zu bearbeiten. Denn die Gehirne der meisten waren ja nicht auf das Gegensatzpaar Frieden – gesellschaftlicher Unfrieden, sondern auf die Polarität Frieden – Krieg fixiert. Was sollten sich die Leute also unter «Krieg» vorstellen?

Hier war tunlichst die Erinnerung an vergleichsweise «humane» Kriegsszenen der Vergangenheit zu beschwören, an Gefechte im Wilden Westen, an Zweikämpfe Mann gegen Mann, allenfalls an Feldzüge, in denen es noch Front und Heimat gegeben hatte, Respektierung des Roten Kreuzes, Waffenruhe zu Weihnachten, Fairness gegenüber Gefangenen und Waffenstillstand nach Erreichung eines politischen Zwecks. Und war in den Nachkriegszeiten das Leben nicht oft um so reicher wieder aufgeblüht? Daß sich nichts mehr von alledem in einem künftigen großen Atomkrieg wiederholen würde, für den eigentlich bereits der Name Krieg verfehlt war, hatte man dem Bewußtsein der Massen fernzuhalten. Natürlich würde der künftige Atomschlag nichts als ein einziges ungeheuerliches Verbrechen sein ohne Regeln, ohne Schlachten, ohne Gefangene, ohne länger Überlebende. Ein reiner grausiger Massenmord ohne Gelegenheit, noch irgend etwas zu heilen oder zu sühnen. Aber es war gut, daß das Ausmaß einer solchen Katastrophe ohnehin die Phantasie der Menschen weit überforderte. Sie waren gar nicht imstande, sich auszumalen, was ihnen bevorstand. Und wenn manche es annähernd vermochten, dankten sie es jedem, der sie rasch ablenkte oder alles verharmloste. Die Leute wollten funktionieren, ihren Appetit behalten und – sei es auch mit Alkohol oder Tabletten – leidlich schlafen können. Also wollten sie gar nicht wissen, was jedermann sich leicht hätte zusammenreimen können. So waren sie froh, wenn sie bei dem Wort Krieg nicht zusammenzucken mußten, sondern an etwas denken durften, was man vielleicht ertragen und überstehen könnte.

Es ist für uns heute kaum noch zu fassen, was sich die Leute alles einreden ließen, wenn es ihnen nur half, sich unter einem neuem großen Krieg nicht ein unendliches Massaker, sondern eher so etwas wie ein Sportmatch in Großformat vorzustellen.

Sehr hilfreich funktionierte ein Erziehungsprogramm, das in der Kindheit einsetzte und stufenförmig bis ins Jugendalter fortgeführt wurde. In Befolgung der Erkenntnisse eines namhaften zeitgenössischen Psychologen, der die Bedeutung der Kindheit für die psychische Entwicklung herausgestellt hatte, sorgte der Club für ein umfassendes Kriegsspieltraining der Kinder. Es gelang zwar nur mangelhaft, die Mädchen für diese Spiele zu begeistern. Dafür machten die Jungen in vielen Ländern engagiert mit.

Ein russischer Schriftsteller hatte Kinder beim Kriegsspielen beobachtet. Als die Kinder aufgefordert wurden, doch einmal Frieden zu spielen, riefen die Jungen und Mädchen: «Ja, fein!» Dann überlegten sie, berieten und fragten schließlich: «Wie spielt man Frieden?»

Nach einem Bericht von H. M. Rathert in der Frankfurter Rundschau vom 20. 6. 1981 über den Evangelischen Kirchentag

Man begann bei kleinen Kindern mit schlichten niedlichen Soldatenpuppen und handlichen Plastikpanzern. Da wurden einfache Zweikampfspiele mit Suchen, Verstecken und Umstoßen geübt. Später bot man den Jungen dann regelrechte Miniaturarmeen an. Die Fabriken wollten für diese Armeen am liebsten nur einen einzigen einheitlich gestalteten Soldatentyp liefern, weil es für sie am kostengünstigsten gewesen wäre. Aber man konnte sie dazu überreden, daß sie für die westlichen Kinder eine Vielfalt von Gesichtern und unterschiedlichen Stellungen zur Verfügung stellten. Die zu einem individualistischen Selbstverständnis erzogenen Westkinder sollten sich einbilden, daß jeder einzelne auch beim Militär seine Besonderheiten und einen gewissen freien Entfaltungsraum bewahren könnte. Erst in dem Alter, in welchem die technischen Interessen erwachen, fügte man den kleinen Armeen kompliziertere Waffensysteme hinzu, die bis ins Detail liebevoll den Originalen nachempfunden waren: erst Kanonen, dann Bomber, mobile Raketenwerfer und schließlich ganze Bunkeranlagen, in welche die Kinder mit Fernsteuerung gewaltige Spielzeugraketen versenken konnten. In dieser Phase war es nun nicht mehr so wichtig, die Bedienungssoldaten variabel zu gestalten. Man konnte voraussetzen, daß die Jungen sich jetzt fast nur noch für die technischen Dinge und kaum mehr für die menschlichen Eigenarten interessieren würden. Aber nun wuchsen die Jungen in ein Alter hinein, in welchem sie auch ihr Geschick im Umgang mit Spielzeugwaffen ausprobieren wollten. Dafür lockte man sie in sogenannte Spielhallen. Dort mischte man mit Bedacht unter harmlose Flipper-Geräte Schießapparate, die Kriegsszenen simulierten. So formte man in dem Bewußtsein systematisch die Vorstellung, daß eigentlich nichts Abenteuerlust, sportlichen Ehrgeiz und die Freude an der eigenen Geschicklichkeit so sehr stimulieren bzw. befriedigen könne wie die Welt des Militärs. An Hand des Spielzeugs erhielten die Kinder auch ganz nebenbei eine instruktive Einführung in die Waffenkunde. Sie lernten, sich für die laufende Modernisierung der Raketen und der Sprengköpfe zu begeistern, über die sie sich zusätzlich aus Zeitungen und Spezialbroschüren informierten. Stolzerfüllt registrierten die Jungen in den Ostländern die Neuerungen «ihrer» SS 20 und «ihrer» Backfire-Bomber, während die jungen Amerikaner die Entwicklung der MX-Raketen und der Marschflugkörper als narzißtische Triumphe feierten. In den Phantasien vieler Jugendlicher gestaltete sich der Rüstungskomplex auf diese Weise zu einer sportlichen Szenerie, wo beide Seiten mit phallischem Ehrgeiz und Imponiergehabe ihre Muskeln spielen ließen. Lag es da nicht nahe, dem Augenblick eines großen Kräftemessens entgegenzufiebern? Wer würde sich als der Größte, der Stärkste, der unumschränkte Atomraketen-Weltmeister in einem Kriege erweisen, der vielleicht gar nicht viel mehr war als eine Olympiade in einer militärischen Variante?

«Krieg ist für den Mann, was Mutterschaft für die Frau ist.»
B. Mussolini

Aber selbst wenn es nicht gelang, die Kriegsangst in einen solchen pubertären Nervenkitzel zu verwandeln, vermochte man viele wenigstens dahin zu bringen, daß sie sich einen Atomkrieg nicht schrecklicher vorstellten als etwa eine Operation, bei welcher irgendein Körperteil amputiert wird. Der Krieg würde Schmerzen hervorrufen und irgendwelche schwerwiegenden Behinderungen hinterlassen. Aber mit Entschlossenheit und Zähigkeit müßte man ihn überstehen und auch gewinnen können. War es demnach nicht kleinmütige Feigheit, die «große Konfrontation» um jeden Preis verhindern zu wollen? Wäre es nicht sogar anständiger, um hoher menschlicher Werte willen selbst das Mittel des Atomkrieges zu bejahen? Es scheint, als habe eine jahrzehntelange Erziehungsarbeit tatsächlich erreicht, die Wachsamkeit der Massen so weit einzuschläfern, daß es für sie denkmöglich wurde, die Bomben um einer guten Sache willen auszuprobieren. Oder war es mehr als nur Verblendung? War es auch Todestrieb? Hatte man an der Basis etwa gar nachvollzogen, was der Club vorgedacht hatte? Wollte man Schluß machen, ehe der Schrekken ohne Ende kommen würde? Es wird wohl nie vollständig geklärt werden, bis zu welcher Verbreitung die Idee eines Bilanz-Selbstmordes tatsächlich gelangt ist.

Gewiß ist dagegen, daß HERMES nie darin nachließ, die an der Basis vorhandenen Widerstandspotentiale ernst zu nehmen und systematisch zu bearbeiten. In den Kreisen, in denen sich ein diffuser Abscheu gegen jede Art von Brutalität und Gewalt erhielt – Frauen und Jugendliche waren hier stark vertreten –, bestand natürlich die größte Gefahr der Bildung irgendwelcher in die Breite ausstrahlender Initiativen gegen die Atomrüstung. Und es war klar, daß die Begriffsverwirrungsaktion nicht ausreichen würde, um diese latente Protestbereitschaft dauerhaft zu unterdrücken. Man mußte also versuchen, dieser Impulse direkt habhaft zu werden und sie auf Ersatzziele abzulenken.

Für später war vorgesehen, in Ost und West einen gewaltigen gegenseitigen Völkerhaß zu mobilisieren, um das Mißbehagen an der eigenen Rüstung auf diese Weise abzufangen. Dann würde sich der Protest gegen Gewalt in einen Protest gegen den gewalttätigen Völkerblock auf der anderen Seite verwandeln lassen. Aber noch waren diese Feindbilder nicht etabliert. Deshalb mußte man sich vorläufig um *Ersatzobjekte* bemühen, gegen welche die engagierten Friedensschützer würden Front machen können.

Während in der Stille der militärisch-industrielle Komplex (ein zeitgenössisches Fachwort) mit seiner Eigendynamik die Atomwaffenproduktion auf Touren brachte, hetzte man Massen der friedliebenden Sensiblen z. B. gegen die Mörder auf, die in Afrika Elefanten und Leoparden erschossen, in Südeuropa den Singvögeln nachstellten und an den Küsten des Nordmeers die Seehunde erschlugen. In großer Zahl vereinigten sich Friedensfreunde in den Vereinen der Tier- und Naturschützer. Die Fernsehgesellschaften meldeten die höchsten Einschaltquoten bei Sendungen, die seltenen, von Ausrottung bedrohten Tierarten gewidmet waren. Millionen ließ man dafür spenden, das ursprüngliche Tier- und Pflanzenleben in großen Naturschutz-Parks zu erhalten. Durch seine psychologischen Begleitforscherteams erfuhr HERMES, daß sich das Publikum auch deshalb so leidenschaftlich mit den aussterbenden Walen, Elefanten und Robben identifizierte, weil die Menschen natürlich ahnten, daß diese Tierarten *ihr eigenes Schicksal* vorwegnahmen. Und die Verhinderung der totalen Ausrottung der bedrohten Tiere sollte symbolisch die Möglichkeit des eigenen Überlebens beweisen. Eine Welle von Seligkeit erwärmte die Herzen, wenn die letzten Paare einer seltenen Bärenart in einem Zoo doch wieder ein Baby bekommen hatten oder wenn es hieß, daß sich trotz des Wildschützen-Unwesens irgendwo wieder die Elefanten oder gar die Tiger vermehrt hätten.

Während man sich aufs höchste gegen diejenigen entrüstete, welche die Tierwelt dezimierten, nahm man zur selben Zeit widerstandslos hin, was inzwischen, gar nicht einmal geheim, an Vorbereitung für den definitiven Holocaust angelaufen war. Aber vermutlich hatten die Psychologen recht, die meinten, daß doch gerade das nur halb unterdrückte Wissen von der Vorbereitung der großen Katastrophe der Naturschutzbewegung wesentliche Impulse zuführte.

Eine ähnlich sinnvolle Funktion wie die Naturschutzbewegung erfüllte eine systematisch geschürte Kampagne gegen *Kindesmißhandler*. Man rief große Vereinigungen ins Leben, die mit detektivischem Spürsinn nach Fällen von Kindesmißhandlungen fahndeten. Dabei war dies nicht einmal ein besonders mühevolles Geschäft, denn solche Gewaltakte kamen reichlich und in allen Varianten vor. Man mußte sogar vorübergehend einen Fehlschlag der Kampagne für möglich halten, weil sich Gewalt gegenüber Kindern als ein weithin übliches

Verhaltensmuster der Erwachsenen herausstellte. Um so mehr hatte man gezielt Ausschau nach Extremfällen zu halten, die es der großen Mehrheit ermöglichten, sich eindeutig von einer solchen außergewöhnlichen Brutalität zu distanzieren und die eigene Rücksichtslosigkeit zu einer Quantité négligeable schrumpfen zu lassen. So konnte man sich problemlos mit den gepeinigten Kindern identifizieren und sich zu denen rechnen, die diese Gesellschaft von Unmenschlichkeit und Gewalt zu befreien strebten. Freilich waren an den besonders angeprangerten Mißhandlungen vielfach Eltern beteiligt, die selbst zuvor viel Unrecht, Unterdrückung und auch Gewalt erlebt hatten. Verzweiflung und Hilflosigkeit hatten sie zu ihrem Fehlverhalten getrieben, während Massen «ordentlicher» Eltern ihre kleinen alltäglichen erzieherischen Schikanen und Quälereien eher in kühler Routine verübten. Aber natürlich unterließen es die Vereine, die das Geschäft des Kinderschutzes sozusagen mit Feuer und Flamme betrieben, solche ungelegenen Befunde publik zu machen.

Man täte den Kinderschützern jedoch ebenso Unrecht wie den Naturschützern, wenn man sie einseitig auf dieses «Haltet den Dieb»-Motiv festlegen würde. Eine große Rolle spielte zweifellos auch die Phantasie: Wir alle sind eigentlich in dieser Gesellschaft geschlagene, wehrlose, arme Kinder. Wir alle sind unendliche Male nur dafür bestraft worden, daß wir unsere Impulse freier herauslassen und uns unbefangener ausleben wollten. Und es sind die Narben, die immer noch brennen, welche uns jetzt den Anblick frischer Gewalt so unerträglich machen.

In einer noch tieferen Schicht bedeutete das Mißhandlungsdrama jedoch auch den mikrogesellschaftlichen Modellfall für die mörderische Gewalt, der demnächst Hunderte von Millionen hilfloser Wesen – sie alle, Erwachsene wie Kinder, ohnmächtig und schutzlos – preisgegeben sein würden. Und dann würde man nicht mehr irgendwelcher tyrannischer Eltern habhaft werden und diese für ein Verbrechen unvorstellbaren Ausmaßes sühnen lassen können.

Aus der Sicht von HERMES waren die Naturschutz- und die Kinderschutzbewegung indessen vor allem wichtig,

1. weil sie einen Teil des Engagements für den Frieden dadurch neutralisierten, daß z. B. Wilddiebe und Kindesmißhandler ein Protestpotential absorbierten, das sich sonst mit voller Wucht gegen die Aufrüstungspolitiker und die Waffenhersteller hätte wenden können;
2. weil sie als Vorübungen zur Mobilisierung eines Kollektivhasses angesehen werden konnten, den man später in verschobener und extrem gesteigerter Form aufzubauen haben würde als unversöhnliche Wut auf den imperialistisch-kapitalistischen Westen bzw. auf den expansionistisch-kommunistischen Osten.

Gewalt hieß Krieg. Gewalt hieß aber auch: Mißhandeln von Menschen und Tieren. Zerstören von natürlichem Ackerboden und von Wäldern, Versalzen von Flüssen und Verpesten der Luft. Jede dieser Formen von Gewalt war schlimm. Aber am erträglichsten war immer noch die Gewalt, die man sehen, deren Urheber man herausfinden und gegen die man irgend etwas machen konnte. Deshalb trachtete HERMES danach, zumindest in der Phase, in welcher Länder und Meere noch nicht mit Abschußbasen und Raketen gespickt waren, reichlich publizistischen Gebrauch von den vielfältigen Gewaltformen zu machen, die sich als Ablenkungsobjekte anboten. Es ließ sich im übrigen mit Hilfe der Sprachspezialisten und der von diesen geschulten Propagandastäbe erreichen, daß der Begriff «Gewalt» in gleicher Vieldeutigkeit und Beliebigkeit verschwamm wie dic Begriffe «Frieden» und «Krieg». Da gab es ja die völlige rechtsmäßige *«Staatsgewalt»*, die offizielle *«Gewaltenteilung»* zwischen Exekutive, Legislative und Jurisdiktion, ferner das gesetzlich festgeschriebene allgemeine und das besondere *«Gewaltverhältnis»* in der Beziehung zwischen Bürger und Staat. Gewalt war also normal. Die Natur zumal bestand ja sogar durchgehend aus Gewalt. Sie übte diese aus mit Erdbeben, Blitz und Sturmflut, mit Mißbildungen, Schlaganfall und

Krebs, erst recht mit der mörderischen Rivalität unter den Tierarten. War nicht Gewalt überhaupt das Natürliche und Frieden das Unnatürliche, das Utopische?

Dennoch haftete an dem Begriff Gewalt unauslöschlich der Geruch des finster Bedrohlichen und des Bösen. Und die Leute wünschten sich Schutz gegen Gewalt. Das *Bedürfnis nach Sicherheit* war, wie die zeitgenössischen Experten immer wieder bekundeten, ein menschliches Grundbedürfnis erster Ordnung. Und natürlich mußten die Leute sich vor allem anderen Sicherheit dort wünschen, wo die größte Bedrohung lauerte. Also hatte man zu überlegen, wie man sie ihre Sicherheit gerade *nicht dort*, sondern *überall sonst* suchen lassen konnte. Wiederum hatte man im Club einen passenden Einfall: Man würde für alles, was die Menschen taten und womit sie umgingen, besondere Sicherheitsvorkehrungen oder -einrichtungen schaffen, aber nicht, um sie zu beschwichtigen, sondern um umgekehrt ihre Phantasie fortwährend mit tausend Gefahren zu beschäftigen, die ihnen sonst nicht oder nur selten in den Sinn gekommen wären. Wenn sich die Leute im Auto anzuschnallen hätten, würde jeder immerfort an mögliche Unfälle denken müssen, und jeden Skifahrer würden seine teuren Sicherheitsbindungen und Sicherheitsskistiefel pausenlos an die Knochenbrüche erinnern, die er nun zu vermeiden hoffen durfte.

Die Versicherungsgesellschaften waren zu ermutigen, auch die allerunwahrscheinlichsten Mißgeschicke zu versicherungsbedürftigen Gefahren hochzuspielen. Oberflächlich würde es so aussehen, als wäre überall für Sicherheit gesorgt. Statt dessen sollte es in den Hirnen der Menschen nirgends und niemals mehr etwas geben, was man ganz unbefangen lustvoll und ohne Absicherung gegen ein verborgenes bedrohliches Böses tun könnte. Man steuerte sein Sicherheitsauto mit dem Sicherheitslenkrad hinter dem Sicherheitsarmaturenbrett und der Scheibe mit Sicherheitsglas nach Hause, entschärfte dort die Sicherheits- und Alarmanlage, verbarrikadierte sich hinter Sicherheitsschloß und Sicherheitskette, betätigte Sicherheitsschalter, um sich im Schein einer gesicherten Lampe an Hand der Versicherungsunterlagen zu versichern, daß die Unsicherheit, die man ständig fühlte, eigentlich gar nicht so recht begründet wäre.

Ein zeitgenössischer Gesellschaftskritiker (J. Strasser) klagte in einem von uns aufgefundenen Manuskript:

«Das Streben nach Sicherheit ist zur kollektiven Obsession geworden; und Besessene handeln nicht selten auf halsbrecherische Weise irrational. Gegen alles und jedes meinen wir uns absichern zu müssen und zu können. Aber die Systeme, die die Risiken minimieren sollen, werden selbst immer mehr zum unberechenbaren Risiko.»

So war dafür gesorgt, daß sich die Menschen vorläufig statt über den unsicheren Atomfrieden über tausend andere Unsicherheiten um so mehr ängstigten, je mehr man ihre Aufmerksamkeit auf deren Abwendung lenkte.

«Schußsicheres Glas, rechnergesteuerte Freilandüberwachung, Überfall- und Einbruchmeldesysteme für das Einfamilienhaus, mehr Schließmöglichkeiten durch ein neuartiges Schließwerk, Bankensicherheit im Raumschifflook durch einen neuen Sicherheitsstand, ein Sicherheitsschloß mit nichtanbohrbarem Zylinder, ein beschußsicheres Panzerholz, ein digitales Leitsystem, das mehrere Funktionselemente (Blockschloß, Bewegungsmelder, Thermostat, Jalousiesteuerung, Türöffner usw.) aufnehmen kann, Stahlschilder, welche das Türschloß von außen und innen sichern, drahtlose Notrufauslösung, Zutrittskontrollsysteme mit Induktivsicherheitsausweisen, ein seismisches Perimetersystem für Vitrinen, sendende Chips in Pelzen und Oberbekleidung, Sicherheitsplomben aus verschweißbarem Kunststoff und fälschungssicherer Kodierung u. v. a. mehr seien anstelle zahlloser Artikel beispielhaft erwähnt.»

Aus einem Bericht der Zeitschrift «Kriminalistik» (Dez. 1980) über die Präventionsmesse «security» vom 15.–19. Sept. 1980 in Essen

7. Kapitel

Das Entfremdungsprogramm

«Als typisch für das Bewußtsein breiter Schichten in der jüngeren Generation kann man diese trostlosen Aussagen Berliner Hauptschüler (10. Klasse) zitieren: ‹Ich denke gar nichts über die Sowjetunion, denn die ist so beschissen, daß man ganz doof im Kopf wird, wenn man über sie denkt.› Oder: ‹Die Sowjetunion hat keine richtige Zivilisation. In der Sowjetunion sind alle doof.›»

Frankfurter Rundschau, 23. 6. 1981

«Bei meinen Reisen durch Europa ist es mir immer klarer geworden, wie gering die Kenntnisse sind, die Amerikaner und Europäer im allgemeinen voneinander haben. Wir sind durch zahlreiche gegenseitige Mißverständnisse getrennt. Das ist eine Tatsache, die uns viel schadet.»

P. E. Zinner

Alle bisher beschriebenen Aspekte der Psycho-Manipulation gehörten noch in die Kategorie der allgemeinen Verwirrtaktik. Die vorläufigen Ergebnisse waren ermutigend. «Frieden», «Krieg», «Gewalt» und «Sicherheit» dehnten sich zu unendlich vieldeutigen Begriffen, die man zum Teil sogar weitgehend gegeneinander austauschen konnte. War es Krieg oder Frieden, wenn die reichen Nationen jährlich viele Millionen in den Südländern am Hunger sterben ließen? Hieß Frieden, daß die Armen stillhielten, um das Eigentum der Reichen zu schützen?

War das eigentliche Friedensinstrument das Militär, das sich «Friedensarmee» nannte? Spendeten die Atombomben den Frieden, indem sie, wie es hieß, als einzige die Sicherheit der Abschreckung garantierten? Waren also die echten Friedensfreunde diejenigen, die im Rüstungsgeschäft und in den Entwicklungslabors für die Bomben beschäftigt waren? Geglückt war es, Teile der Heranwachsenden-Generation an den sportlichen Krieg glauben und gegen den bequemen und feigen Spießbürger-Frieden ihrer Väter agitieren zu lassen. Die anderen aber, die sich hartnäckig und verbohrt über Gewalt in der Welt ereiferten, hatte man erfolgreich dadurch zersplittert, daß man viele von ihnen einseitig auf Naturschänder, Kindesmißhandler und andere greifbare Missetäter abgelenkt hatte. So hatten die Machtzentralen des militärisch-industriellen Komplexes ihr gewaltiges Langzeitprogramm diskret, nahezu unter Ausschluß der Öffentlichkeit, in Gang bringen können. Die Suche nach Friedensfeinden – sofern sie überhaupt in Gang gekommen war – spielte sich auf Nebenschauplätzen ab, die als einzige vom Scheinwerferlicht der Propagandastäbe in helles Licht getaucht worden waren.

Die allgemeine Verwirrtaktik, deren Früchte unverkennbar waren, bildete indessen nur *ein* fundierendes Element psychischer Aufrüstung. Wenn man von dem Versuch der Kriegsspielzeug-Militarisierung der Kinder absieht, kann man sie eigentlich überhaupt noch nicht zu den Aufrüstungsmethoden im engeren Sinne rechnen. Denn die gezielte Verdummung und die Ablenkung auf Ersatzprobleme führten ja zunächst nur zu einer Entpolitisierung und somit zu einer prophylaktischen Entschärfung latenter Protestenergien. Selbstverständlich war es nötig, diese Taktik durch ein Programm zu ergänzen, das eine allmähliche Ideologisierung des Ost-West-Gegensatzes bewirkte. Es war ja abzusehen, daß die Völker sich mit späteren Phasen einer spektakulären und jedermann finanziell stark schröpfenden Hochrüstung nur abfinden würden, wenn sie zu dieser eine *positive* Einstellung finden könnten. Sie müßten die Bomben ausdrücklich *wollen*. Eine solche positive Motivation zu erzeugen, verlangte die Abwicklung eines gut getimeten Stufenprogramms.

Es lag auf der Hand, daß man nicht gleich mit einer Verhetzungskampagne beginnen konnte. Zunächst mußte man die östlichen und die westlichen Völkergruppen gewissermaßen *psychisch voneinander entfernen*. Denn noch war man ja recht vertraut miteinander. Die Kriegsallianzen hatten ihre psychischen Spuren hinterlassen. Unvergessen war für viele die jahrelange Kameradschaft, erprobt im opfervollen Zangenkrieg gegen Hitler. Diese partnerschaftlichen Gefühle mußten erst zielstrebig ausgelöscht werden. Hätte man ohne diese Vorbereitung eine radikale Verteufelungskampagne gestartet, hätten sicherlich große Gruppen mit Unverständnis oder gar mit Widerstand reagiert. Deshalb war ein vorsichtiges und schrittweises Taktieren zweifellos risikoärmer und verläßlicher.

Was die Frage des Timing anbetrifft, so kam es darüber im Club zu einigen, obzwar harmloseren Kontroversen. Die vornehmlich im Osten tätigen Agenten meinten, man könnte und sollte den Massen ruhig ein höheres Tempo der psychologischen Umerziehung zumuten. Sie waren davon fasziniert, wie glatt die manchmal sehr groben und fast primitiven Sprachregelungen geschluckt wurden, welche die östliche Parteizentrale der Population verordnet hatte. Aber die Psycho-Kommission warnte davor, den Tiefgang dieser Suggestion zu überschätzen. Und die West-Spezialisten machten verständlich, daß in ihren Ländern die Lernprozesse wegen des Parteien- und des Medienpluralismus notwendigerweise schwerfälliger ablaufen müßten. Man verständigte sich schließlich darauf, daß man auf eine perfekte Synchronisierung vorläufig verzichten sollte. Den im Osten wirkenden Diensten wurde also gestattet, ihre psychologische Erziehungsaktion etwas zügiger durchzuführen, während den Westlern zugestanden wurde, sich für das entsprechende Programm mehr Zeit zu lassen. Wie SC bemerkte, stellte sich später sogar heraus, daß sich diese Asynchronizität überraschend positiv auswirkte. Die trägeren Westvölker erlebten es als provozierendes Stimulans, wenn ihnen vom Osten her bereits Zeichen fortgeschrittener Entfremdung und einsetzender Feindseligkeit signalisiert wurden, während sie selbst noch von einem einigermaßen heilen Partnerverhältnis träumten. Sie mußten also nachziehen, um sich – zunächst einmal – gegen die unliebsame Herausforderung psychisch abzuschirmen. Der gemeinsame psychische Aufrüstungsprozeß vollzog sich auch künftig über lange Zeit in einem Wechselspiel von östlichem Vorprellen und westlicher Folgereaktion. Für dieses westliche Hinterherhinken prägte übrigens damals bereits ein Clubmitglied den Begriff «Nachrüstung». Gemeint war seinerzeit allein die *psychische* Nachrüstung, die im Westen zeitversetzt gegenüber dem Osten ablief. Später hat dann ein westdeutscher Minister diesen Terminus für die Raketenrüstung übernommen. Er hat sogar geglaubt, den Namen erfunden zu haben.

Phase I des Stufenplans bildete jedenfalls das sogenannte *«Entfremdungsprogramm»*. Man machte sich daran, den Informationsfluß zwischen beiden Völkergruppen mehr und mehr zu drosseln. Je seltener man noch miteinander in Berührung geriet, um so eher bestand die Aussicht, daß die Vorstellungen übereinander abblaßten. Also mußte zunächst die Grenze zwischen beiden Parteien Schritt für Schritt abgedichtet werden. Daß man die Deutschen sogar durch eine Mauer und einen «Todesstreifen» trennen mußte, versteht sich von selbst. Unvermeidlich war, daß dieses Volk seine vollständige Spaltung anfänglich als sehr schmerzlichen Gewaltakt erlebte. Kurzfristig hatten die Supermächte beider Seiten einige Mühe, die beiden deutschen Volkshälften von aufrührerischem Widerstand abzuhalten. Dann aber gelang die wechselseitige Aufladung mit negativen Vorurteilen in ausreichendem Maße. Einmal vorhanden, sorgte die Mauer bald dafür, daß die Deutschen in Ost und West die ihnen aufgezwungenen politischen und wirtschaftlichen Unterschiede mit schwerwiegenden Gegensätzen verwechselten, die angeblich in der Konstitution der beiden Volksgruppen verankert wären. Wir haben jedenfalls die Ergebnisse sogenannter Umfragen in Westdeutschland gefunden, die besagen, daß viele Westdeutsche ihre östlichen Brüder schließlich wie eine fremde und relativ unsympathische Art von Menschen empfunden haben. Was die Meinung der Ostdeutschen über ihre westlichen Landsleute anbetrifft, sind wir schlechter informiert. Da sind wir auf manche verwirrenden Differenzen zwischen privaten Tagebuch-Aufzeichnungen und öffentlichen Erklärungen gestoßen, so daß wir noch im Zweifel sind, wie die Menschen wirklich dachten. Hier sind wir noch auf zukünftige Forschungen angewiesen. Fest steht jedenfalls, daß sich die Ostdeutschen formal noch rascher und glatter als ihre westlichen Landsleute innerhalb ihres Blocksystems militarisieren ließen.

Erwartungsgemäß konnte die Entfremdungsaktion zwischen den Ost- und den Westvölkern nicht dafür sorgen, die Populationen vollständig voneinander abzusperren. Man mußte minimale Besuchskontakte zulassen, etwa um den Handel aufrechtzuerhalten und um zumindest den Anschein zu erwecken, als wollte man in gewissen politischen und karitativen Weltorganisationen zum Wohle der ganzen Menschheit und vor allem zum Wohle der ahnungslosen unterentwickelten Völker zusammenarbeiten. Denn gerade diese Völker mußten ja mit allerlei Vorspiegelungen in dem Glauben gehalten werden, die Großmächte wollten ihnen helfen und sie nicht etwa eines Tages mit in die Luft sprengen. Was die direkten Begegnungen zwischen Ost- und Westmenschen anbetrifft, so wählte man dafür nach Möglichkeit Leute aus, die bar jeder politischen Anteilnahme nur eng private, fachliche oder touristische Interessen verfolgten. Man ließ alte Leute ihre Kinder und Enkel besuchen. Ökonomische Fachleute konnten sich treffen, um Exportquoten, Kredite und Zinsen auszuhandeln. Auch tauschte man mitunter apolitische Sänger, Pianisten und Theatergruppen aus, von denen man sich vorstellte, daß sie ihr Publikum in eine entrückte ästhetische Sphäre hineinzauberten, die so banale Dinge wie politische Zugehörigkeiten völlig vergessen ließ. Schließlich hielt man das Hin- und Herreisen von manchen Sportlergruppen für unverfänglich. Man rechnete damit, daß die Sportler selbst und der Großteil ihres Publikums bei solchen Begegnungen kaum anderes im Sinne haben würden als den Wettstreit um die schnellsten oder die am besten kickenden Beine. Wenn die eine Seite gelegentlich aus Unachtsamkeit ihre Grenze zu weit öffnete, etwa für eine überdimensionierte sportliche Massenveranstaltung, sagte meist die andere Seite ab und beugte damit der Gefahr einer Fraternisierungswelle vor. So mieden die Russen und die anderen Ostvölker unter allerhand Vorwänden zahlreiche größere westliche Sportfeste. Und als wiederum die Sowjets einmal zu einer Olympiade in ihre Metropole einluden, hielten die Amerikaner und einige andere Westregierungen ihre Athleten und startbereite Massen von Schlachtenbummlern in weiser Vorsicht zurück.

In den östlichen Zeitungen wurde natürlich nur weniges und ausgesucht Negatives über den Westen gemeldet. Die Themen beschränkten sich auf westliche Arbeitslosigkeit, soziales Elend, Rassendiskriminierung, Aktivitäten des amerikanischen Geheimdienstes, Manöver westlicher Truppen und ähnliches. Im westlichen Führungsland Amerika übte die Presse eine Art Selbstzensur, indem sie wenig über Land und Leute auf der Gegenseite berichtete. An den Fingern einer Hand kann man die wenigen Großstadt-Zeitungen abzählen, die sich etwas näher für das Leben der Ostvölker interessierten. Aber das amerikanische Publikum spielte anscheinend willig mit. Aus narzißtischer Selbstbezogenheit heraus meinte man, in der außeramerikanischen Welt, vor allem aber im Osten, passiere ohnehin nichts Wichtiges – abgesehen von den widerlichen Machenschaften des Kommunismus. So rückten die Völkergruppen tatsächlich mehr und mehr innerlich voneinander fort. Man glaubte, voneinander das Nötige zu wissen. Und das war sehr wenig und oft einseitig gefärbt. Die Vorurteile häuften sich.

Ich kann meinen Respekt vor der Leistung der Propagandastäbe nicht verhehlen, die Voraussetzung für den erstaunlichen wechselseitigen Entfremdungseffekt war. Denn wir wissen, daß die Informationstechnik zu jener Zeit in hoher Blüte stand. Niemals zuvor hatte man Nachrichten zu Lande, durch die Luft und sogar durch künstliche Satelliten so schnell und in solchen Mengen transportieren können wie damals. Die Menschen beider Seiten dazu zu bringen, daß sie sich tatsächlich weitgehend aus den Augen verloren, war zweifellos ein einzigartiges Meisterwerk der Propagandaorganisationen.

Als es aber dann schließlich soweit war, daß die Volksmassen nur noch mit sehr verschwommenen und mangelhaften Vorstellungen voneinander lebten, hatten die Spezialisten natürlich leichtes Spiel, die Informationslücken nach Belieben mit Gruselmärchen auszufüllen. Die Fortschritte, die dabei erzielt wurden, wurden vom Club mit Befriedigung registriert. Irgendwann hatte man Psychologen beauftragt, in Amerika und Westeuropa Phantasien über die Russen zu sammeln und auszuwerten. Die am häufigsten gefundene Vorstellung war die von einem hungrigen Bären, der unersättlich auf immer neue Beute lauere.

Allerdings zeigte sich dabei auch, daß die Amerikaner, wenn man von den Westdeutschen absieht, im Durchschnitt viel rascher und positiver auf die Desinformationsstrategie ansprachen als manche Völker Westeuropas. Vor allem Holländer, Skandinavier und auch viele Engländer hielten lange Zeit hartnäckig an der Ansicht fest, daß die Russen nicht wesentlich anders geartete Menschen seien als sie selbst. Hier wirkten also die planmäßige Blockierung des Informationsflusses und die gezielte Ausstreuung von Negativnachrichten nicht so rasch, wie man sich dies erhofft hatte. Überdies konnte man die Beobachtung machen, daß die Arbeiterbevölkerung am schlechtesten ansprach, während die bürgerlichen Schichten im Mittel leichter manipulierbar waren. Entsprechend breitete sich auch im Osten eine negative Voreingenommenheit gegen den Westen am raschesten in den Kreisen der Funktionärsbürokratie aus, während die Volksmassen an der Basis auch hier eine wesentlich größere Resistenz bewiesen. Es erscheint uns heute logisch, daß auf beiden Seiten diejenigen Schichten, die eine gewisse soziale Privilegierung erkämpft hatten, eher zu Mißtrauen, Neid und Haß aufeinander bereit waren. Die Möglichkeit, die Interessen und Gefühle anderer zu vergessen oder zu mißachten, ist ja zu jener Zeit ein begünstigender Faktor für sozialen Aufstieg gewesen. So leuchtet es uns ohne weiteres ein, daß beiderseits die herrschenden Klassen sich willig voneinander entfremdeten, so wie sie sich ja auch innerhalb des eigenen Lagers gegenüber den Schichten verhalten haben dürften, die sie jeweils ihren Herrschaftsansprüchen unterworfen hatten.

8. Kapitel

Das Emotionalisierungsprogramm

Insgesamt war der Erfolg des Entfremdungsprogramms, wie gesagt, sehr beachtlich. Nichtsdestoweniger mußte die Wirkung noch gesteigert und vertieft werden. Vor allem galt es, Mißtrauen und Vorurteile in weit höherem Maße auch noch in die *Arbeitermassen* einzupflanzen. In diesen durfte sich nicht etwa die Meinung festsetzen, daß jeweils die einfachen Leute auf der anderen Seite passable und ganz sympathische Menschen seien, die lediglich von einer bösartigen Herrschaftsclique zu einer unfreundlichen oder gar aggressiven Haltung gezwungen würden. Warum sollte man dann jeweils Hunderte von Millionen auf der Gegenseite militärisch bedrohen, bloß weil diese in der Hand einer skrupellosen, verdorbenen Minderheit waren? Man mußte also die Propaganda so lenken, daß in ihr die Unterschiede zwischen Machthabern und den Volksmassen mehr und mehr verschwanden. Wenn z. B. die Sowjetregierung irgend etwas unternahm, was sich anprangern ließ, dann hatten das westliche Fernsehen und die westliche Presse zu berichten: *Die Russen* haben dieses oder jenes Schlimme gemacht. *Die Russen* verfolgen Dissidenten, *die Russen* strecken ihren Arm nach dem Persischen Golf aus, *die Russen* bedrohen uns mit Killersatelliten usw. Daß man durch das Einheitsklischee «die Russen» die Vielfalt der nichtrussischen Völkergruppen der Sowjetunion vergessen machte, war in diesem Zusammenhang eine eher unbedeutende Nebensache. Wichtiger war es, den Westlern systematisch zu suggerieren, die Völker der Sowjetunion seien mit ihrer Führung eins. Die Volksmassen hätte man sich etwa wie eine große amorphe kopflose Herde vorzustellen, die mit der Kremlclique als steuerndem Gehirn fest zusammengewachsen sei. Jedenfalls würde diese Herde automatisch jede Schandtat begehen, wenn die Bande im Kreml ihr dies befehlen würde. Es mußte so aussehen, als sei der Typ des menschlichen Russen, wie man ihn von Dostojewski, Tolstoi, Puschkin und Gogol kannte, total ausgestorben und ersetzt worden durch einen neuen Typus, dem die kommunistischen Funktionäre ihren Geist eingehaucht hatten. *Die Russen*, das war jetzt eine Millionen-Bande von Untermenschen, in welcher die Urheber und die Opfer ideologischer Verseuchung in einer unheilvollen Symbiose miteinander zusammengewachsen waren.

In ganz ähnlicher Weise ging die Ostpresse mit den Amerikanern um. Sie hatte dabei freilich den Vorteil, daß die Ostvölker infolge der dortigen strengen Pressezensur ohnehin nur sehr dürftig über die Gegenseite informiert waren. Unbequem für die Ostpropaganda war der Umstand, daß nach ihrer eigenen Ideologie Arbeiter und Bauern in aller Welt gute Menschen waren. Und in Amerika gab es Millionen von Arbeitslosen und das Heer der rassisch diskriminierten Neger und der Hispanos. Diese inneramerikanischen Sozialkonflikte ließen sich zwar gut ausschlachten, um das System der kapitalistischen und rassistischen Ausbeutung zu brandmarken. Zugleich aber mußte man bei der Stimmungsmache für die eigene Aufrüstung so tun, als könnte man im Ernstfall selektiv die westlichen Arbeitermassen und die unterdrückten Minderheiten von ihren kapitalistischen Unterdrückern befreien – was natürlich eine nicht leicht zu tarnende Unwahrhaftigkeit war.

In den letzten Jahrzehnten vor der großen Vernichtungsaktion ist den Verantwortlichen für die «psychische Aufrüstung» aber offenbar noch ein unerwarteter günstiger Umstand zu Hilfe gekommen. Mit der fortschreitenden Aufblähung der Technik in den Industrieländern veränderte sich auch das *Denken* der Völker. Die Menschen rückten in ihren Siedlungen, in ihren Ländern und erst recht von einem Kontinent zum anderen immer weiter voneinander fort. Zwischen ihnen vermittelten aufgeblähte anonyme Bürokraten und technische Kommunikationssysteme. Keiner sah und suchte mehr den anderen als *Person*. Das heißt, die seelischen Beziehungen zwischen den Individuen, aber auch zwischen den Gruppen verarmten automatisch. Es war nicht mehr spannend, wie den Leuten an anderen Orten, etwa gar in fernen Ländern, zumute war, was sie dachten und trieben. So wie der einzelne sich selbst nicht mehr als Person wichtig nehmen konnte, so schien sich die Industriegesellschaft im ganzen in ein Sammelsurium von isolierten, irgendwie funktionierenden Wesen aufzulösen, die nur durch die *technischen Systeme* zu definieren waren, in die sie jeweils eingespannt waren. Unsere Forschungsgruppe war anfänglich darüber verwundert, daß die Industrievölker in der Schlußphase kaum noch bemerkenswerte Ideen oder originelle Kunstwerke hervorgebracht haben, während sich unter manchen der unterdrückten Südvölker sehr viel mehr Kreativität und Phantasie regte. Was man in den Industrieländern als «Kultur» etikettierte, war nur noch eine Als-ob-Kultur, eine von Hysterie und innerer Leere bestimmte Szenerie. Dagegen lebte in manchen Völkern der armen Länder und in einigen unterdrückten rassischen Minderheiten, bei denen die Verinnerlichung der technischen Synthetik-Welt noch weniger fortgeschritten war, noch etwas von echter Kultur fort.

Alles spricht dafür, daß den technisierten Völkern in Ost und West ihre eigene psychische Verkümmerung und Mechanisierung weitgehend entgangen ist. Um so klarer hat man im Club diese Entwicklung registriert. Nun war es um so leichter, die wechselseitigen Vorstellungen der Völkergruppen nach Belieben zu verstümmeln und zu verzerren. Man konnte den Propagandaabteilungen auftragen, das Bild der Feindmenschen und der Feindvölker einfach aus dem für bösartig zu erklärenden *System* abzuleiten, in welchem jene mitfunktionierten. Denn an den Menschen schien ja ohnehin nur noch ihr Stellenwert innerhalb solcher Systeme wichtig. Die Systeme schalteten alle gleich und bewegten sich nicht mehr in Richtungen, die von dem Fühlen der Menschen bestimmt wurden, sondern nur in solchen, die in das jeweilige System selbst hineinprogrammiert waren. So brauchte man also jetzt etwa die Westpropaganda gar nicht mehr übermäßig zu bemühen, die Unterschiede zwischen den Sowjetmenschen und ihren Kreml-Führern zu verwischen. Ausschlaggebend war das alle miteinander verbindende kommunistische System. Jenseits des Eisernen Vorhangs gab es nicht mehr Völker mit bestimmten Traditionen und Eigenschaften, sondern nur noch das allumfassende Gespenst *des Kommunismus*. Und da wußte nun jeder, daß zum Kommunismus das Programm der Weltrevolution gehörte. Alle Koexistenz-, Entspannungs- und Abrüstungsangebote der Kreml-Führer, selbst die Verfeindung mit den Chinesen und erst recht die eigenständigen Entwicklungen im Eurokommunismus spielten da keine Rolle mehr. Das waren Tricks, momentane Pannen oder irreführende Randerscheinungen. Die einschneidenden sozialen Umwälzungen in Polen, dem zweitgrößten Ostblockland, sagten gar nichts aus. Und die Rumänen konnten in internationalen Organisationen so oft gegen die Sowjets stimmen, wie sie wollten. Selbst die Tatsache, daß die Chinesen sich für ihre antisowjetische Rüstung westliche Experten, westliche Technologie und schließlich sogar amerikanische Waffen ins Land holten, hatte nichts zu besagen. Dann waren das eben keine Kommunisten mehr, auch wenn sie sich noch als solche bezeichneten. Der eigentliche Kommunismus steckte in Moskau. Und von dort aus würde er, wenn man ihn nicht niederzwingen würde, unbeirrbar die gesamte Erde erobern. An diesem Steckbrief ließen die westlichen Propagandastrategen nicht mehr herumdeuteln. Und sie hatten weitgehend Erfolg damit.

Umgekehrt verschwanden die Wesenszüge der Westvölker vollständig hinter der Fratze des *«Monopol-Kapitalismus»*. Der Ostpropaganda gelang sogar noch der besondere Coup, daß sie ein Negativmerkmal der eigenen Politik, in welchem diese sich nicht um einen Deut von der amerikanischen unterschied, raffiniert der Gegenseite als Etikett aufdrückte. Sie redete vom «kapitalistischen Imperialismus», vom «westlichen

Imperialismus», schließlich nur noch von den «imperialistischen Ländern» oder vom «Imperialismus» schlechthin. «Westen» und «Imperialismus» waren ein und dasselbe und austauschbar. So als hätte die eigene Strategie in Afghanistan, Angola und Äthiopien mit Imperialismus nichts zu tun. Die Westpropaganda zog insofern nach, als sie das polare Begriffspaar der «Freien Welt» und der «vom Kommunismus unterjochten Welt» erfand. Selbstverständlich gerieten das Südafrika der Apartheid und die Militärdiktaturen Lateinamerikas allmählich automatisch unter den Begriff der «Freien Welt». Aber solche Paradoxien und Absurditäten regten die Menschen kaum mehr auf. Der Widerspruch zwischen der allein in ihrer Technik investierten Intelligenz und der willigen Akzeptierung der allerdümmsten Propaganda-Stereotypisierungen gehört, wie ich offen zugestehen muß, zu den für unsere heutigen Wissenschaftler befremdlichsten Phänomenen jener Zeit.

Eines ist jedenfalls nach unseren Befunden ganz sicher: Die Propagandaformeln «Freie Welt», «Kommunismus», «Kapitalismus», «Imperialismus» funktionierten schließlich so automatisch und sicher wie elektrische Reize in einem Reiz-Reaktions-Experiment. Schlagartig schalteten die Gehirne jeweils auf Abscheu oder auf unbeirrbare Selbstverehrung.

Diese reflexmäßigen Reaktionsmechanismen trübten den Blick der Völker in groteskem Ausmaß dafür, daß sie durch ihre eskalierende Hochrüstung eigentlich immer mehr selbst die Ideale verrieten, um deretwillen sie jeweils das eigene System um jeden Preis verteidigen zu sollen meinten. In den östlichen Volksdemokratien schwang sich die Funktionärsbürokratie vollends zur neuen herrschenden Klasse auf, die den gegängelten Massen gewaltige materielle Opfer zugunsten der phantastischen Militärausgaben abpreßte. Anstatt den Sozialismus weiterzuentwickeln, dessen Vorzüge man Tag für Tag pries, setzte man die Bevölkerung einer zunehmenden hierarchischen und entmündigenden Kontrolle aus. So gefährdete die Staatspartei von innen heraus den Sozialismus mehr, als es der kapitalistische Gegner von außen vermochte. Und es kostete den

Parteiapparat natürlich die intensivsten Anstrengungen, die nach mehr Menschenrechten und Mitbestimmung verlangende Opposition als Opfer ausländischer antisozialistischer Kräfte erscheinen zu lassen.

Im Westen wiederum verdüsterte sich die stets selbstherrlich gefeierte Atmosphäre der Freiheit einerseits ebenfalls durch die ökonomischen Einschnürungen, die man den Menschen wegen der sich gewaltig aufblähenden Rüstungshaushalte zumutete (wenn man von der in der Tat wachsenden Freiheit der Herren der Rüstungswirtschaft absieht, die als einziger Wirtschaftszweig noch Wachstumsraten aufwies). Zum anderen ließ sich ein Leben unter dem Druck eines laufend eskalierenden Systems tödlichen Bedrohens und tödlichen Bedrohtwerdens kaum mehr als freiheitlich empfinden. Was war das für eine Freiheit, auf einem täglich wachsenden Pulverfaß zu sitzen und sich verzweifelt an die Hoffnung zu klammern, daß die drüben aus der gleichen Angst heraus hoffentlich noch eine Weile stillhalten würden!

So hatten die HERMES-Propagandisten alle Hände voll zu tun, um die Völker zu beiden Seiten darüber hinwegzutäuschen, daß sie mit immer mehr Anstrengung etwas schützen sollten, was sie in Wirklichkeit immer weniger besaßen. Die Militarisierung der Staaten verschlang hüben westliche Freiheiten und drüben sozialistische Errungenschaften. Während indessen mit Hilfe der Medien die ideologische Polarisierung weiter verschärft wurde, glichen die Menschen beider Seiten durch die Gemeinsamkeit von Mißtrauen und Todesangst einander immer weiter an. Wahrscheinlich hatte zwischen den Völkern nie zuvor in ihrer Geschichte eine solche Ähnlichkeit in der seelischen Verfassung bestanden wie ausgerechnet in dieser Phase, als man ihnen weismachte, zwischen ihnen klafften absolut unüberwindbare Gegensätze. Objektiv hätten die Menschen beider Seiten also allen Grund zu der Einsicht gehabt, daß sie eigentlich im gleichen Boot saßen, geeint durch dieselbe Angst gegenüber der Atombombe als dem gemeinsamen Feind. Sie hätten nur die Augen öffnen müssen, um das

Argument zu verwerfen, die Unterschiedlichkeit ihrer gesellschaftlichen Ordnungen rechtfertige es, einander und alle anderen Völker mit totaler Ausrottung zu bedrohen. Aber sie konnten eben schon nicht mehr klarsehen. Die affektive «Verblendung» funktionierte.

9. Kapitel

Das Wahnerzeugungsprogramm

«So stehen nun alle Staaten jetzt gegeneinander: Sie setzen die schlechte Gesinnung des Nachbarn und die gute Gesinnung bei sich selbst voraus. Diese Voraussetzung ist aber eine *Inhumanität*, so schlimm und schlimmer als der Krieg: Ja, im Grunde ist sie schon die Aufforderung und Ursache zu Kriegen, weil sie, wie gesagt, dem Nachbar die Immoralität unterschiebt und dadurch die feindselige Gesinnung und Tat zu provozieren scheint.»

F. Nietzsche

Immer wieder tauchte indessen die Frage auf, ob die noch relativ diffusen affektiven Einstellungen, die man der Mehrheit der Völker eingepflanzt hatte, genügend festsitzen würden, um alle für die Phase der Overkill-Rüstung zu befürchtenden Bedenken und Irritierungen auszuschließen. Die Experten für Psycho-Manipulation waren immerhin durch Erfahrungen aus der jüngeren Vergangenheit gewarnt. Wie rasch hatten Völker nach dem Zweiten Weltkrieg ihre scheinbar dauerhaft gesicherten Freundschaften begraben, wenn sich die politische Großwetterlage verändert hatte! Und wie prompt waren Feindschaften, die Generationen überdauert hatten, in Sympathie umgeschlagen! Da hatten sich die Deutschen den siegreichen Feinden, die sie vorher überfallen hatten, wie Erlösern in die Arme geworfen. Und die Franzosen hatten ihre östlichen Nachbarn, die Boches, wie lange vermißte Brüder an ihre Brust gedrückt. Vorsicht war also geboten.

SC erwähnt, die psychologischen Experten des Clubs hätten beharrlich dazu geraten, den Haß auf die Gegenseite systematisch in einen regelrechten *Wahn* zu verwandeln. Erst wenn man dieses Ziel erreicht hätte, würde man darauf bauen können, daß die Rüstung bis ins Overkillstadium vor unliebsamen Störungen aus dem psychologischen Bereich bewahrt bleiben würde.

Die Psychologen empfahlen ferner, die Technik der Wahneinimpfung zunächst bei gewissen ausgewählten Gruppen zu *testen*. Diese Tests wurden erfolgreich durchgeführt. Bei der Auswertung gelangte man zu wichtigen Erkenntnissen. Man fand zunächst, daß Frauen und junge Leute nur teilweise verrückt zu machen waren. Man meinte aber, daß diese bedauerlichen partiellen Unempfänglichkeiten zu verschmerzen sein würden, weil die Frauen sich ihrer sozialen Rolle gemäß ohnehin politisch zurückhalten würden und weil den Jugendlichen die Machtmittel fehlten, eine oppositionelle Meinung anders als in Form chaotischer Demonstrationen auszudrücken, die man ohne weiteres würde entschärfen können.

Erwachsene Männer erwiesen sich zu einem erfreulich hohen Anteil als wahnempfänglich. Anfangs glaubte man, diese Bereitschaft hänge unmittelbar von besonderen biologischen Alters- und Geschlechtseinflüssen ab. Später nahmen die Psychologen von dieser Hypothese Abstand. Denn als man sich die besonders leicht manipulierbaren und die verhältnismäßig wahnunempfindlichen Männer genauer ansah und miteinander verglich, stieß man auf einen bemerkenswerten Unterschied: Am leichtesten waren Männer verrückt zu machen, auf die drei Bedingungen zutrafen:

1. Ihnen war das Ideal eingeimpft, sich besonders heldenhaft, mutig und stark zu verhalten.
2. Sie waren strengem Autoritätsdruck ausgesetzt.
3. In persönlichen Auseinandersetzungen konnten sie sich besonders schwer zur Wehr setzen.

Weil sie also in der Wirklichkeit ganz anders waren, als sie sein wollten, litten diese Männer insgeheim an einer furchtbaren Selbstverachtung. Von dieser konnte man sie nun durch einen eingeimpften Wahn auf einfache Weise befreien. Man lenkte ihre Gedanken von den wirklichen Kontrahenten ab, vor denen sie im Alltag zu Kreuze krochen. Statt dessen beschäftigte man ihre Phantasie mit dem Bild eines fiktiven Verfolgers und ließ sie – wiederum in der Phantasie – an diesem Phantom-Bösewicht all den Haß abreagieren, den sie sonst immer nur ängstlich hinunterschluckten. Freilich bedurfte es selbst zu dieser gefahrlosen Haßentladung noch der zusätzlichen Versicherung, daß ringsum alle anderen anständigen Leute an den gleichen Verfolger glaubten und gegen diesen im selben Maß ergrimmt seien. Somit war also nicht einmal in der Phantasie persönliche Widerstandsbereitschaft, sondern nur die Anteilnahme an einer «heroischen» Massenillusion gefordert.

Die ideale Zielgruppe für die Wahnerzeugung bildeten also im Grunde autoritätsergebene Feiglinge, die für ihr Scheitern an ihrem Heldenideal verzweifelt eine Entschädigung suchten. Nichts konnte ihre Minderwertigkeitskomplexe besser lindern als ein an die Wand gemalter amerikanischer bzw. sowjetischer Teufel. Diesen im Chor nach Herzenslust verdammen zu dürfen, ja zu sollen, gab ihnen ihre verlorene Selbstachtung zurück.

Daraus folgte widersinnigerweise, daß sich HERMES bei der Vorbereitung des finalen Vernichtungsschlages am ehesten würde auf den überkompensatorischen Fanatismus notorischer Feiglinge stützen können.

Zum Glück sorgten sowohl im Osten wie im Westen günstige gesellschaftliche Umstände dafür, daß Männer dieses wahnempfänglichen Typs zu Millionen herumliefen. Tatsächlich glorifizierte die vorherrschende Erziehung noch immer ein Bild von männlichem Heroismus, das ganz und gar der kläglichen Gefügigkeit widersprach, die in den realen hierarchischen Sozialstrukturen verlangt wurde. Also war das Angebot eines handfesten Verfolgungswahns geradezu eine erlösende Psychodroge für die Massen von frustrierten Möchtegern-Supermännern, die in dieser Zivilisation planmäßig herangezüchtet worden waren.

Daß Jugendliche schwerer als erwachsene Männer verrückt zu machen waren, erklärten die HERMES-Psychologen mit einem allmählichen Nachlassen autoritärer Erziehungsprinzipien. Um so wichtiger erschien es, das Wahnerzeugungsprogramm unverzüglich anlaufen zu lassen, solange man noch auf eine hinreichende Verbreitung der erforderlichen Verführbarkeit bauen konnte.

Immerhin war es beruhigend, daß zumal in den beiden deutschen «Frontstaaten» noch eine besondere Kluft zwischen dem aufgeblähten Männlichkeits-Ideal und dem faktisch aufgezwungenen Untertanen-Verhalten bestand. Das hieß, dort, wo man den Wahn am dringendsten benötigte, würde man ihn wohl auch noch am erfolgreichsten aussäen können.

Nach den ermutigenden Testergebnissen konnte man nun dazu übergehen, die Art der zu erzeugenden Verrücktheit inhaltlich genauer zu bestimmen. Man verständigte sich darauf, daß der Wahn drei Komponenten enthalten müßte, die allerdings gleichzeitig und in enger Verbindung miteinander eingepflanzt werden sollten.

1. Die Leute müßten die wahnhafte Überzeugung gewinnen, von der anderen Seite her mit einer auf ewig unversönlichen und keine Brutalität scheuenden Feindschaft verfolgt zu werden. Das hieß, das bereits erfolgreich produzierte Mißtrauen war bis zu einem Verfolgungswahn im engsten Wortsinn zu steigern.
2. Der Widerstandswille gegenüber dieser scheinbar böswilligen Verfolgung war durch den Glauben daran zu stabilisieren, daß man selbst unzweifelhaft das Gute, die Menschlichkeit und die Gerechtigkeit vertrete. Die Selbstidealisierung war mit allen Mitteln bis zur totalen Unfähigkeit zur Selbstkritik zu perfektionieren.

3. Schließlich sollte in die Köpfe die Wahnidee eingepflanzt werden, daß man selbst berufen sei, die Welt von dem Bösen, natürlich repräsentiert durch den Verfolger, zu erlösen. Für diesen Weltrettungs-Wahn stellte die unter 2 genannte paranoische Selbstgerechtigkeit natürlich eine unerläßliche psychologische Voraussetzung dar.

Im Club war man sich darüber von Anfang an im klaren, daß dieser ehrgeizige und in seiner Art einzigartige Plan, einen bipolaren Wahn in Hunderten von Millionen Köpfen zu befestigen, nur mit Hilfe der hervorragendsten Experten und ausgesuchter Multiplikatoren gelingen konnte.

Aber wo sollte man diese Helfer hernehmen? Die unmittelbaren und die assoziierten Mitglieder der Psychologen-Kommission reagierten ein wenig gekränkt, als man im Club nicht spontan und unverzüglich ihnen die entsprechenden Fertigkeiten zutraute. Manche in jahrzehntelanger Agentenroutine ergrauten Senioren des Clubs hatten tatsächlich zunächst Schwierigkeiten, den Psychos, wie man diese Experten scherzhaft nannte, außer diagnostisch analytischer Hellsichtigkeit auch die Gabe zu einer derart weitreichenden praktischen Einflußnahme zuzuerkennen. Aber diese Spezialisten vermochten solche Zweifel zu zerstreuen. Hatten sie nicht diverse von ihnen aus dem Hintergrund gesteuerte Psycho-Sekten längst darauf getrimmt, Massen von innerlich verarmten und nahezu identitätslosen Leuten irgendeinen törichten Heilsglauben einzureden? Hatten sie nicht bewiesen, daß sie die Menschen nach Belieben schreien, betteln, tanzen, regredieren, meditieren lassen und daß sie ihre Klienten vor allem von sich selbst total abhängig machen konnten? Nach der Erfahrung der Psychos waren die Volksmassen in der Mehrheit für jeden eingeimpften Unsinn dankbar, wenn er ihnen half, überhaupt noch an etwas glauben zu können. Da die Leute nicht mehr die Kraft hatten, an positive Werte zu glauben, war es viel leichter, ihnen durch einen Negativglauben, d. h. durch ein dämonisiertes Feindbild, den Anschein eines inneren Halts zu geben. Die Massen würden also gierig und dankbar eine wahnhafte Verfolgungstheorie aufsaugen, wenn man ihnen diese nur mit der nötigen Festigkeit und Beharrlichkeit vermitteln würde. Sie würden voller Glück meinen, in dieser Verfolgungstheorie, die ihr Bewußtsein ganz ausfüllen würde, einen neuen Lebenssinn und damit wieder so etwas wie eine Art Identität gefunden zu haben.

Allerdings, so belehrten die Experten den Club, würden sich zum Verrücktmachen nur solche Gurus oder Psycho-Trainer eignen, die durch hinreichende narzißtische Selbstvergötterung imstande sein würden, ihre Wegweisung in den Teufelsglauben, d. h. also in die Verrücktheit, als absolut unanfechtbar erscheinen zu lassen. Man hatte sich also vorzugsweise der Spezialisten für Hypnose, Suggestion, Verhaltenstraining zu bedienen.

Spitzenleute aus den Ost-Stäben warnten indessen davor, die *magisch-okkulte* Komponente in dem zu erzeugenden Wahnglauben zu unterschätzen. Auf östlicher Seite hatte man nämlich nach dem Kriege in SS-Archiven das aus aller Welt gesammelte Material der Hexenprozesse vieler Jahrhunderte gefunden und gesichtet. Aus diesem Material hatten die Ostspezialisten entnommen, daß zur Erzeugung eines voll ausgebildeten und unbeirrbaren Hexenwahns dunkle archaische Gefühlsbereiche angesprochen werden müßten. Das bedeutete z. B., daß man an dem dämonisierten Feindbild kein gutes Haar lassen durfte. Es durfte kein Sowohl-als-auch geben. So sollte man sich nicht scheuen, dem Feind jenseits der Grenze übersinnliche und okkulte Fernwirkungen zuzuschreiben. Er müßte als Saboteur dafür verantwortlich sein, wenn irgendwo der Strom ausfiele, wenn ein Deich bräche, wenn Tanker vor der Küste strandeten und eine Ölpest hervorriefen, wenn Betriebe in den Konkurs gerieten – und natürlich erst recht, wenn irgendwo ein Attentat passierte. All dies hätte man als ferngesteuertes Teufelswerk zu interpretieren und beileibe nicht als mögliche technische Pannen, als Mißmanagement oder als Verbrechen einzelner.

Die Ostspezialisten konnten damit prahlen, wie umfassend und gründlich man in ihrer Region dieses «Wahntraining» längst in Angriff genommen habe und daß sie schon früher im Club wiederholt gemahnt hätten, der Westen dürfe in dieser Hinsicht den östlichen Vorsprung nicht zu groß werden lassen. Die Ostexperten ernteten nun die Genugtuung, daß man einige ihrer erfahrensten «Verrücktmacher» westlichen Stäben als Spezialberater zuteilte.

Einig war man sich darüber, daß Redakteure in Schlüsselpositionen an Sendern und Zeitungen wie einige hervorragende freie Journalisten erneut als Hilfstruppen voll mobilisiert werden mußten. Die Medienfachleute hatten ihre Bewährungsprobe bereits bei der Durchführung des Sprachverwirrungsprogramms bestanden. Selbstverständlich stellte das Wahnerzeugungsprogramm noch höhere Ansprüche. Aber man durfte darauf vertrauen, daß viele der Medienspezialisten den Psychos nicht nur in der Fähigkeit zu sozialpsychologischen Analysen, sondern auch im Geschick der Beeinflussung kaum nachstanden.

Zum Glück waren hüben wie drüben zahlreiche leitende Posten in den Medien mit älteren Leuten besetzt, die im Zweiten Weltkrieg in Propaganda-Abteilungen tätig gewesen waren und dort ausgiebig Erfahrungen in einäugigem Agitations-Journalismus gewonnen hatten. Vielen dieser älteren Hasen war es nach dem Kriege schwer genug gefallen, sich vorläufig auf Information und Unterhaltung beschränken zu müssen. Sie langweilten sich wie beutegierige Jäger, die man zur Aufsicht in einen Naturschutzpark versetzt hat. Um so enthusiastischer machten sie sich nun wieder ans Werk, als man ihnen das Feuer freigab auf einen einseitig definierten Feind, den aufzubauen und in den düstersten Farben auszumalen man ihrem Geschick und ihrer Phantasie anheimstellte.

Zur Unterstützung des Wahnerzeugungsprojekts war es wichtig, daß die Medien neue Akzente in der allgemeinen Programm-Organisation setzten und außerdem ihre Beiträge speziell in den Programm-Sektoren änderten, die für die Kampagne besondere Chancen boten.

Im Westen veranstaltete man geheime Konferenzen mit verantwortlichen Medien-Managern, einigen Star-Journalisten und Psychos. Auf diesen analysierte man die Lage und formulierte ein strategisches Konzept. Man ging davon aus, daß sich im Publikum eine steigende nervöse Spannung ausgebreitet hatte, bedingt durch Stagnation des Wachstums, die Krise am Arbeitsmarkt, die Inflation, durch Unruhe in der Jugend und die Alarmmeldungen der Ökologie-Experten, vor allem aber auch durch die durchsickernden Zahlen der Atomrüstung. Die Medien-Bosse sahen sich in dem Dilemma, daß es für sie immer schwieriger wurde, den sich in der Bevölkerung anstauenden Druck durch geeignete «Abreaktions»-Sendungen bzw. -Artikel zu kanalisieren. Man hatte die Rock-Übertragungen für die Jugend erweitert, ablenkende Show-Sendungen spannender zu machen versucht sowie die letzte Ramschware auf dem Gebiet der Science-fiction-Produktionen, der Western- und Krimiserien aufgekauft. Aber trotz mehrfacher Wiederholung der noch relativ erträglichen Abenteuer- und Krimiserien kam man dem Bedarf nach Abreaktionsstoffen längst nicht mehr nach. Und bei jeder kleinen Programmflaute auf diesem Sektor sahen sich die Medien-Verantwortlichen einem Proteststurm der Massen ausgesetzt, die mit ihrer unterdrückten Verzweiflung und Wut kaum noch anders fertig wurden als durch Flucht in narkotisierende Traum-Shows oder, noch besser, in fiktive Abenteuer- und Horrorgeschichten. Man war sich übrigens einig darüber, daß sich die suchtartige Abhängigkeit von Krimis der härtesten, blutrünstigsten Sorte laufend erhöht hatte. Von Glück konnte man sagen, daß sich Jahr für Jahr publizistisch attraktive Attentate auf Kaufhäuser, Diskotheken, Flugzeuge, Staatsmänner, Kirchenführer und Rock-Stars gehäuft hatten. Ohne derartige Kompensationen wäre die Bedrängnis, in der sich die Sender befanden, längst völlig unerträglich geworden.

Die strategischen Konsequenzen lagen klar auf der Hand. Aus den politischen Kommentaren und Magazin-Sendungen mußte man die leidige Tendenz zur politischen «Selbstzerfleischung» eliminieren, vielmehr allmählich und zielstrebig zu der aus der Kriegszeit geläufigen Schwarzweißmalerei übergehen. Aus den Shows und Jugendsendungen mußten die linken

Rock- und Protestsänger verschwinden. Wo auch immer man Überläufer oder Flüchtlinge aus «Feindesland» auftreiben konnte, waren ihre Leidens- und Verfolgungsgeschichten nach Thriller-Art aufzubereiten. Aus Fiction- und Krimiserien mußte das private Böse zugunsten eines in jedem Falle nachzuweisenden politischen Verschwörungsmotivs zurücktreten. Es gehörte sich, daß die Aggressoren fremder Raumschiffe mit dem Feind zusammenarbeiteten und daß die Killer der Krimis entweder selbst als Agenten oder zumindest als Erfüllungsgehilfen des feindlichen Systems entlarvt wurden.

Während es im Osten keinerlei Schwierigkeiten damit gegeben hatte, die Medien auf diese paranoide Linie einzustimmen, stellte sich die Lage auf der Westseite zeitweilig alles andere als rosig dar. Es gab eine Phase, die man durch das Stichwort «Jugendrebellion» kennzeichnete und in welcher es schien, als drohe nahezu das gesamte Heer der westlichen Journalisten vom Antikommunismus zum Antikapitalismus und zum Antiamerikanismus umzukippen. Nicht auszudenken, welche Gefahren dadurch für die Motivation zur «Overkill-Rüstung» heraufbeschworen worden wären. Die Gewährsleute mußten – wie man es damals nannte – «auf Tauchstation gehen», um überhaupt ihre Posten zu halten. In dieser kritischen Zeit bewährte sich erneut die Fähigkeit von HERMES zum geduldigen Abwarten. Als die «Jugendrebellion» abklang, nahm man die Journalisten von zwei Seiten in die Zange. Man übte einerseits Druck durch gezielt konservativ besetzte Aufsichts- und Verwaltungsräte der Sender aus, andererseits mit Hilfe sympathisierender Inhaber von Presse-Konzernen. In jenen Westländern, wo das Fernsehen direkt vom Staat oder von privaten Kapitalgesellschaften kontrolliert wurde, war die Beeinflussung noch einfacher.

Die Wandlungsfähigkeit der Journalisten übertraf die kühnsten Erwartungen. Scharen von denen, die sich soeben noch über Korruption, Unfreiheit, sogenannte «strukturelle Gewalt» im eigenen Lager ereifert hatten, verwandelten sich wie durch ein Wunder zunächst in Anhänger der Philosophie der

«Ausgewogenheit» und dann, Schritt für Schritt, in antikommunistische Katastrophenbeschwörer. Sobald der neue Trend spürbar wurde, wollte keiner abgehängt werden. Und fast alle meinten, diese sorgfältig vorbereitete und von HERMES über die ausgesuchten Schaltstellen gesteuerte Wandlung aus eigenem Entschluß vollzogen zu haben. Das Resultat war jedenfalls ebenso erfreulich und eindeutig: Die westlichen Völkermassen verbrachten keinen Fernsehabend mehr, ohne neue anschauliche Beweise von der tödlichen Bedrohung durch die mörderische östliche Verfolgerbande erfahren zu haben.

Außer den Psychos, den Medien-Managern und den Journalisten konnte der Club im Westen noch eine weitere wichtige Hilfsquelle für die Wahnerzeugungs-Aktion auszunutzen versuchen, nämlich die christlichen *Kirchen*. Die Kirchen waren in den meisten Ostländern planmäßig entmachtet worden. Auch im Westen war ihre Bedeutung lange Zeit stetig geschrumpft, bis die unter den Völkern anwachsende Angst ihnen eine neue Chance zuspielte. Vor allem die Jugend, angeekelt vom Betrieb der sinnentleerten Rivalitätsgesellschaft, forschte nach Erfüllungsmöglichkeiten für neu erwachte religiöse Sehnsüchte. Nun hielten die Kirchen zwar eine Glaubenslehre parat, die den Wünschen und Gefühlen der Suchenden weitgehend entgegenkam. Diese Lehre basierte auf den Prinzipien Nächstenliebe, Barmherzigkeit, Friedfertigkeit, Versöhnung, Sanftheit. Diese Lehre hatte der von diesen Kirchen verehrte Messias Jesus von Nazareth in einer «Bergpredigt» in einer für jedermann und für alle Zeiten verbindlichen Form verkündet. Es erschien nun auf den ersten Blick als Paradoxie, diese Kirchen für die Erzeugung des gewünschten Verfolgungswahns instrumentalisieren zu wollen, weil dieser allzu offensichtlich der Lehre Jesu Christi radikal widersprach. Und es fehlte im Club auch nicht an Skeptikern, die diesen Gegensatz für unüberwindbar hielten. Aber gegenüber diesen Zweiflern konnten einige kirchenhistorisch versierte Experten darauf verweisen, daß zumindest gewisse einflußreiche Kräfte in den kirchlichen Hierarchien vermutlich nicht nur darauf brannten, auf der Linie des HERMES-Planes zu kooperieren, sondern sich als die besten aller denkbaren Bundesgenossen erweisen würden. Die Experten verwiesen auf vier eindeutig positive Indikationskriterien:

1. Die mächtigste der im Westen tätigen Kirchen lehrte immer noch das Teufels-Dogma. Sie war somit überhaupt die einzige Institution, mit deren Hilfe man dem Verfolgerbild jene magisch-dämonischen Züge quasi offiziell anheften konnte, auf deren Bedeutung man durch die Ostexperten hingewiesen worden war.
2. Die Kirchen verfügten über eine einzigartige Vorerfahrung in der Erzeugung und der festen massenpsychologischen Verankerung eines Verfolgungswahns. Sie hatten es immerhin über sieben Jahrhunderte geschafft, ganze Völker auf angeblich teufelsbesessene Hexen Jagd machen und diese Hexen schließlich verbrennen zu lassen. Dabei hatten sie es verstanden, diesen Massenwahn systematisch in die offizielle Rechtsordnung zu integrieren. Die Hexen wurden zu Verfassungsfeinden. Somit war der Anschein getilgt, daß es sich hier nur um das Ausagieren emotionaler Impulse handelte. Die Überführung der Hexen geschah dem Anschein nach allein nach rationaler Logik im Rahmen und zum Schutz des Rechtsstaats. Genau diesem Effekt mußte man nun, im Zeitalter der sogenannten Aufklärung, besondere Bedeutung beimessen.
3. Die Kirchen standen aus machtpolitischen Gründen in natürlichem Gegensatz zu den Oststaaten, wo man sie, von Ausnahmen abgesehen, ihrer einstigen Herrschaft weitgehend oder völlig beraubt hatte. Und innerhalb des Westens hatten sie keinen Gegner mehr zu fürchten als jene politischen Kräfte, deren sozialistische Vorstellungen der Philosophie nahekamen, auf welche die Oststaaten sich zumindest beriefen – wenn diese ihr auch keineswegs gerecht geworden waren.
4. Die größte der Kirchen hatte sich im Laufe vieler Jahrhunderte in eine Institution verwandelt, deren Verhalten sich

weit von den Prinzipien der Lehre Jesu Christi entfernt hatte. Sie hatte sich zu einer streng hierarchischen Organisation entwickelt, an der sie beharrlich auch dann noch festhielt, als überall Bevormundungsverhältnisse schrittweise durch neue Mitbestimmungsmodelle abgebaut wurden. Entsprechend beharrte sie auf der absoluten Gehorsamspflicht des Kirchenvolkes. Und selbst in vielen Diktaturen hatte sie sich keineswegs auf die Seite der Unterdrückten geschlagen, sondern aus Machterhaltungsgründen solche Regime sogar unterstützt. Mochten sich neuerdings auch Ansätze zu einer sogenannten «Befreiungskirche» zeigen, so durfte man doch erwarten, daß bedeutende konservative Kräfte in der Hierarchie des Klerus bereit sein würden, die Mahnungen der Bergpredigt zugunsten der Prinzipien zurückzustellen, denen die Institution Kirche in ihrem politischen Verhalten hunderte Male gefolgt war.

Niemand dachte ja auch daran, den Kirchenführern eine primitive Form der Agitation zuzumuten. Es genügte, daß sie gewisse Zeichen setzten und Andeutungen machten, die mittelbar dem HERMES-Programm in die Hand arbeiteten. So bestätigte eine hohe Kircheninstanz noch wenige Jahrzehnte vor dem Finale, daß der Teufel real existiere. Kirchliche «Seelenhirten» polemisierten zumindest in verhüllter Form gegen die kommunistische «Macht der Finsternis». Und es fehlte nicht an offiziellen Sympathiebekundungen für solche politischen Kräfte, die sich ganz und gar dem antikommunistischen Kampf verschrieben hatten und keinen Tag vergehen ließen, ohne den verbrecherischen Feind im Osten in den schwärzesten Farben zu malen.

Man ließ das Volk auch Schlüsse daraus ziehen, was die Oberen der Kirche mit Bedacht gerade *nicht* sagten. Diese geißelten z. B. nach Kräften die überall und auch seitens der Regierungen betriebene Geldverschwendung. Aber sie sagten *nicht*, daß die Staaten zuallererst an den Rüstungsetats sparen sollten, die bei weitem das meiste Geld verschlangen. Und sie verwahrten sich auch nicht dagegen, daß die Anführer mancher Parteien, die sich den Namen «christlich» gegeben hatten und in ihrem Programm das christliche Menschenbild monopolistisch zu vertreten beanspruchten, sich zu Wortführern des Kampfes gegen die Pazifisten und Atomwaffengegner machten. Daß es die gleichen Parteien waren, die sich allen Kürzungen der Militärausgaben widersetzten, die für eine Erschwerung der Kriegsdienstverweigerung eintraten und die schließlich selbst in der Schlußphase immer noch neue Raketen für grenznahe Länder in West- und Mitteleuropa forderten, entspricht dieser Logik.

Allerdings verwahrten sich Teile der Kirchenvölker gegen diese, wie sie es empfanden, Verfälschung der christlichen Lehre. Sie ließen sich nicht darin irremachen, wie sie die Bergpredigt verstanden und wie diese ohne Zweifel auch gemeint war. Sie beharrten darauf, in den Völkern des Ostens Brüder zu sehen, mit denen sie Verständigung und Versöhnung an Stelle einer Politik der wachsenden wechselseitigen Gewaltandrohung forderten. Zur Eindämmung dieses Widerstandes, der durchaus eine kritische Situation hätte heraufbeschwören können, leisteten jene antipazifistischen Christenparteien und deren Freunde und Förderer aus dem Klerus überaus nützliche Dienste. –

In manchen kleineren Westländern gab es allerdings auch Pannen. Anstatt sich in vorderster Front in die Bewegung der psychischen Aufrüstung einzureihen, solidarisierten sich die Kirchen dort sogar ganz unverblümt mit der sogenannten Friedensbewegung. Nicht auszudenken, was passiert wäre, wenn sich diese «Fehlschläge» in den eigentlichen Machtzentren der Westregion abgespielt hätten!

10. Kapitel

Erste Zwischenbilanz: Der Verfolgungswahn in Funktion

Genau am 30. Jahrestag nach der Einführung des Programms hielt HERMES eine Vollsitzung ab, auf der man die Resultate der Wahnerzeugungs-Kampagne besprach und sich überlegte, wie die «psychologische Aufrüstung» weiter zu gestalten wäre.

Diese Veranstaltung fiel übrigens mit dem 65. Geburtstag von SC zusammen. Man würdigte seine Verdienste auf einer kleinen vergnüglichen Feier, auf der die Spitzenagenten aus Moskau und aus Washington die Festreden hielten. Als besondere Pointe dieses Geburtstagsempfanges veranstaltete man mit SC ein Testspiel, das man zur Überprüfung von «Verrücktmachern» ersonnen hatte. SC war der erste, bei welchem die Erfinder diesen Test ausprobierten. Mit dem Test wollte man herausbekommen, wie eigentlich die Gehirne der Agenten reagierten, welche die Erzeugung von zwei entgegengesetzten Verrücktheiten in Ost und West zu überwachen und zu steuern hatten. Immerhin hatte man bereits fünf HERMES-Agenten aus dem Verkehr ziehen müssen, weil sie sich entweder von dem kommunistischen oder von dem antikommunistischen Verfolgungswahn hatten anstecken lassen. SC hingegen ließ bei der Beantwortung der Testfragen nicht die geringste Schlagseite erkennen. Voller Stolz hat er notiert, daß er die Probe glänzend bestanden habe. Der Vorsitzende der Psycho-Kommission habe ihm am Ende scherzhaft einen unbedenklichen «neutralen Größenwahn» bescheinigt, der ihn offensichtlich gegen jede auch nur wahnähnliche Parteilichkeit schütze. Die Kollegen hätten sich über das Testspiel herrlich amüsiert. Man kam mit SC überein, daß er als Fünfundsechzigjähriger nun wieder eine Hauptabteilung des Clubs übernehmen sollte, nachdem er in den letzten fünfzehn Jahren nur mit begrenzten Spezialaufgaben betraut gewesen war.

Zur Erläuterung dieser Regelung sollte ich hier noch eine organisatorische Besonderheit des Clubs nachtragen. Die Club-Mitglieder waren ja durchweg in Spitzenstellungen bei ihren jeweiligen nationalen Geheimdiensten beschäftigt. Sie standen also unter einer Doppelbelastung durch die Arbeit für den Club und ihre offiziellen Dienste. Deshalb entlastete man sie im Club zwischen dem 50. und dem 65. Jahr, bis sie durch Pensionierung aus ihrem jeweiligen nationalen Dienst ausgeschieden waren. Dann erwartete man allerdings wieder ein volles Engagement für HERMES. Und da der Tag X nicht mehr sehr fern war, hielt man es für fair, jedem gewissermaßen eine Open-end-Tätigkeit im Club, also ohne jede Altersbegrenzung, anzubieten. Jeder, der das große Vorhaben mitgetragen hatte, sollte bis zum Schluß aktiv dabei sein dürfen, vorausgesetzt eben, daß er außer dem «normalen» neutralen Größenwahn der Club-Mitglieder von keiner derjenigen Verrücktheiten angekränkelt wurde, die HERMES bei den polarisierten Völkergruppen planmäßig aussäte. SC hat uns übrigens wissen lassen, daß man für die «normalen» Größenideen der Club-Angehörigen später die Scherzbezeichnung «HERMES-Wahn» einführte, im Gegensatz zu den Namen «Ostwahn» und «Westwahn» für die induzierten Verfolgungszustände bei den gegeneinander aufgehetzten Völkergruppen.

Auf der genannten Sitzung berichteten Delegierte der Verrücktmacher-Stäbe aus Ost und West ausführlich und kritisch über den Verlauf und die vorläufigen Ergebnisse der Wahnerzeugungs-Kampagne. Anschließend diskutierte man in kleinen gemischten Gruppen und dann im Plenum. Man kam überein, den Erfolg der Aktion im ganzen als ermutigend zu bewerten, da immerhin die Mehrheit der bearbeiteten Populationen deutliche Wirkungen zeigte. Man stützte die positive Beurteilung auf eine Reihe von Kriterien:

1. Auf beiden Seiten war eine deutlich wachsende Tendenz zu erkennen, pausenlos mit Nachrichten über neue bösartige Machenschaften im feindlichen Lager gefüttert zu werden. Der frühere Widerwillen gegen übertriebene oder erkennbar fingierte Hetzmeldungen war inzwischen einem regelrechten Heißhunger auf Horrormeldungen selbst der primitivsten Machart gewichen. Und es oblag auch im Westen nicht mehr dem Club selbst, diesen suchtartigen Hunger kontinuierlich wachhalten zu müssen. Denn erfreulicherweise hatte man inzwischen in westlichen Schlüsselländern solche Politiker und Parteien zur Macht gebracht, die ihren Erfolg ganz und gar auf dieses Motiv abgestellt hatten. Der Kampf um Erhaltung ihrer Positionen zwang sie, gewissermaßen Arm in Arm mit dem Club Gruselgeschichten aus dem Ostblock im Fließbandverfahren zu präsentieren. Auf östlicher Seite lief die entsprechende Agitation ohnehin reibungslos, allerdings – wie im Club bemängelt wurde – mit nachlassender Originalität und Phantasie.
2. Mit Genugtuung vermerkte der Club, daß man im Westen wie im Osten keine innenpolitischen Schwierigkeiten mehr durchgehen ließ, ohne sie – angeblich – als feindliche Sabotage zu entlarven. Wenn die verarmten Polen gegen die eigenen Parteifunktionäre rebellierten, die das Land durch Mißwirtschaft ins Elend getrieben hatten, so waren sie selbstverständlich vom Westen bezahlt und gesteuert. Erst recht überführte man Dissidenten und Kämpfer für Menschenrechte, sich auf schändliche Art der Aufhetzung oder gar der Bestechung durch die Westspionage ausgeliefert zu haben. Jeder kleine Defekt im «sozialistischen Bewußtsein» war natürlich vom Westen eingeimpft, d. h. eine planmäßig bewirkte Ansteckung oder Vergiftung durch West-Faschisten. Was diese Imperialistenbande alles fertigbrachte, stand dem in nichts nach, was man in den alchemistischen Büchern des Spätmittelalters bzw. der Frührenaissance über magisch-okkulte Fernwirkungen und Schwarze Kunst lesen konnte. Aber – es drang in die Hirne vieler Einfälti-

ger. Und allmählich waren die Besonneneren in die Minderheit geraten.

Den Westlern war es unfaßbar, welchen Grad von Blödsinn sich die Ostvölker einreden ließen. Sie schlossen, daß jene Population eben blind vor Bösartigkeit wäre und deshalb jede Lüge akzeptierte, sofern diese sie in ihrer infernalischen Aggressivität bestätigte oder sogar noch weiter aufheizte. Ohne den mindesten Zweifel an der eigenen ungetrübten Kritikfähigkeit, durch welche man sich den Ostvölkern turmhoch überlegen wähnte, übersahen die Westler vollständig ihre eigene spiegelbildliche Verrücktheit. Da gab es keine Lehrerin, die den Kapitalismus kritisierte, und keinen Studenten, der gegen den Kriegsdienst aufrief, die man nicht der getarnten Ostagententätigkeit verdächtigt hätte. Schon diejenigen betrieben natürlich das Geschäft des Feindes und waren gewiß von diesem angesetzt, die nur laut von internationaler Versöhnung und Verständigung redeten.* Rot war der Teufel in Gestalt des Kommunismus. Und rot war jeder, der gewisse Dinge nur achtlos so benannte, wie man sie auch im Osten bezeichnete. Wer z. B. im Westen von DDR redete, als von oben her noch der Name «Sowjetzone» vorgeschrieben war, galt ebenso als verkappter Kommunist wie jemand, der die «Bundesrepublik Deutschland» im eigenen Land durch «BRD» abkürzte – d. h. in der Weise, wie Ostberlin den westlichen Bruder- oder besser Feindesstaat titulierte. Ohne jeden Zweifel stand die westliche paranoische Angst, einer immer bedrohlicheren östlichen Infiltration, Unterwanderung, Ausspähung und Vergiftung ausgesetzt zu sein, der östlichen Verfolgungspsychose an Ausmaß und Magie in nichts nach.

* Daß der Autor dieser Schrift (dessen Bücher im Osten z. T. zur verbotenen Literatur zählen) sich durch die vorliegende Arbeit endgültig als moskauhörig, wenn nicht gar als waschechter Kommunist demaskiert, wird den «psychisch aufgerüsteten» unter meinen Lesern gewiß nicht entgehen.

3. Untrügliche Beweise gab es auch für das Vorhandensein eines weiteren Wahnmerkmals, nämlich für die Unfähigkeit, solche Tatsachen kritisch zu registrieren, die mit den Wahnvorstellungen nicht in Einklang standen. Während der Normale froh über Anzeichen ist, daß jemand, dem er radikal mißtraut hat, nicht nur Böses im Schilde führt, kann und will der Wahnsinnige solche Korrekturen seines Feindbildes nicht mehr vornehmen. Das Wahnobjekt muß für alle Zeiten Inbegriff alles Bösen bleiben. Und in der Tat ergab sich aus den Spezialisten-Berichten, daß der Verfolgungswahn auf beiden Seiten inzwischen bei großen Bevölkerungsteilen das Stadium der *Unkorrigierbarkeit* erreicht hatte.

Jede Seite konnte Verhandlungsangebote und Abrüstungsvorschläge machen, soviel sie wollte, die Gegenseite glaubte kein Wort davon. Auch praktische Entspannungsgesten wurden, kaum daß sie überhaupt bekanntgeworden waren, vom Kontrahenten als infamer Trick entlarvt. Ehe die Massen einen eigenen Gedanken dazu fassen konnten, wurde ihnen bereits etwa ein regionaler Truppenabzug, den die Gegenseite als sogenannte vertrauensbildende Maßnahme gewertet wissen wollte, als listiges Täuschungsmanöver interpretiert, das nur die eigene Verteidigungsbereitschaft einschläfern sollte. Dementsprechend zweifelte man im Westen keinen Tag daran, daß die Truppen, welche die Sowjets gelegentlich in spektakulärer Weise aus der DDR entfernten, bald wieder klammheimlich durch andere Einheiten ersetzt werden würden. Und als die Amerikaner schließlich ihr eigenes fehlgeschlagenes Vietnam-Abenteuer kritisierten und den Verzicht auf jedes künftige militärische Engagement außerhalb des westlichen Blocksystems verkündeten, ernteten sie im Osten nur Hohnlachen. Selbst ihre zeitweilige Drosselung des eigenen Aufrüstungstempos in der sogenannten Entspannungsphase entschärfte das östliche Mißtrauen nicht für einen Augenblick. Jede Seite hielt sich an die Lehre aus dem Märchen, den bösen Wolf, soviel Kreide er auch immer zur Verstellung fressen würde, niemals zu verkennen.

Allerdings hatte HERMES durch einen Alarmplan Vorsorge getroffen, irgendwelchen Abrüstungsvorschlägen oder unerwarteten Entspannungsgesten stets mit gezielten Blitzaktionen gegenzusteuern. Man hielt für alle erdenklichen Fälle vorher ausgearbeitete Erklärungen bereit, die jeden Entspannungsvorstoß als Finte, als reinen Betrugsversuch decouvrierten.

Auch wenn sich der Verfolgungswahn schon in erfreulichem Maße ausgebreitet hatte, so mußte man ihn natürlich weiter pflegen. Und man mußte speziell auch in den Regierungen und in den Parteispitzen einige übriggebliebene Gehirne, die noch zu kritischen Gedanken fähig waren, vor inopportunen Zweifeln bewahren. Deshalb sorgte der Club dafür, daß jede Regierung, die eine «Entspannungsinitiative» startete, sich sogleich durch angeblich authentische Geheimdokumente widerlegte, die der Club der gegnerischen Führung zuspielte. Wenn z. B. Moskau einen offiziellen Abrüstungsvorschlag verkündete, empfing das Pentagon spätestens nach zwei Tagen aus den Händen des CIA ein vermeintliches Moskauer ZK-Protokoll, das diesen Vorschlag als pures Täuschungsmanöver enttarnte.

Aber bevor wir uns den durch SC überlieferten taktischen Methoden des Clubs wieder ausführlicher zuwenden wollen, sollte, dem Diskussionsablauf bei HERMES gemäß, die Reihe der Wahnkriterien zu Ende verfolgt werden. Man hatte also bereits

1. festgestellt, daß bei großen Teilen der Bevölkerungen ein deutliches Verlangen geweckt worden war, sich pausenlos mit dem Verfolgerbild zu beschäftigen;
2. hielt man es für ausreichend belegt, daß die magische Dämonisierung des Verfolgers erheblich fortgeschritten war. Was jede Seite der anderen an bösen Absichten und satanischen Zauberkräften zutraute, überstieg längst die Grenzen des Rationalen;
3. hatte der Verfolgungsglauben sich bereits so verfestigt, daß

er bei vielen eindeutig den Realitätssinn ausgeschaltet hatte und unkorrigierbar geworden war;

4. als Gegenstück zu der Verfolgungsidee hatte sich aber auch der erwünschte und erwartete Glauben an die absolute eigene Reinheit und Unschuld in den Köpfen der jeweils angeblich Verfolgten festgesetzt.

Auch diesem Kriterium der wahnhaften Selbstidealisierung widmeten die östlichen und westlichen HERMES-Delegierten eine eingehendere Betrachtung. Sie schilderten die bereits ans Komische grenzenden Versuche beider Seiten, die eigenen Gewalttaten, Erpressungen und expansionistischen Übergriffe als die edelsinnigsten Rettungs- und Erlösungstaten zu verklären. Vor unendlichem Unglück und westlicher Verderbnis hatten die Sowjets die Ungarn, die Tschechen und die Afghanen gerade noch bewahren können. Und schier unausdenkbar wären das Chaos und die Unfreiheit gewesen, die der CIA den Chilenen und den Guatemalteken erspart hatte, indem er in Chile Allende und in Guatemala die dortige liberale Regierung gestürzt hatte. Unzweifelhaft hatten die Amerikaner recht, als sie sich am Ende wieder darauf besannen, die politischen Verfolgungen und Folterungen in befreundeten Militärdiktaturen nicht mehr öffentlich zu tadeln, förderten diese Maßnahmen doch die Abwehr des fürchterlichen Kommunismus. Die Tschechoslowakei und vor allem Afghanistan halfen den Amerikanern, ihr Vietnam und ihr Watergate zu verdrängen. Aber eben dieses Vietnam, Allende und Somoza ließen für die Sowjets wiederum ihr Afghanistan zur Bagatelle schrumpfen. Der Wettlauf um die endgültige Vorherrschaft in der Welt verwandelte sich beiderseits in eine vom imperialistischen Gegner aufgezwungene permanente Aktivität des Vorbeugens, Beschützens und Erlösens. Scheinbar reinsten Herzens produzierte man hüben wie drüben die gewaltigsten Vernichtungsarsenale im Dienst des Guten, der Freiheit und der Gerechtigkeit. Und erst, wenn diese Arsenale endlich zureichen würden, um jegliches Erdenleben auszutilgen, würde man sich der Genugtuung erfreuen dürfen, für den Schutz des Guten genug getan zu haben.

Die Referenten konnten sich nicht verkneifen, die Absurdität dieser beiderseitigen unkritischen Selbstidealisierung in aller Kraßheit herauszuarbeiten, um auch diesen Beleg für die Paranoia-Diagnose gegen sämtliche Zweifel abzusichern. Nahezu alle Club-Mitglieder erklärten sich auch am Ende als überzeugt. Es verwunderte lediglich, bis zu welchem Ausmaß die hohe Intelligenz der Völker sich selbst blockieren konnte, um einen derart törichten Wahn aufrechtzuerhalten. Um so mehr fühlte man sich nunmehr gedrängt, den Delegierten der Wahnerzeugungsteams die höchste Anerkennung zu bekunden. Natürlich genossen diese den Applaus. Aber sie gestanden ein, daß ihnen ihr Werk nicht entfernt in dem bisher erreichten Grade gelungen wäre, hätten sie auf die Mithilfe eines unerwarteten Bedürfnisses der Völker verzichten müssen, das sich in letzter Zeit sogar noch laufend verstärkt hätte.

Man hätte sich längere Zeit nicht erklären können, warum sich der Verfolgungswahnsinn auch und gerade in Kreisen von anscheinend besonders gewissenhaften Leuten festgesetzt habe. Ursprünglich hätte man dort mit besonderen Widerständen gerechnet. Aber viele dieser eher engherzigen und skrupulösen Typen hätten den Eindruck erweckt, als hätten sie nichts sehnlicher als die ihnen nun propagandistisch nahegebrachten verrückten Verfolgungsideen erwartet. Sie wirkten, nachdem sie sich den Wahn angeeignet hatten, wie von einem großen Druck befreit. So schien es jedenfalls den mit der Aktion beauftragten Spezialisten. Wie aber sollte man sich dieses Phänomen erklären? Warum waren gerade diese Gruppen durch ihr strenges Gewissen nicht besser gegen die psychische Manipulation geschützt, sondern dieser, wie es aussah, wehrloser als alle anderen ausgeliefert?

Man hatte Mitglieder der Psycho-Kommission gebeten, das Rätsel aufzuhellen. Und diese waren zu einem interessanten Ergebnis gelangt. Sie hatten nämlich zunächst herausgefunden, daß es unter denen, die als gewissenhaft galten, zwei ganz unterschiedliche Typen gab. Da waren auf der einen Seite die moralisch Sensiblen, die mit einem ausgeprägten sozialen Verantwortungssinn ausgestattet waren, und auf der anderen Seite die gewissenhaften Egozentriker, die nur darum besorgt waren, sich selbst für die Erfüllung ihrer moralischen Ideale loben zu können. Vereinfachend unterschieden die Psychos zwischen einem *«sozialen Gewissen»* und einem *«narzißtischen Gewissen»*. Die große Gruppe der konservativen Leute, die nur oder in erster Linie von einem narzißtischen Gewissensdruck geplagt waren, hatte sich so lange unbehaglich gefühlt, als sie an der Berechtigung hatte zweifeln müssen, die Völker auf der anderen Seite mit immer gewaltigeren und gefährlicheren Waffen zu bedrohen. Von dieser Art von Gewissensbissen waren die Leute nun befreit, indem die Verfolgungsidee ihnen eine eindeutige und absolut unanfechtbare Rechtfertigung lieferte, die Atomrüstung gutzuheißen. Völker, die wie z. B. das deutsche ein besonders ausgeprägtes narzißtisches Gewissen in ihrem Nationalcharakter mitbrachten, waren deshalb unschwer für die paranoische Verfolgungsidee zu gewinnen. Selbst einigen ihrer höchsten konservativen Führer entging vollständig die Pervertierung der Werte, die sich daraus ergab, daß die verbrecherischsten aller Waffen geradezu eine moralische Heiligung erfahren sollten.

War dieser Pervertierungsprozeß aber erst einmal gelaufen, hatten die angesetzten Propagandateams leichtes Spiel. Es setzte dann eine Dynamik ein, welche die Psychos als «kreisförmige Selbstverstärkung» bezeichneten: Je mehr sich das Rüstungstempo beschleunigte und die Vernichtungspotentiale anwuchsen, um so mehr bedurfte man des verteufelten Verfolgerbildes, um diese Entwicklung noch ertragen zu können. Die Verfolgungsangst steigerte indessen ihrerseits wieder die Rüstungsmotivation, und so trieb immer wieder abwechselnd das eine das andere in die Höhe.

Derjenige, der diese Dynamik als erster beschrieben und ihre verhängnisvollen Auswirkungen vorausgesagt habe, sei ein Engländer gewesen, nämlich der Physiker und ehemalige Marine-Offizier P. M. S. Blackett. Dieser habe bereits in der Startphase des Wettrüstens behauptet: Man brauche einen durch und durch verdorbenen und aggressiven Gegner, um das Gewissen gegenüber militärischen Plänen zu beruhigen, welche die Tötung von Hunderten von Millionen Männern, Frauen und Kindern ins Auge faßten. «Wenn einmal eine Nation ihre Sicherheit auf eine *absolute Waffe* (die Atombombe) stützt, wird es psychologisch notwendig, an einen *absoluten Feind* zu glauben.» Gerade weil die Interpretation von Blackett genau zutraf, hatte sie nichts bewirkt. Der Zug war – wie man zu sagen pflegt – bereits abgefahren. Blackett hatte den Nobel-Preis für Physik erhalten, und das eskalierende Wettrüsten funktionierte exakt nach den Regeln weiter, die er entdeckt hatte. –

An diesem Beispiel demonstrieren die Psychos ihre These, daß psychische Beeinflussung immer nur funktioniere, wenn sie in der Richtung einer latenten Bereitschaft der Menschen und Völker angesetzt werde. Deshalb habe Blackett mit seiner Enthüllung keinerlei Schaden anrichten können. Vielmehr hätten sich die Massen viel lieber gemäß der Club-Strategie verrückt machen lassen, weil dies ihr Herz erleichtert habe. Und man habe nun allen Anlaß dazu, sich auf die weitere Wirksamkeit dieses hilfreichen Motivs zu verlassen.

SC hat selbst, wie er schreibt, noch einen Einwand in die Debatte geworfen, den man anfangs als etwas spitzfindig und skurril belächelt, dennoch schließlich als diskussionswürdig befunden habe. Er habe irgendwann gelernt, daß Wahnsinnige nie imstande seien, ihren Wahn zu erkennen. Es sei dies ja wohl sogar ein entscheidendes Unterscheidungsmerkmal gegenüber allen möglichen fixen Ideen oder Zwangsvorstellungen, daß der Verrückte sich als völlig normal einschätze. Nun produzierten die Ost- und Westvölker aber laufend Sprüche wie: Das Wettrüsten sei ein Wahnsinn! Die Produktion von «Übertötungs-Kapazitäten» sei einfach verrückt! Die astronomischen Ausgaben für die Rüstungshaushalte seien reiner Irrsinn! Waren die Leute vielleicht deshalb gar nicht verrückt, weil sie es zu sein glaubten? Gerade eben habe eine renommierte internationale Wochenzeitung die Schlagzeile gedruckt: «Wettlauf des Wahnsinns». Ein berühmter Schriftsteller habe das Wettrüsten eine «ungeheure Utopie», einen «Unsinn an sich» genannt. Und als eine «Perversion des Denkens» habe sogar der ehemalige Generalsekretär einer westeuropäischen Regierungspartei die Neutronenbombe bezeichnet. Daß die Nachrüstung der NATO und überhaupt die Theorie der Friedenssicherung durch Aufrüstung unsinnig seien, lese man Tag für Tag in den Gazetten. Entlarve diese offenkundige Fähigkeit zur Selbstkritik nicht die wunderbaren Erfolgsberichte der «Wahnerzeuger» als übertrieben und durch Wunschdenken gefärbt?

Mit Genugtuung vermerkt SC, daß er den Kreis durch seinen Entwurf zu einer erneuten differenzierten und gründlichen Behandlung des Problems gezwungen habe. Man sei schließlich zu folgendem Ergebnis gelangt, das nach einigem Zögern auch seine Billigung gefunden habe:

1. Im Zuge der allgemeinen Sprachverwahrlosung bedeutete für die meisten eine Formel wie «Rüstungswahn» nichts als eine modische Worthülse. Es war leeres Gerede.
2. Wenn man sich über etwas auch nur ein wenig verwunderte, war es üblich geworden, dies durch hysterische Übertreibungen kundzutun. Die matte Ausdruckskraft der psychisch verarmten Spätmenschen trieb sie dazu, sofort in Superlativen auszudrücken, was sich in ihnen überhaupt noch regte. Schon ein mäßiges Erstaunen mußten sie z. B. durch Formeln signalisieren wie: «Das kann doch nicht wahr sein!» oder: «Das gibt es doch nicht!». Was ihnen nicht glatt einging, galt sogleich als «verrückt» oder «irrsinnig». Man wußte voneinander, daß dies nicht dem eigentlichen Wortsinn entsprechend gemeint war.
3. Unter manchen Gebildeten war es schick geworden, sich über die Atombomben zu mokieren und diesem Thema einen lockeren Smalltalk zu widmen. Rein intellektuell waren natürlich nicht wenige irritiert über die offizielle These, daß

symmetrisches Wettrüsten die beste Friedensgarantie bieten sollte. Aber sie beschwichtigten sich erstens mit Hilfe der verinnerlichten Verfolgungsideologie und zweitens mit Hilfe des Wunschglaubens, es sei sicher ein Trick bei der Sache, und die Experten wüßten zweifellos, warum das aus Laiensicht absurd Erscheinende dennoch rational und sinnvoll sei. Der Glaube an Hegels: «Was wirklich ist, das ist vernünftig, und was vernünftig ist, das ist wirklich» lebte als instinktive Gewißheit fort. So reduzierte sich das hochgespielte Unbehagen über den «Rüstungswahn» zu einer unverbindlichen Pseudokritik.

4. Dann gab es diejenigen, die gegen den Wahn tatsächlich gefeit waren. Das waren zahlreiche Frauen, viele Kinder, ein Teil der Jugendlichen und – bezeichnenderweise – fast alle psychisch Kranken, die man damals jedenfalls für solche hielt. Widerstandsfähig waren auch unbeirrbare Christen, klarblickende Arbeiter, linke Schriftsteller, einzelne Physiker, sogenannte Friedensforscher, Künstler und fahrendes Volk. Alle diese wahnresistenten Gruppen empfanden den fanatischen Verfolgungsglauben, der sie umgab, als befremdlich. Und wenn sie ihn als Wahnsinn bezeichneten, meinten sie es auch so.

Einen Sonderfall bildeten die engagierten Friedensvereine und Friedensgesellschaften, von denen noch die Rede sein wird. In diesen waren in der Mehrzahl Leute vereint, die einen echten Frieden der Brüderlichkeit und der Solidarität zwischen Ost und West sowie zwischen Nord und Süd suchten. Aber es gab auch die einäugigen Friedensgruppen, die im Osten einem «Westwahn» und im Westen einem «Ostwahn» erlegen waren. Sie trennten zwischen den guten und den bösen Bomben und unterschieden sich von ihrer jeweiligen paranoischen Umgebung nur durch die Vorzeichen ihrer Verfolgungsvorstellungen. Im Club nannte man diese Leute die «pervers Verrückten». Man war sich einig, daß sie den HERMES-Plan nicht ernstlich zu gefährden vermochten. Man fand, daß diese «pervers Verrückten» nicht selten sogar unabsichtlich wertvolle Hilfsdienste leisteten. Wenn sie z. B. im Westen gegen die amerikanischen Raketen Sturm liefen, so verstärkten sie dort indirekt die Angst der Mehrheit vor der östlichen Bedrohung. Und sie lieferten der magisch-paranoischen Theorie, daß man im eigenen Land feindlicher Unterwanderung und Gehirnwäsche ausgesetzt sei, die besten Argumente.

11. Kapitel

Rollenspiele als Tests für Politiker-Betreuung

Zwischen der Stimmung der Menschen und dem Fortschritt der Rüstung bestand – im Westen allerdings sehr viel ausgeprägter als im Osten – eine kontinuierliche Wechselbeziehung. In Phasen eskalierender paranoischer Besessenheit ließ sich die Waffenentwicklung und -produktion am leichtesten auf Hochtouren halten. Dann ergossen sich z. B. in Amerika Aufträge wie warmer Regen auf die Militärindustrie. Und man konnte spielend die politischen Beschlüsse für die aufwendigsten Langzeitprogramme durchpauken, die später kaum mehr zu stoppen sein würden. Umgekehrt ließ sich das Anwachsen und die Modernisierung der Raketenarsenale zur periodischen Aufheizung der Verfolgungsangst bzw. der «Kampfmoral» benutzen. Dabei durften die Propaganda-Apparate nie außer acht lassen, jeweils die Gegenseite der bösartigen *Vor*rüstung zu bezichtigen. Als man den Amerikanern eine Zeitlang eingestand, daß sie selbst erheblich vorgerüstet hätten, verloren sie prompt die Lust zum Weiterrüsten, und es kostete später die größte Mühe, die westlichen Bedrohungsgefühle wieder ausreichend hochzuputschen. Wer weiß, ob es ohne den gerade noch rechtzeitig angesetzten sowjetischen Afghanistan-Einmarsch überhaupt gelungen wäre, das amerikanische Publikum auf ein erneutes Vorrüsten (als angebliches Nachrüsten) einzustimmen?

SC gesteht zu, daß HERMES in der Zeit, die man als Entspannungsphase im Ost-West-Konflikt bezeichnete, einige Fehler unterlaufen waren. Niemals früher und niemals später ließ die Koordination derart zu wünschen übrig wie in diesem

Abschnitt. Damals gewährten die Amerikaner einem westdeutschen Kanzler einen überraschenden Spielraum für Verhandlungen mit Moskau. Es kam zu mehreren Vereinbarungen, den sogenannten Ostverträgen. Das ermöglichte zwar, diverse sogenannte Friedensgesellschaften verschwinden zu lassen, die plötzlich ins Leere liefen. Aber die Propagandastäbe beklagten sich heftig über die künstliche Erschwerung ihrer Arbeit. Sie sahen ihre Wahnerzeugungs-Kampagne sinnlos gefährdet. Sie bezichtigten HERMES einer Double-bind-Strategie: Wie sollten die Völker die Umarmungen zwischen Breschnew und Kanzler Brandt und später den Helsinki-Vertrag verarbeiten? Schickten sich beiderseits die Teufel an, sich in unschuldige Friedenstauben zu verwandeln?

Während auf den unteren Ebenen der Organisation Verwirrung herrschte, hielt der Club auch damals den Ost-West-Konflikt souverän auf dem berechneten Kurs. HERMES war zu der Meinung gelangt, daß der amerikanische Raketenvorsprung reduziert werden mußte, um die Dynamik der wechselseitigen Aufschaukelung nicht zu gefährden. Also war es nötig, auf westlicher Seite der psychischen Aufrüstung eine Zwangspause zu verordnen, um der hochtourigen Waffenproduktion zeitweilig die Motivations-Grundlage zu entziehen. Unterdessen bot man den Sowjets Gelegenheit, sich in aller Stille auf die waffentechnische Aufholjagd zu machen. Denn dort war nicht zu befürchten, daß die mehr symbolischen als praktischen Ost-West-Verhandlungen und -Verträge den Antrieb zum Wettrüsten nennenswert beeinträchtigen würden. Und so kam es dann auch. Nie zuvor haben sich die Sowjets mit dem Ausbau ihrer Arsenale so beeilt wie ausgerechnet in diesem sogenannten Entspannungsintervall.

Aber diese Strategie des langen Atems konnte oder durfte manchen HERMES-Teams, die gewissermaßen die Dreckarbeit an der Front zu verrichten hatten, aus Diskretionsgründen nicht wahrheitsgemäß vermittelt werden. An der Basis konnte man also glauben, daß der Zentrale das Steuer aus der Hand gleite und daß man dort sogar die Orientierung zu verlieren drohe. Dabei spielte auch eine Rolle, daß die in den unteren Rängen beschäftigten, überwiegend jüngeren Agenten sich noch nicht an die geduldige Strategie des langen Atems gewöhnt hatten, welche die alten Hasen der Zentrale zu befolgen pflegten. Infolgedessen deuteten sie die sogenannte Entspannungsphase voreilig als unkalkulierten Rückschlag. Und erst im späteren Rückblick vermochten sie ihre Fehlinterpretation zu revidieren. Tatsächlich hatte sich aber auch das Spitzenteam in der Zentrale des Clubs insofern verschätzt, als es die Labilisierung der Basis durch den reduzierten Informationsfluß nicht hinreichend vorausgesehen hatte.

Diese Koordinationskonflikte wurden übrigens für HERMES zum Anlaß, periodische Tagungen abzuhalten, die ausschließlich der internen Selbstbesinnung dienten. Man bildete auf diesen sogenannten *«Selbsterfahrungs-Tagungen»* kleine gemischte Gruppen aus jüngeren Basisagenten, Spezialisten und Führungskräften aus der Zentrale, um die Schwierigkeiten in der vertikalen Kommunikation zu klären. Diese Gruppen ließ man mit Gesprächskreisen abwechseln, die Ost- und Westagenten zusammenführten. Die Tagungen dauerten jedesmal eine ganze Woche. Dabei blieb man nicht an einem Ort, sondern man wanderte wie ein Konvolut von kleinen Reisegesellschaften durch irgendeine dünn besiedelte Mittelgebirgslandschaft in einem blockfreien Land. Die Vorschrift lautete, daß niemand während der ersten drei Tage über seine Tätigkeit für HERMES reden durfte. Dies war einerseits als Test zur Kontrolle der Selbstdisziplin gemeint. Zum anderen befolgte man eine alte HERMES-Regel: Wenn Menschen einander persönlich nahekommen und lernen, wechselseitig ihre Gefühle, Wünsche und Ängste zu verstehen, dann können sie auch gut kooperieren, was man ihnen auch immer für Probleme aufgibt.

Manche in der Clubarbeit ergraute Routiniers stöhnten darüber, wie sehr die Organisation im Laufe der Jahre angewachsen war. Sie weinten dem intimen, familiären Klima nach, welches das Clubleben früher bestimmt hatte. Sie empfanden es als anstrengend, sich in den wechselnden Gruppen mit den vielen inzwischen angeworbenen Nachwuchsagenten persönlich einzulassen. Sie konnten sich gerade noch die neuen Gesichter, aber nur mit Mühe die vielen neuen Code-Namen merken. Andererseits hatten sie, wenn sie z. B. eine Führungsposition rechtfertigen wollten, immer wieder ihre besonderen Talente in rascher Auffassung, Gedächtnis, Konzentration, Einfühlung und Kommunikationsfähigkeit unter Beweis zu stellen. Für die Jungen wiederum war es wichtig, daß sie hin und wieder die Alten, über die sie aus der Ferne teils zu sehr beargwöhnend, teils zu sehr idealisierend phantasiert hatten, gewissermaßen zum Anfassen bekamen. Und das Gefühl, daß man ihnen zuhörte und sich für sie interessierte, war eine unerläßliche Bedingung für die fortschreitende Integration der Jungen in die Organisation.

Als beste Kooperationsübungen bewährten sich auf diesen Tagungen gemeinsame Spiele wie Fußball, Wasserball, Basketball oder dgl. Auch Rollenspiele waren beliebt und halfen zugleich in besonderem Maße, Konflikte zwischen Personen wie zwischen einzelnen Abteilungen aufzudecken.

Apropos *Rollenspiele*. Dieses Mittel benutzte man nicht nur auf diesen «Selbsterfahrungs-Tagungen», sondern auch regelmäßig dann, wenn man ein taktisches Rezept für eine heikle politische Beratungsaufgabe festlegen wollte. SC schildert hier ein paar recht instruktive Beispiele:

Einmal war in Großbritannien eine unangenehme Situation entstanden. Die Wirtschaft ging schlecht. Die Arbeitslosigkeit wuchs. Allgemeine Verdrossenheit hatte sich breitgemacht. Der britische Beitrag zur westlichen Hochrüstung erschien gefährdet: Das Gefühl, mit den Kontinentaleuropäern in einem Boot zu sitzen und sich mit deren Rüstungsanstrengungen gleichschalten zu müssen, war weitgehend geschwunden. Das bißchen Geld, das man noch hatte, mochte man am allerwenigsten in die Rüstung stecken. Was die Sicherheitsfrage anbetraf, fühlte man sich aktuell durch die Unruhen in Nordirland und die brodelnde Protestbewegung der farbigen Minderheiten sowie der jugendlichen Arbeitslosen stärker bedroht als durch die Sowjets.

Wo sollte HERMES ansetzen? Man veranstaltete ein Rollenspiel: Einer übernahm den Part der Regierungschefin, einer den Part des Oppositionsführers, ein weiterer den Part des Verteidigungsministers. Drei Agenten spielten das Volk, differenziert nach Sozialschichten. Die Aufgabe war herauszufinden, wie man das Volk am wirksamsten wieder auf «Kampfmoral» einstimmen könnte.

Die «Regierungschefin» warb mit dem Loyalitätsgebot gegenüber dem großen amerikanischen Bruder, mit der Bedrohung der britischen Großmachtrolle in der Welt sowie mit den innerhalb gemeinsamer europäischer Rüstungsprogramme eingegangenen Verpflichtungen. Der «Verteidigungsminister» unterstützte sie durch Schreckenszahlen über die neuesten sowjetischen Raketen und die sensationelle Erweiterung und Modernisierung der roten Flotte. Aber kein Argument zog beim «Volk». Der «Labour-Boss» versprach zunächst dem «Volk», er werde die Mißwirtschaft der Konservativen beenden, die Arbeitslosen wegschaffen, die Kassen füllen und damit überhaupt erst wieder die Voraussetzungen für Anstrengungen in der Sicherheitspolitik schaffen. Aber es war, als hätte er ins Leere geredet. Das «Volk» rührte sich nicht. Nur die «Chefin» bemerkte ironisch, daß Labour lange genug bewiesen habe, wie fabelhaft es sich auf Wirtschaftssanierung verstehe.

Am Ende bewegte sich nichts mehr in der Runde, bis dem «Labour-Mann» ein entscheidender Einfall kam: Er werde, wenn man Labour ans Ruder lasse, sofort radikal abrüsten. Keine neue Atomrakete dürfe nach Großbritannien. Alle hier schon installierten Raketen werde man unverzüglich einpacken und den Amerikanern zurückschicken. Sämtliche Atombomber müßten von britischen Flugplätzen verschwinden. Die britische Rheinarmee werde man bis auf einen symbolischen Rest schrumpfen lassen. Den Verteidigungsetat im ganzen werde man bis auf ein Drittel zusammenstreichen. Er hoffe, daß die Sowjets dies nicht als Einladung verstehen würden, sich des

Inselstaates zu bemächtigen. Aber selbst in diesem Fall würde es den Menschen besser ergehen, als wenn man Großbritannien als atomares Pulverfaß den Sowjets als Ziel für einen atomaren Gegenschlag geradezu aufdrängen würde. – Ein Vertreter des «Volkes», nämlich der Repräsentant der unteren Sozialschicht, applaudierte spontan. Die anderen beiden schwiegen zunächst, bis sie nacheinander ihre Angst zugestanden. Ein völlig entblößtes und absolut wehrloses Großbritannien, das sich auf diese Weise endgültig als Machtfaktor aus der Weltpolitik verabschiedet hätte? Unvorstellbar und unannehmbar!

Das war also die Lösung. In der Auswertung des Spiels erkannte man, daß man den Briten nur durch eine sogenannte paradoxe Intervention beikommen könnte. Man müßte die Labour-Führung dazu bringen, das Wählervolk mit einem so radikalen Abrüstungsprogramm zu schocken, daß die Angst vor totaler Verteidigungsunfähigkeit die Angst vor den Atombomben in den Hintergrund drängen würde. Indem man in übertriebenem Maße das Gegenteil des Erstrebten forderte, nutzte man die einzige Chance, den gefährdeten Rüstungswillen wieder zu stabilisieren.

Genau nach diesem Konzept bearbeitete HERMES im kommenden Jahr verschiedene einflußreiche Labour-Leute und -Gruppen. Man sorgte dafür, daß ein Repräsentant des radikalsten Abrüstungskurses zum Parteiführer erkoren wurde. Und prompt registrierte der Club einen gewissen Stimmungsumschwung im Volke. Viele wünschten sich plötzlich doch wieder eine atomwaffen«geschützte» an Stelle einer praktisch verteidigungsunfähigen Insel. Späterhin machten sich dann allerdings Spaltungstendenzen innerhalb der Labour-Party bemerkbar, und so blieb Großbritannien vorläufig ein Sorgenkind des Clubs.

Ein anderes Spiel beschäftigte sich mit dem Problem, einen *westdeutschen Regierungschef* bei der Stange zu halten, dem Rüstungsmüdigkeit nicht nur von seiten des Volkes, sondern vor allem auch aus Kreisen seiner eigenen Partei zunehmend zu schaffen machte. Überdies belastete ihn das Handikap, daß er selbst vor rund zwanzig Jahren der Stationierung von Atombomben auf deutschem Boden auf das schärfste widersprochen hatte. Er hatte sich seinerzeit sogar als der eindrucksvollste parlamentarische Opponent in einer Atom-Debatte des Deutschen Bundestages profiliert. – Dieses Rollenspiel inszenierte man mit dem «Regierungschef», dem «amerikanischen Außenminister», dem «Oppositionsführer», einem «linken» und einem «rechten Fraktionskollegen» des «Regierungschefs» und dem «Volk» in Gestalt von drei Repräsentanten. Einer davon sollte die Position einer neuen «grünen» Protestbewegung vertreten.

Das Spiel wurde für den «Regierungschef» ein erheblicher Stress, weil er sich einem vehementen Tauziehen ausgesetzt sah. Der «Amerikaner» wollte Westdeutschland mit Atomraketen spicken, um die russischen Raketen vom eigenen Territorium fernzuhalten und auf Mitteleuropa abzulenken (was er natürlich nur verschlüsselt andeutete). Außerdem pochte er auf Vertragstreue der Deutschen und drohte mit der Gefahr antideutscher Stimmung in den USA. Der «konservative Oppositionsführer» blies, Arm in Arm mit dem Amerikaner, ins gleiche Horn. Der «linke Parteifreund» und der «grüne Protestler» nervten den «Chef» durch mehr oder minder pazifistische Forderungen, wobei sie ihm seine eigene frühere Gegnerschaft gegen eine deutsche atomare Aufrüstung unter die Nase hielten. Der «rechte Fraktionskollege», der die Parteimehrheit vertrat, malte das Gespenst einer Wahlniederlage an die Wand, die er bei einem Ausstieg aus dem von den Amerikanern geforderten «Nachrüstungsprogramm» als wahrscheinlich prognostizierte.

Mühsam rang der «Regierungschef» um seine Fassung. Man merkte ihm an, daß er am liebsten auf alle, die ihn bedrängten, gleichzeitig losgegangen wäre. Er war sichtlich überfordert, weil das Problem keine glatte Lösung zuließ. Den «Amerikaner» empfand er als überansprüchlich und rücksichtslos. Sollten die Amerikaner doch die Wehrpflicht einführen und die «Nachrüstungsraketen» auf ihre Schiffe packen, anstatt die

Bundesrepublik damit vollzustopfen und zur Zielscheibe zu machen! Aber gerade dieses Zielscheibenrisiko sollte den Deutschen, wie der «Amerikaner» andeutete, der jahrzehntelange Empfang von großherzigen Schutzmachtdiensten wohl wert sein. Und eben diese Dankes- und Treuepflicht spielte auch der schlitzohrige «Oppositionsführer» hoch, der die neuen ins Haus stehenden Superraketen amerikanischer Provenienz als die reinsten und schönsten Sicherheitsgeschenke anpries. Dabei spekulierte er nicht umsonst auf den Loyalitätssinn des «Volkes». Den beiden Vertretern der «schweigenden Volksmehrheit» erschien es in der Tat schäbig, den großen, allezeit hilfsbereiten Bruder zu verraten, wenn es doch anscheinend darum ging, den «freien Westen» gemeinsam zu schützen. Untreu und obendrein jämmerlich feige vor dem kommunistischen Ungeheuer auf die Knie zu fallen, das war das letzte, was man von einem braven Deutschen verlangen durfte. Wer wollte sich schon nach Hitler ein zweites Mal vorwerfen lassen, sich widerstandslos einer Tyrannei ergeben zu haben? Wenn auch zaghaft und ein wenig beklommen, bekundeten die beiden Vertreter der «schweigenden Mehrheit» dem «Oppositionsführer» ihr Einvernehmen. Der «Regierungschef» versuchte noch einen Ausfall: Schließlich gehe es nicht darum, den großen Bruder, der gar nicht in besonderen Nöten sei, im Stich zu lassen, sondern umgekehrt darum, von diesem als Puffer und mögliches Opfer mißbraucht zu werden. Und längeres Überleben sei für die Deutschen in Mitteleuropa ohnehin nur denkbar, wenn sie zur Entspannung und Verständigung zwischen den beiden Blöcken beitragen würden, anstatt sich provokatorisch in einen waffenstarrenden Frontstaat zu verwandeln. Aber außer dem Wohlgefallen des «grünen Chaoten» und des «Genossen» des schwachen linken Parteiflügels vermochte der «Chef» keine positive Resonanz zu wecken. Der «Amerikaner» genoß seine erpresserische Übermacht. Der scheinheilige «Oppositionsführer» weidete sich an dem Gelingen seines Tricks, die Überlebensfrage auf falsch konstellierte Alternativen von Treue versus Verrat, Dank versus Undank, Mut versus

Feigheit verschoben zu haben. Der «rechte Parteifreund» schielte nach parteitaktischen Opportunitäten und reihte sich somit in die unheilige Allianz mit den beiden Aufrüstungsbefürwortern ein.

Der «Regierungschef», sonst nie um ein klärendes Wort und um entschlossenes Krisenmanagement verlegen, blickte starr und unschlüssig an den anderen vorbei. Man sah, daß er einem nervösen Zusammenbruch nahe war. Schließlich ließ er sich von dem «Amerikaner» und seinem «rechten Parteifreund» daran erinnern, daß die Dinge ja ohnehin in eindeutiger Richtung liefen. Im Augenblick gäbe es innerhalb des Systems keinen echten Spielraum mehr. Wenn man die Prozesse, worauf der «Regierungschef» doch sonst immer den größten Wert lege, in der *Berechenbarkeit* und in der *Rationalität* halten wolle, dann sei eine unverzügliche Nach- bzw. Weiterrüstung einfach aus Sachzwang geboten. Sonst würde ein totales Durcheinander drohen, ein völlig unkalkulierbares Chaos. Man könnte ja später immer noch ... Man könnte ja, wenn man erst einmal aufgerüstet habe und Parität erreicht habe, mit der anderen Seite vielleicht ... Zum Abrüsten sei es nie zu spät, im Augenblick aber gewiß zu früh. Ein rationales Konfliktmanagement verlange jetzt erst einmal, ganz korrekt auf Kurs zu bleiben usw. usw. ...

Die Lehre aus diesem Spiel? Es war vermutlich besser, den jetzigen Chef an der Macht zu halten. Er würde auf jeden Fall die Protestpotentiale der Jugend bzw. der Linken eher neutralisieren und vielleicht sogar teilweise integrieren können, während sich gegen die säbelrasselnde Oppositionspartei, wenn sie zur Macht käme, zweifellos bald eine breite, schwer kontrollierbare Friedensfront erheben würde. Zweite Folgerung: Man sollte vor allem das «technokratische Argument» benutzen, um dem Regierungschef die Fortsetzung der amerikaergebenen Rüstungspolitik plausibel zu machen. Alle Abweichungen wären zu schwer berechenbar und riskant, die Dinge würden aus der Rationalität herauslaufen. Dritte Folgerung: Man sollte sich intensiv um die psychosomatische Verfassung des Mannes kümmern. Denn da er das ungeheure Risiko voll durchschaute, werde es ihn eine ungeheure Selbstüberwindung kosten, vor aller Welt Sicherheit, Tatkraft und Zuversicht zu demonstrieren. Auf jeden Fall sollte man sich um eine starke Flankensicherung für ihn bemühen, eventuell durch einen kühleren und nervlich weniger gefährdeten Außenminister?

SC hat uns noch eine Reihe weiterer interessanter Rollenspiel-Exempel überliefert, deren Wiedergabe ich mir indessen ersparen möchte. Aber noch eine Bemerkung zur Methode: Man ließ die jeweilige Aufgabe regelmäßig von mehreren Gruppen gleichzeitig durchspielen. Außer den Spielern hatte jede Gruppe «Beobachter», die für die nachträgliche Auswertung manche Erkenntnisse beisteuern konnten, die den unmittelbar verstrickten Spielern entgangen waren. Diese gerieten durch ihre Rollen mitunter in derart hitzige Erregung, daß sie in Versuchung kamen, ihre Auseinandersetzungen mit den Spielpartnern auch noch in der anschließenden kritischen Diskussion fortzusetzen. Solche Impulsdurchbrüche kreidete man ihnen indessen keineswegs als Disziplinmangel an. Man lernte vielmehr daraus, welche zum Teil enormen psychischen Spannungen durch gewisse politische Rollen erzeugt wurden. HERMES legte späterhin großen Wert darauf, bei solchen politischen Planspielen neben dem objektiven strategischen Aspekt die psychologische Dimension besonders eingehend zu analysieren. Was nützte die perfekteste mathematisch-schlüssige Lösung, wenn sie psychisch an die Beteiligten zu hohe Ansprüche stellte?

Manchmal war es für den Club indessen auch geradezu geboten, in der politischen Wirklichkeit Persönlichkeiten mit Aufgaben zu betrauen, die eigentlich ihrer psychischen Disposition widersprachen. SC erläutert das an dem Beispiel des zuletzt geschilderten Rollenspiels: Man benötigte in dieser Phase in Westdeutschland unbedingt einen Regierungschef, der innerlich dem weiteren Wettrüsten abhold war und hinter dessen Fassade man diese Einstellung auch hindurchspürte. Wenn er sich durch die vorhandenen und die ihm soufflierten fiktiven

Sachzwänge dennoch zu Aufrüstungsentscheidungen durchrang, so wirkte das auf die von manchen Zweifeln und Ängsten angekränkelten Massen ungemein überzeugend: Wenn ein Mann, der sonst überall nach vernünftigem Ausgleich und Krisenentschärfung suchte, sich nun doch für einen Militarisierungsschub stark machte, dann schien diese Lösung wirklich unerläßlich zu sein. Denn anders als in äußerster Not würde ein derartiger Charakter so nicht handeln. Einem Regierungschef vom Typ des Kalten Kriegers wären die Westdeutschen in dieser Phase z. B. auf dem Weg zum sogenannten NATO-Nachrüstungsbeschluß schwerlich gefolgt. Denn in dieser Spätphase der Overkill-Rüstung war die Front der paranoischen Antikommunisten bereits merklich geschwächt. Kriegsangst und Abscheu gegen die «Übertötungskapazitäten» fraßen sich in die Seelen. Nur solche Politiker, die glaubhaft machen konnten, daß sie diese Sorgen und Gefühle teilten, waren – zumindest in Mitteleuropa – zu dieser Zeit noch mehrheitsfähig. Aber natürlich waren diese von inneren Widersprüchen und Zweifeln gequälten Persönlichkeiten einem außerordentlichen Kräfteverschleiß ausgesetzt. Man mußte bei ihnen mit besonderer Gereiztheit, Suchtgefahr und Krankheitsanfälligkeit rechnen. Die hochgradige gesundheitliche Labilität dieser Männer hatte man indessen als Preis dafür in Kauf zu nehmen, daß die militaristische Politik keinen Schaden nahm.

Es hat übrigens eine Weile gedauert, ehe manche der älteren HERMES-Leute den sozialpsychologischen Faktoren die Bedeutung zugestanden, die diesen tatsächlich in wachsendem Maße zukam. Manche Routiniers waren lange nicht von dem traditionellen Vorurteil abzubringen, die vom Club beschlossene Strategie sei am besten bei denjenigen Politikerpersönlichkeiten aufgehoben, die von ihrem Charakter her diesen Kurs ohne Wenn und Aber verinnerlichen und aggressiv vertreten konnten. Mit diesem Grundsatz war man ja auch lange Zeit ganz gut gefahren. Seine Mängel blieben verborgen, solange die «Wahnfront» hielt. Als sie schließlich zu bröckeln begann, bewährte sich in politischen Spitzenrollen eindeutig besser der

Typ des «heroischen Selbstüberwinders» (eine Namensschöpfung von SC). Das waren Leute, in denen die Volksmassen ihren wachsenden inneren Zwiespalt widergespiegelt fanden. So gewöhnte man sich im Club an die scheinbare Paradoxie, daß zarter besaitete Parteiführer und Staatsmänner am Ende gelegentlich den Rüstungswettlauf besser in Schwung hielten als die bislang favorisierten Vollblut-Militaristen.

Die Labilität der weicheren Politiker, auf die man später häufiger zurückgreifen mußte, schuf für den Club indessen auch manche neuartige Probleme. Die dramatischen Herzanfälle, von denen diese Leute trotz aller Fürsorge häufiger betroffen wurden, waren noch nicht das Schlimmste. Mitunter ereigneten sich diese Zusammenbrüche, nachdem ein solcher Politiker soeben seinem Gewissen einen militaristischen Entschluß abgerungen hatte. Der Anfall war dann gewissermaßen der psychosomatische Preis für seine Kühnheit. Dann setzte aber regelmäßig im Publikum eine mehrwöchige rituelle Aggressionshemmung ein. Es gehörte sich, daß man sich solidarisch hinter den Patienten stellte und seine Ohnmacht nicht etwa für politische Obstruktion mißbrauchte. In dieser rituellen Schonzeit konnte der Club im stillen manches bewirken, was später nicht mehr zurückzudrehen sein würde.

Da man bei HERMES in der Handhabung dieser komplizierten Leute noch relativ unerfahren war, konnte es aber auch passieren, daß man ausnahmsweise einem «Softy» aufsaß, den später auch die raffiniertesten und besterprobten HERMES-Techniken nicht recht auf Konfrontations-Kurs halten konnten. Bei einem amerikanischen Staatsmann gelang das gerade noch, indem man ihn durch eine Aktion der Roten Armee so in Panik versetzte, daß er endlich ein neues gewaltiges Raketenprogramm anschob. Zuvor war man durch einen einflußreichen westdeutschen Staatsmann indessen in noch ärgere Verlegenheit geraten. Dieser sensible Mann hatte sich um keinen Preis von der Idee abbringen lassen wollen, das HERMES-Projekt durch eine starrsinnige sogenannte Versöhnungspolitik zu Fall zu bringen. Man hatte von diesem Politiker eine Weile profitiert, als man den Sowjets jene zuvor erwähnte Entspannungspause gönnen wollte, damit sie im Rüstungswettlauf Boden gutmachen könnten. Aber jener Staatsmann schoß weit über das Ziel hinaus. Obwohl der Club Material gegen ihn in der Hand hatte, das normalerweise zur Erpressung und Korrumpierung von hundert Staats- und Parteiführern ausgereicht hätte, blieb der Querkopf unbeirrbar. HERMES mußte die Notbremse ziehen, d. h. einen der fähigsten eigenen «Frontleute» opfern. Diesen ließ man als Ostagenten enttarnen – was der Mann in seinem bürgerlichen Beruf übrigens auch war. Zum offenkundigen Sicherheitsrisiko gestempelt, mußte jener Staatsmann schließlich kapitulieren, als der durch ihn verursachte Schaden irreparable Ausmaße anzunehmen schien. Aber daß es erst soweit und zur Anwendung solcher Mittel kommen mußte, war für den Club Anlaß zu einer ausgiebigen selbstkritischen Diskussion, deren Resultate in die künftigen internen Fortbildungsprogramme einflossen.

SC zählt sich übrigens selbst zu denjenigen konservativen Club-Oberen, die sich erst allmählich an die Komplizierung der strategischen Planungen durch psychologische Rücksichtnahmen gewöhnten. Sein Widerstreben gegen die «Psychologisierung» der Probleme hatte noch einen besonderen Grund, der mit seiner clubinternen vaterähnlichen Rolle zusammenhing. Und zwar machte er sich einige Sorgen um die innere Stabilität des Nachwuchses. Die Begeisterung, mit welcher zahlreiche junge Agenten neuerdings die sozialpsychologischen Aspekte aufgriffen, erschien ihm nicht recht geheuer. Würden sie dabei imstande bleiben, ihren harten Job souverän und unbeirrbar bis zum Ende durchzuhalten? Mit dem kollektiven Verfolgungswahn ließ sich noch relativ leicht distanziert umgehen. Allerdings hatte man ja auch bereits bei der Wahnerzeugungs-Kampagne einige anfällige Leute verloren, die sich entweder von dem «Ostwahn» oder dem «Westwahn» hatten anstecken lassen. Diese neue Welle von Angst und Friedenssehnsucht erschien indessen noch weit infektiöser. Was würde passieren, wenn Scharen von Jungagenten, die sich so wunderbar in die Seelen der Verzagten und der Pazifisten einzufühlen verstanden, solche Gefühle und Ideen verinnerlichten und die Organisation von der Basis her verunsichern würden? Jeder defätistische Schub solcher Art würde, um ihn wieder zu ersticken, einigen Aufwand erfordern und einen Energieverlust bedeuten, den man sich keineswegs leisten durfte.

Der Club beschäftigte eine «Ständige Kommission für innere Sicherheit». Hier fand SC für seine Sorgen Gehör. Man beschloß, die psychische Festigkeit noch stärker als bisher als Auslesekriterium bei der Nachwuchsanwerbung zu berücksichtigen. Außerdem verstärkte man die diskreten Kontrollen in den Außenabteilungen. Die V-Leute, die man in die Friedensbewegungen einschleuste, wechselte man künftig in kürzeren Intervallen aus und versetzte sie zur «Rehabilitation» anschließend auf Posten mit rein technokratischen Aufgaben.

12. Kapitel

Rüstungsschübe durch selbstgesteuerte Systeme. – Der Trick mit der ewigen Abschreckungslücke

«Das militärischen Kräftevergleichen eigentümliche Worst-case-Denken, das bei der Verteidigungsplanung dem Potential der Gegenseite optimale Schlagkraft unterstellen muß, um auch für den schlimmsten aller denkbaren Fälle hinreichend gerüstet zu sein, programmiert die Überbewertung der militärischen Fähigkeiten des potentiellen Gegners vollends vor. Die militärpolitische Konsequenz solcher militärischer Lageanalysen drückt sich in dem Bemühen der sich unterlegen wähnenden Seite aus, durch ‹Nach›-Rüstungen militärische Parität oder Überlegenheit herzustellen. Da der Logik des Paritäts- und Worst-case-Denkens zufolge die Gegenseite darin eine ‹Vor›-Rüstung, also den weiteren Ausbau eines bereits überlegenen Potentials, sehen muß, wird sie ihrerseits zur Wahrung der ‹Parität› entsprechende Rüstungsschritte einleiten, die dem ursprünglich ‹nach›-rüstenden Akteur als Versuch erscheinen müssen, bestehende Disparitäten zu verstärken. Dieser wechselseitige rüstungsdynamische Prozeß läßt sich ad infinitum fortsetzen. Er mündet in ein sicherheitspolitisch perspektivloses und riskantes Wettrüsten, in dessen Kontext die – subjektiv plausibel mit dem angeblichen Überlegenheitsstreben der anderen Parteien begründbaren – Feindbilder stets aufs neue bestätigt werden.»

Arbeitsgruppe der Deutschen Gesellschaft für Friedens- und Konfliktforschung

Dem Scharfblick von SC entging nicht, daß die Psychos bei allen Verdiensten, die sie sich in der Diagnostik und Beeinflussung von Schlüsselpersonen, kleinen und großen Gruppen erworben hatten, eine Neigung zur Verkürzung der Probleme hatten. Wenn man aber die Wechselbeziehungen genauer studierte, die im Ost-West-Verhältnis, innerhalb der beiden Blökke, schließlich selbst innerhalb einzelner Völker und Parteien bestanden, so zeigten sich hier Interaktionen, deren Gesetzmäßigkeiten sich nicht auf psychologische Motive reduzieren ließen. SC fand, daß hier Selbststeuerungsmechanismen funktionierten, die eher an *technische Regelsysteme* als an psychologisch aufschlüsselbare Beziehungen erinnerten. In variierenden Größenordnungen hatte man es mit hierarchisch gegliederten bipolaren Systemen zu tun, die jeweils dazu tendierten, sich auf ein ihnen einprogrammiertes Gleichgewicht einzupendeln. Psychologische Faktoren waren dabei zwar immer mit im Spiele, wurden indessen durch *regelmechanische* Prozesse überformt. Für HERMES kam es darauf an, diese Selbststeuerungsprozesse auf den verschiedenen Ebenen für die eigenen Zwecke auszunutzen.

1. *Die Abschreckungs-Schaukel*
Leitendes Motiv im Rüstungsprozeß war die beiderseitige Vorstellung: Du wirst sofort über mich herfallen, wenn ich schwächer bin als du. Also muß ich auf jeden Fall mindestens genau so stark sein wie du. Dieses Ziel war in das System einprogrammiert. Nun brauchte HERMES mit Hilfe der beiden Geheimdienste nur dafür zu sorgen, daß jeder der beiden Seiten laufend gemeldet wurde, der Gegner habe längst vor- oder übergerüstet. Dann würde, ganz unabhängig davon, ob irgendwann eine echte Parität zustande käme, die wechselseitige Hochschaukelung nie aufhören. Dabei hatte es der Club gar nicht einmal nötig, die Geheimdienste permanent schwindeln zu lassen, was ja auch deren Image hätte abträglich werden können. Man mußte zu einem gegebenen Augenblick stets nur *einen* der beiden Kontrahenten hinters Licht führen. Denn einer würde ja

meist die Nase vorn haben. Also brauchte man diese Tatsache nur wahrheitsgetreu dem jeweils Nachhinkenden zu melden, um diesen zu mehr Eile anzutreiben, während man gleichzeitig dem Spitzenreiter seinen Vorsprung freilich verschweigen mußte. So konnte man das System ähnlich wie eine Wippschaukel bedienen: Leichte Anstöße mal auf dieser, mal auf jener Seite genügten, um das Schaukelspiel genügend lange, d. h. bis zum Erreichen des für den Tag X notwendigen Levels fortzusetzen. Einige nachrichtentechnische Spezialisten äußerten das Bedenken, die raschen Fortschritte in der Spionagesatelliten-Technologie könnten vielleicht dazu führen, daß die Rüstungsfakten schließlich so leicht zu überprüfen wären, daß selbst HERMES sie nicht mehr hinreichend verfälschen könnte. Strategische Berater konterten indessen mit folgenden Argumenten:

Der Vergleich der Waffenarsenale und die Beurteilung, ob zwischen ihnen ein Ungleichgewicht oder ein Gleichgewicht bestehe, werde in Zukunft eher noch schwieriger als leichter werden. Je mehr neue Raketen und neue Träger ins Spiel kämen, um so unübersichtlicher werde die Situation werden. Außerdem sei Parität grundsätzlich gar nicht quantitativ fixierbar. Es wurde ein westeuropäischer Politiker (E. Eppler) zitiert, der ein errechenbares Gleichgewicht durch die Unsicherheit ausschloß, wie man die einzelnen Faktoren zu gewichten habe:

«Was ist ... wichtiger, die Zahl der Sprengköpfe oder ihre Zuverlässigkeit? Die Explosionskraft der Sprengköpfe oder ihre Zielgenauigkeit? Ihre Überlebensfähigkeit nach einem gegnerischen Erstschlag oder ihre Fähigkeit, die gegnerische Abwehr zu durchstoßen? Ihre Beweglichkeit oder die Vielfalt ihrer Einsatzmöglichkeiten?» Je nachdem, wie man die Prioritäten setze, lasse sich stets beliebig ein «Vorsprung» oder eine «Lücke» auf der einen oder anderen Seite behaupten.

Außerdem könne man gewisse Waffensysteme gar nicht gegeneinander aufrechnen, weil sie – zumindest eine Zeitlang – jeweils nur auf einer Seite vorhanden seien. Beispiel: Den technologischen Vorsprung der amerikanischen Cruise Missiles könnten die Sowjets höchstens in zehn Jahren aufholen. Mit Genugtuung nahm der Club die lapidare Feststellung eines westdeutschen Generals und Friedensforschers (W. v. Baudissin) zur Kenntnis, «daß Parität, selbst wenn sie quantitativ meßbar wäre» (was sie aber nicht ist), «bei den unterschiedlichen strategischen Anforderungen, dem dynamischen Charakter und den Phasenverschiebungen der Modernisierungsprozesse nicht festzuschreiben ist. Der Versuch muß unausbleiblich zur Beschleunigung des Wettrüstens auf allen Ebenen und allen Rüstungsgebieten führen ...»

Man war sich übrigens im Club darüber einig, daß beide Blocksysteme stets dazu tendieren würden, zumindest *etwas* vorzurüsten. Auch ohne alle Absicht, den Kontrahenten tatsächlich zu überflügeln, würde sich diese Vorrüstungs-Tendenz zwangsläufig aus der Annahme ergeben, daß man die Arsenale und vor allem die Pläne des Gegners nie vollständig würde kontrollieren können. Aus der Idee, die dunklen Reserven des anderen kompensieren zu müssen, würden sich unablässig wechselseitige Überholvorgänge ergeben, die HERMES eine weitere glänzende Handhabe zur Forcierung des Wettlaufs bieten würden.

Es war also nichts anderes nötig, als das Dogma aufrechtzuerhalten, daß nur Abschreckung Sicherheit biete, und gleichzeitig beide Seiten abwechselnd davon zu überzeugen, daß sie selbst zur Abschreckung zu schwach seien. Solange man die Partner erfolgreich daran hindern würde, die Absurdität des Dogmas zu durchschauen, würden sie infolge einer endlosen Kette von Frustrationen brav auf der Wippschaukel sitzen bleiben und es für notwendig halten, ihre Territorien in gigantische nukleare Pulverfässer zu verwandeln.

Wie brav und wie töricht sich die Massen auf der Wippe schaukeln – oder besser: verschaukeln – ließen, dafür präsentiert SC ein kleines instruktives Beispiel: Im Jahre 1974 starteten die Amerikaner die Entwicklung der neuen Rakete Pershing II. Bereits geraume Zeit vorher hatten sie mit der Konstruktion des Marschflugkörpers (Cruise Missile) Tomahawk begonnen. Das hatte der Club den Sowjets berichtet. Nachweislich erst 1976 erfuhren die Amerikaner mit Hilfe ihres Nachrichtensatelliten Big Bird von den ersten erfolgreichen Flugtests der Sowjets mit der Rakete SS-20. Natürlich war es für den Westen jetzt opportun, die Pershing II und den Marschflugkörper Tomahawk als *Antwort* auf die SS-20 erscheinen zu lassen und so zu tun, als sei man durch die SS-20 schändlich überrumpelt worden und müßte schleunigst die eigene «Abschreckungslücke» im Sinne von «Nachrüstung» schließen. Bezeichnenderweise verschwiegen die Amerikaner, daß sie durch die Pershing II und die Tomahawks, die sie in Westeuropa stationieren wollten, die Sowjets sehr viel schwerer zu bedrohen gedachten, als sie im eigenen Land von diesen bedroht wurden. Denn sie konnten z. B. durch die Pershing II die Vorwarnzeit für Moskau von bisher etwa einer halben Stunde auf weniger als sechs Minuten reduzieren. Auf jeden Fall mußte man den Westeuropäern schnell einreden, daß sie die «Freiheit des Westens» künftig nur mit Hilfe der Pershing II und der Cruise Missiles würden verteidigen können und daß sie diese Waffen umgehend bei sich zu installieren hätten. Daß es dabei um eine Freiheit ging, die diese Völker im Falle ihres Gehorchens nie mehr erleben würden, wenn es je zum Ernstfall käme, wurde ihnen wohlweislich verschwiegen. Auf jeden Fall sahen sich nun wiederum die Sowjets durch die Pershing II und die Tomahawks zum schleunigen «Nachrüsten» herausgefordert. Und die HERMES-Leute konnten diese Phase des makabren Wechselspiels mit der zufriedenen Gelassenheit von Zuschauern eines Tennismatches vor ihren Augen abrollen lassen.

2. *Die Entmündigungs-Schaukel*

Ähnlich günstig verlaufende Selbststeuerungsprozesse spielten sich aber auch *innerhalb* der beiden großen Systeme ab. Mit der Intensität der wechselseitigen Bedrohung wuchs innerhalb beider Machtblöcke der *automatische Zwang zu interner Solidarisierung und Militarisierung*. Sowjets wie Amerikaner begrenzten schrittweise den Spielraum ihrer Blockpartner. Jeder Schwächung der Abschreckungskraft, wie sie sich etwa aus neutralistischen Tendenzen irgendeines kleineren Bündnislandes ergeben würde, mußte energisch entgegengewirkt werden. So verloren die kleineren Staaten Jahr für Jahr mehr von ihrer Handlungsfreiheit, einfach als automatische Folge der enorm ansteigenden Bedrohungspotentiale. Daß die Sowjets Aufmüpfigkeiten ihrer Warschauer-Pakt-Partner nur innerhalb enger Grenzen hinzunehmen bereit waren, hatten sie ja schon früh in Ungarn und in der Tschechoslowakei demonstriert. Demgegenüber sonnten sich die ahnungslosen Westeuropäer noch verhältnismäßig lange in der Illusion, ihren nationalen Interessen innerhalb der NATO gebührendes Gehör verschaffen zu können und sich keineswegs zu Befehlsempfängern der Amerikaner degradieren lassen zu müssen. Ebendies bedeutete für sie der Begriff der «freien Welt» oder des «freien Westens», daß sie sich niemals die Gängelung gefallen lassen würden, wie sie die Sowjets ihren sogenannten Satelliten zumuteten.

Das schreckliche Erwachen folgte, als den Amerikanern einfiel, zum Schutze ihres Territoriums das Konzept eines möglichen Stellvertreterkrieges auszuarbeiten, und als sie dabei den Europäern die ehrenvolle Rolle zudachten, ihr Territorium als Ausweichschauplatz zur Verfügung zu stellen. Schadenfroh genossen Tschechen, Ungarn und Ostdeutsche das Schauspiel, wie die Amerikaner sich ihren verblüfften westeuropäischen Freunden unversehens als rüde Befehlsgeber und Zuchtmeister präsentierten, die jeden Widerspruch gegen ihre strategisch-politische Planung erstickten. Da saßen die einst stolzen unabhängigen Westeuropäer eingeschüchtert am Tisch und unterzeichneten gefügig den «NATO-Nachrüstungsbeschluß», den aus freien Stücken gutzuheißen bedeutet hätte, daß sie alle miteinander pathologische Masochisten gewesen wären. Als die Amerikaner schließlich den Bau von Neutronenbomben starteten, ersparten sie es sich sogar, ihre ahnungslosen europäischen Partner überhaupt noch zu konsultieren, obwohl die neue Waffe speziell für den Einsatz in Europa vorgesehen war.

Die Westeuropäer waren indessen weder Masochisten noch unglückliche Opfer der Launen dieses oder jenes amerikanischen Präsidenten oder Ministers. Sie teilten vielmehr das Schicksal aller kleineren Bündnisstaaten in Ost und West, indem sie insgesamt gesetzmäßig der verstärkten Gravitationskraft ihrer Führungsmächte ausgesetzt wurden, die wiederum eine Folge der beiderseitigen Überrüstung war. Dabei konnten die Supermächte ihre unerbittliche Bevormundung problemlos als Friedenssicherungs-Strategie etikettieren und auf «Friedensforscher» verweisen, die ihnen dieses Rezept dringend ans Herz gelegt hatten. Die alberne Gekränktheit der Westeuropäer, die es den amerikanischen Präsidenten der achtziger Jahre als persönliche Gemeinheit ankreideten, daß sie von diesen scharf an die Kandare genommen wurden, bewies nur die narzißtische Realitätsblindheit dieser Völker und ihrer Regierungen. Im Zeitalter der «Übertötungskapazitäten» gab es nur noch ein Auf-Vordermann-Marschieren. Aus der Reihe zu tanzen, dafür war es zu spät. Da hätten diese Völker früher aufpassen müssen, als sie sich die atomare Aufrüstung hatten aufschwatzen lassen, etwa mit dem Argument, die Atomraketen seien nur eine modernisierte Form der Artillerie.

3. *Die Rollenverteilungs-Schaukel*
Ein dritter Regelmechanismus bestimmte die *Rollenverteilung zwischen den Staaten* in der Nähe des Eisernen Vorhangs bzw. der «Friedensgrenze». Innerhalb der beiden Blöcke regten sich Bestrebungen, sich der Gesellschaftsform der jeweiligen Gegenseite anzunähern. Unter den europäischen Westvölkern fanden sozialistische Ideen wachsenden Anklang, während die Ostvölker sich unverkennbar an einer vermehrten Liberalisierung interessiert zeigten. Auch diese ideologische Aufweichung gefährdete natürlich beiderseits die glaubwürdige Abschreckung. Deshalb mußte auf jeden Fall dafür gesorgt werden, daß zumindest die *frontnahen* Staaten hart blieben. An der Berührungsstelle mußte eine scharfe Abgrenzung gewahrt bleiben. Würde sich einer der unmittelbaren Frontstaaten in

seiner Gesellschaftsordnung zu sehr auf das gegnerische System hinbewegen, könnte die andere Seite leicht in diese Schwachstelle einbrechen und damit auf kaltem Wege eine definitive Vorherrschaft erringen. Wenn die Amerikaner also den sozialistischen Bazillus und die Sowjets den liberalen Bazillus schon nicht vollständig abtöten konnten, so mußte man den Wirkungsbereich des parasitären Giftes möglichst auf das frontferne europäische Hinterland begrenzen. So konnten die Sowjets, wenn auch gewissermaßen mit geballter Faust in der Tasche, eine Weile hinnehmen, daß in Polen die Gewerkschaften sich beachtliche Mitbestimmungsrechte erkämpften und daß selbst der Staatspartei gewisse Reformen zugemutet wurden. Die Amerikaner wiederum ließen es stirnrunzelnd geschehen, daß die Franzosen auf die Linie eines gemäßigten Sozialismus einschwenkten und daß in Italien die Kommunisten Schritt für Schritt an politischem Einfluß gewannen. Aber automatisch ergab sich daraus im Osten für die Tschechen und die Ostdeutschen, im Westen für die Westdeutschen ein verstärkter Zwang zur Linientreue. An der Demarkationslinie mußten nach wie vor ein abschreckungsbereiter «freier Weststaat» dem kommunistischen Verfolger bzw. ein «sozialistisch geheilter wehrhafter Oststaat» dem westimperialistischen Verfolger ins feindselige Auge blicken.

Aber die Linientreue der Frontstaaten war nicht nur zur eindeutigen Abgrenzung gegen das gegnerische Blocksystem erforderlich. Auch nach *innen* hatten sich die Frontstaaten als Schutzwälle gegen die ideologisch angekränkelten Freunde im eigenen Lager zu bewähren. Die Chancen der sozialistisch infizierten Sozialdemokraten in Westdeutschland schmolzen dahin, als in ihrem Rücken die Franzosen sozialistisch wählten und obendrein an der Südflanke die Italiener die Kommunisten gegen die Korruption zur Hilfe holen mußten. Auf der anderen Seite mußte sich die DDR, deren Staatspartei die Zügel gerade etwas lockerer gelassen hatte, automatisch wieder militant gebärden, als in Polen die Streikbewegung der neuen Gewerkschaft zu gefährlicher innenpolitischer Labilisierung geführt hatte. Auch hier walteten also übergeordnete Regelungsmechanismen, die jeweils zu automatischen Ausgleichsbewegungen führten, wenn es zu kritischen Unausgewogenheiten kam.

Manche wunderten sich seinerzeit, warum ein westdeutscher Regierungschef sehnlichst die Wiederwahl eines konservativen an Stelle eines sozialistischen Präsidenten in Frankreich wünschte. Er wußte genau, daß er auf der Wippschaukel saß und daß ein Linksruck in Frankreich einen Rechtsruck in Westdeutschland bewirken mußte, so daß von seinem französischen Parteifreund paradoxerweise die größte Bedrohung für ihn selbst und die eigene Partei ausging.

4. *Die Falken-Schaukel*

Die nächste Schaukel, die der Club für seine Zwecke gut gebrauchen konnte, enthüllte sich in der *Beziehung zwischen den «Ost-Falken» und den «West-Falken»* in den Führungsstäben der beiden Blocksysteme. Während die einfältigen Volksmassen sich in dem Glauben wiegten, daß diese militanten Scharfmacher einander von Block zu Block wie die Pest haßten und nur Böses gegeneinander im Schilde führten, entwickelte sich gerade zwischen diesen Leuten eine geheime Kumpanei. Daß sie aufeinander angewiesen waren, ergab sich aus ihren jeweiligen politischen Positionen und freilich auch aus ihren Charaktermerkmalen. Ihr Einfluß als sogenannte Sicherheitsberater, als Vorsitzende von Verteidigungs-Kommissionen oder -Räten oder als Experten in bestimmten Parteigremien auf der einen Seite hing davon ab, daß die Falken der Gegenseite beharrlich für eine genügend provokatorische Drohpolitik sorgten. Dadurch konnten sie selbst immer wieder die Richtigkeit ihres von radikalem Mißtrauen bestimmten Feindbildes nachweisen und auf der eigenen Seite jeweils die härteste unter den gegebenen strategischen Alternativen durchsetzen. Außerdem festigten sie dadurch ihre persönliche Stellung. Machtbesessen, wie alle Falken strukturiert waren, bewerteten sie ihre persönliche Durchsetzung kaum geringer als die Realisierung der aggressiven Politik, für die sie sich unablässig ereiferten.

So ergab sich für den Club die kuriose Chance, das wechselseitige Abhängigkeitsverhältnis zwischen den Ost-Falken und den West-Falken in ein indirektes Kooperationsverhältnis umzuwandeln. Drohten die Falken hüben ins Hintertreffen zu geraten und an Einfluß zu verlieren, so mußte HERMES unverzüglich die «Kameraden» drüben animieren, irgendeine provokatorische Aktion in Gang zu setzen. Dadurch bekamen die Falken hüben gleich wieder Auftrieb und konnten sich z. B. erfolgreich für die Finanzierung eines neuen Raketensystems stark machen. SC berichtet, daß man sich bei HERMES öfters gefragt habe, wie den Falken beider Lager bei ihrem offenkundigen Hand-in-Hand-Arbeiten wohl zumute sei. Ob sie die unsichtbare Kooperation, die der Club zwischen ihnen in Gang hielt, überhaupt begriffen oder nur für eine Kette von Zufällen hielten. Ein paar HERMES-Leute wiesen darauf hin, daß zumindest die höchsten Militärs über den Eisernen Vorhang hinweg gewiß durch jenes sportliche Hochachtungs-Verhältnis und jene Kameraderie verbunden seien, wie es in der Geschichte oft zwischen gegnerischen Heerführern und Generalstabschefs geherrscht habe. Außerdem teilten die Generäle und die Militärsachverständigen beider Seiten unzweifelhaft miteinander die traditionelle Verachtung für die ihrer Meinung nach inkompetenten Zivilpolitiker, die im Zeitalter der SS-20 und der Tomahawks nur noch wichtigtuerisch im dunkeln tappten. Einig war man sich im Club aber darüber, daß es letztlich ziemlich unwichtig war, ob die Ost- und die West-Falken unbewußt oder bewußt zusammenarbeiteten. Sie waren gewissermaßen auf Gedeih und Verderb polar auf der gleichen Schaukel postiert. Sie mußten, ob sie wollten oder nicht, einander unterstützen, um sich gegenseitig den politischen Einfluß zu sichern, den sie benötigten – um miteinander als nützliche Erfüllungsgehilfen von HERMES die Phase der «Overkill-Rüstung» gegen alle unerwünschten Zwischenfälle abzusichern.

5. *Die Parteien-Schaukel*
Schließlich war SC von einem Schaukelsystem fasziniert, das *die westlichen Parteien untereinander* gelegentlich in die komischsten Konflikte brachte. Die westlichen Parlamentswahlen sorgten regelmäßig für eine Polarisierung zweier großer Parteien oder Parteiengruppen. Hauptzankapfel war meist die Sicherheitspolitik, seitdem sich die Völker immer unsicherer fühlten. Die Rechten versprachen regelmäßig Sicherheit durch mehr Härte, die Linken durch Sanftheit und Verständigung. Als HERMES während der sogenannten «Entspannungsphase» die beiderseitige Verfolgungsstimmung dämpfte, gerieten natürlich die sanften Linken in Aufwind. Daß Sicherheit am besten durch Verständigung zu schaffen sei, erschien fast allen selbstverständlich. Aber ebenso selbstverständlich glaubten die Massen eine Weile später das Gegenteil, als die Sowjets nämlich Afghanistan besetzten und die gekränkten Amerikaner mit neu entfachter Kampfeslust in Muhammad-Ali-Manier ihr Comeback feiern wollten. Sicherheit, das bedeutete nun plötzlich wieder, die stärksten Fäuste zu haben und am wildesten drohen, sprich: abschrecken zu können. Also schwang das Pendel wieder zugunsten der säbelrasselnden Rechten aus, und die Linken, eben noch von allen Schutzsuchenden umlagert und idealisiert, sahen große Teile ihres Anhanges zu den Rechten entschwinden. Also mußten sie, wenn sie ein Stück Macht retten wollten, den Rechten hinterherlaufen. Wo überall der Club Einfluß nehmen konnte, half er natürlich dabei, die Mittelachse nach rechts zu verschieben. Das gelang am besten in Westdeutschland. Was sich vorher links genannt hatte, war neuerdings plötzlich in der Mitte. Und das neue Rechts war gewissermaßen noch rechts von rechts. Hatten sich die Parteien in der Ostpolitik vorher im Sinne von weich gegen hart polarisiert, lauteten die Vorzeichen jetzt etwa: hart gegen superhart. Es kam die Blütezeit der Verfolgungsstimmung, in welcher die Amerikaner sogar, entgegen der bisherigen Spielregel, nicht mehr nur abschrecken wollten, sondern als alleiniger Sheriff der Welt die Sowjets mit einer Roll-back-Politik be-

drohten. Damit jagten sie freilich den Westeuropäern wieder Angst in die Knochen. Diese besannen sich auf das atomare Pulverfaß, auf das die Amerikaner sie gesetzt hatten. Und sie fanden, die amerikanische Kraftmeierei dürfe nicht zur Provokation ausarten, die Europa an erster Stelle das Leben kosten könnte. Also suchten wachsende Scharen von verstörten Westeuropäern plötzlich wieder nach den sanfteren Verständigungsparteien – und Politikern. Aber, o Schreck, die waren nicht mehr dort, wo man sie einmal verlassen hatte. In Westdeutschland z. B. hatte sich das Parteiensystem inzwischen rechts von der Mitte eingependelt. Die alten führenden Repräsentanten der Entspannung und Versöhnung waren, sofern sie noch in ihren Ämtern saßen, auf den «Nachrüstungskurs» (nach der neuen Sprachregelung hieß «Aufrüstung» im Westen wie im Osten nur noch «Nachrüstung») umgeschwenkt. Die wenigen, die sich als standfest erwiesen hatten, waren inzwischen machtlose Außenseiter. Und es ergab sich die groteske Situation, daß die Parteien durch die Achsverschiebung ihrer Wippschaukel gar nicht mehr bis zu der Position der aufgescheuchten Gruppierungen hinpendelten, die plötzlich wieder von Frieden und Versöhnung stammelten.

Da saßen nun die drei großen westdeutschen Parteien, selbst die relativ am weitesten linke, schon fast außer Hörweite der neuen Sanften. Warum lauft ihr uns davon? klagte die halblinke Volkspartei. Warum seid ihr nicht dort geblieben, wo ihr einmal wart? klagten die Aufrüstungsgegner und erinnerten die Parteibosse an ihre alten Schwüre gegen die Atombewaffnung Westdeutschlands.

Im Club bedauerte man fast ein wenig diese vielen aufgescheuchten Friedenstäubchen, die nun keine Chance mehr hatten, in der offiziellen Politik Fuß zu fassen. Auch wenn sie nach Millionen zählten, konnten sie nur zuschauen, wie sich die machttragenden großen Parteien vor ihren Augen lediglich noch darum stritten, ob die Herbeischaffung von 572 neuen mörderischen Waffensystemen nach Westeuropa wenigstens von symbolischen Ost-West-Gesprächsritualen begleitet werden sollte oder nicht. Andererseits genoß HERMES dieses Ergebnis natürlich als einen seiner vielen mit Geschick, aber auch mit erheblicher Mühe erarbeiteten Erfolge. Es war ja beileibe keine Kleinigkeit gewesen, ein von Natur aus die Extreme abdeckendes Parteiensystem in seinem Spektrum so einzuengen und so unipolar zu arrangieren, daß plötzlich ein erheblicher Bevölkerungsteil praktisch in der Luft hing. Und zur Vollendung des Meisterstückes gehörte es, daß die Achse der Parteienschaukel nun nicht mehr einfach zurückzuversetzen war. Also mußten die Wortführer der halblinken Volkspartei unerbittlich diejenigen bekämpfen, die nahezu genau die Forderungen wiederholten, die sie selber früher mit Verve vertreten hatten.

Trotz der Anfälligkeit mancher Club-Oberer für Eitelkeit und für eine gewisse Selbst-Idealisierung gestand man sich ein, daß man diesen Erfolg, nämlich ein immerhin beachtliches latentes Protestpotential von den politischen Entscheidungsprozessen vollständig abgekoppelt zu haben, nicht ohne die Mithilfe von vier Faktoren geschafft hatte. Zu danken hatte man zunächst den Parteibürokratien, deren Beharrungskräfte der Club nur durch gezielte Interventionen unterstützen mußte, um eine unerwünschte erneute Achsverschiebung der Parteienschaukel zu verhindern. Besonderer Dank gebührte freilich der militanten rechten Volkspartei, die bei der halblinken Gegenpartei genüßlich jede Sympathieregung für die Anti-Aufrüstungsbewegung als Umfallneigung, als Zerfallserscheinung, als Beleidigung der amerikanischen Schutzmacht usw. usw. geißelte. Aber schließlich hatten auch die Amerikaner ein hohes Verdienst an der Rechts-Verschiebung des westdeutschen Parteienspektrums, wenn man auch einschränkend die Eigendynamik jenes internen Solidarisierungszwanges zu bedenken hatte, von der gerade die Rede war. Das heißt, die mit der hochschnellenden Atomrüstung verbundene automatische Entmündigung der «Provinzstaaten» im Bündnis hatte unsichtbar mitgespielt. Dennoch durfte sich HERMES die Leistung zuschreiben, in der altbewährten Katalysatorfunktion die diversen günstigen Einflüsse optimal koordiniert und zu maximaler Wirkung gebracht zu haben.

13. Kapitel

Planspiele für die Abwehr einer drohenden Friedenskampagne

«Das derzeitige amerikanische und sowjetische Arsenal, welches die Zerstörungsgewalt der Hiroschima-Bombe millionenfach übertrifft, erfüllt nicht seinen Zweck – ein Zwanzigstel reichte sicherlich zur Sicherung der kühnsten Abschreckungstheorien aus.»

G. F. Kennan

In der ersten Hälfte der achtziger Jahre konnte man im Club eine neue hocherfreuliche Bilanz ziehen. 1960 hatte es in Ost und West 6500 atomare Sprengköpfe gegeben. 1979 waren es schon 14200. Und 1985 würde man sage und schreibe mindestens die großartige Zahl von rund 24000 erreicht haben. Alle Sorgen, die Amerikaner und die Sowjets würden sich – was sie zur Beschwichtigung der Massen wiederholt versichert hatten – mit gleichgewichtigen Arsenalen auf einem Niveau zufriedengeben, das zur Abschreckung ausreichen würde, hatten sich als voreilig erwiesen. Dieses Niveau war längst um ein Vielfaches überschritten worden. Und weder Ölverknappung noch Finanznot hatten den Wettlauf bremsen können. Es schien so, als seien in der Rüstungsdynamik inzwischen auch so mächtige Selbstverstärkungskräfte wirksam, daß fürs erste kein Rückschlag zu erwarten war. Aber es gehörte nun einmal zu den Gewohnheiten von HERMES, mit gleichmäßiger Wachsamkeit Gegenkräfte zu kontrollieren, die sich, wenn man sie vernachlässigte, doch langfristig zu einer echten Gefahr auswachsen könnten.

In dieser Hinsicht verlangten gewisse *«Friedensinitiativen»* eine gezielte Beachtung, die sich da und dort in der Bevölkerung regten. Es schien immerhin nicht unmöglich, daß das atemberaubende Tempo der Waffenentwicklung irgendwann zu einer bedenklichen Schwächung der Psycho-Front führen könnte. Bis zu einem gewissen Rüstungslevel hatte sich zwar die Regel bestätigt, daß sich Hochrüstung und Verfolgungswahn wechselseitig verstärken würden. Aber irgendwann mußte doch wieder die Einsicht durchbrechen, daß die Selbstgefährdung durch die Sprengkopf-Hamsterei größer würde als alle möglichen Abschreckungsvorteile. Das heißt, von einem bestimmten Stadium der Überrüstung an mußte man ein umgekehrt proportionales Verhältnis zwischen «materieller Rüstung» und «psychischer Rüstung» erwarten.

Entsprechend seinen altbewährten Prinzipien mußte HERMES daran gelegen sein, alle möglichen Erscheinungsformen und Schachzüge von «Friedensinitiativen» vorauszusehen und entsprechende präventive Interventionstechniken zu entwickeln. Clubinterne Rollenspiele, wie sie zur Vorbereitung von Regierungsberatungen inszeniert wurden (vgl. Kap. 11), kamen in diesem Falle nicht in Frage. Die Club-Leute waren zu abgebrüht, als daß sie sich noch glaubhaft in jenen impulsiven Friedens-Enthusiasmus hätten hineinversetzen können, mit dessen Auflodern innerhalb der Jugend und vielleicht sogar innerhalb älterer Jahrgänge man zu rechnen hatte.

So verfiel man auf die Inszenierung einer anderen Art von *Tests*. Man machte sich an Gruppen von Menschen heran, von denen man annehmen konnte, daß unter ihnen eine erhöhte Bereitschaft vorläge, sich über die Atomrüstung aufzuregen, sofern man mit entsprechenden Informationen stimulierend nachhelfen würde. Als Zielgruppen suchte man u. a. Oberschulklassen, soziologische Seminare an Universitäten, protestantische und katholische Studenten-Gemeinden und Kreise von Umweltschützern heraus. Gelegentlich ging man aber auch auf Tagungen kirchlicher Akademien oder psychosozialer Fachgesellschaften. Dort bekamen HERMES-Gewährsleute den Auftrag, das jeweilige Publikum durch sensationelle Mitteilungen über die Zerstörungskraft neuer Raketensysteme zu schocken. Nach Möglichkeit waren Filme über Hiroschima oder über simulierte Wirkungen eines großen Atomkrieges vorzuführen, um die emotionalen Reaktionen durch eindringliches Anschauungsmaterial zu verstärken. Die Aufgabe für die Beauftragten bestand darin, die Reaktionen des Test-Publikums genau zu registrieren. Wie groß war jeweils der Anteil derjenigen, die durch den Schock in Bewegung gerieten? Und in welcher Richtung zielte diese Bewegung? Wer wollte flüchten? Wer wollte etwas gegen die Rüstung tun und was? Das Hauptaugenmerk war natürlich auf diejenigen zu legen, die sich zu irgendeiner Aktivität aufraffen wollten. Welche strategischen Ideen wurden da produziert? Und wie wollte man mit der Umsetzung dieser Ideen beginnen? Steckte in solchen Plänen der Ansatz für ein längerfristiges Engagement? Oder lief es nur auf ein spontanes Aufbegehren hinaus, das schnell wieder erlöschen würde? Es war zu erwarten, daß einige dieser Test-Veranstaltungen auch die Aufmerksamkeit zumindest der Lokalpresse erregen würden. Wie würde die Presse reagieren? Würde sie als Multiplikator auftreten und ausstrahlende Ansteckungseffekte auslösen? Oder würde sie eher durch Verschweigen oder Abwiegeln Verdrängungshilfe leisten?

Als Beispiel schildert SC eine öffentliche Veranstaltung in einer westdeutschen Provinzstadt. Man hatte eingeladen zu dem Thema: «Unsere heutigen Ängste, und wie wir sie überwinden können». Als Ort und Veranstalter hatte man eine evangelische Studentengemeinde ausgewählt. Dem reichlich erschienenen, überwiegend jugendlichen Publikum wurde zunächst wahrheitsgemäß erklärt, daß im Augenblick bereits für jedes Mitglied der westlichen und der östlichen Paktstaaten eine Zerstörungsenergie von umgerechnet 60 Tonnen TNT bereitgehalten werde. Die heute vorhandenen Sprengköpfe würden die Wirkung der allen bekannten Hiroschima-Bombe um das Millionenfache übertreffen. Während dieses gigantische Pulverfaß, auf dem jeder Bürger sitze, sich noch laufend vergrößere, erhöhe sich rapide das technische wie das politische Risiko, daß man von den Vernichtungswaffen den Gebrauch mache, zu welchem sie geschaffen seien. Die auf ein Minimum reduzierten Vorwarnzeiten und die Anfälligkeiten der Computer-Warnsysteme könnten leicht zu einem Atomkrieg infolge technischer Pannen oder aus einem Mißverständnis heraus führen. An einem der großen Krisenpunkte der Welt wie am Persischen Golf oder im Nahen Osten könnte von einem Tag zum andern ein Konflikt zwischen den Supermächten außer Kontrolle geraten. Was dann geschehen könnte, ließ man dem Publikum durch den britischen Film «War game» vorführen. Der Film veranschaulichte in Simulation, wie atomare Explosionen zunächst durch ihre Druckwelle Massen zu Tode schleudern; wie die Hitzestrahlung Menschen verbrennt oder blendet; wie andere zunächst Überlebende in wenigen Wochen an den Folgen der direkten Kernstrahlung jämmerlich zugrunde gehen. Aber der Film zeigte auch die Panik und das Chaos, die zu erwarten wären, wenn obendrein große Brände ausbrächen, die Versorgungssysteme kollabierten und insbesondere der Gesundheitsdienst wegen Überlastung ausfiele.

Die HERMES-Beobachter notierten folgende Reaktionen: Einige Leute aus dem Publikum stahlen sich mit bleichen, entsetzten Gesichtern davon. Die meisten anderen blieben zunächst stumm und verzweifelt sitzen. Einige stammelten: «Unfaßbar!» «Ungeheuerlich!» «Nicht zum Aushalten!» In der nachfolgenden Diskussion spaltete sich das Publikum allmählich in verschiedene typische Teilgruppen auf:

1. Die Hilflosen

Eine Gruppe bildeten die «Hilflosen». Aus dieser Fraktion kamen stereotype Äußerungen wie: «Wenn ich diese Bilder sehe und höre, was da auf uns alle zukommen kann, dann fühle ich mich unendlich elend und verzweifelt.» Oder: «Da können wir doch gar nichts tun.» «Das Schrecklichste ist die Ohnmacht und die Wehrlosigkeit.» «Es ist doch gar nichts zu machen.»

2. Die Aktionisten

Ein anderer Teil des Publikums ereiferte sich: «Das dürfen wir uns doch nicht gefallen lassen!» «Wir müssen uns alle aufmachen und die Politiker zwingen, daß sie mit dem Rüstungswahnsinn aufhören!» Übermannt von Erbitterung überbot man sich innerhalb dieser Gruppe mit Vorschlägen, wo man und wie man protestieren müßte, um das Wettrüsten zu stoppen. Die Erregten schüchterten die übrigen durch die Radikalität ihrer Forderungen ein. Auf der Stelle müsse man alles stehen und liegen lassen und losmarschieren, ohne irgendwelche Genehmigungen abzuwarten. Je mehr Leute verhaftet werden würden, um so besser sei es, weil dann die Öffentlichkeit aufhorchen müsse. Wer jetzt mit «wenn» und «aber» argumentiere und sich lange bei taktischen Erwägungen aufhalten wolle, der habe entweder den Ernst der Stunde nicht kapiert oder der habe die Hosen voll.

3. Die Linientreuen

Eine dritte Gruppe argumentierte standhaft auf der offiziellen Linie der klassischen Verfolgungsideologie. Man müsse differenzieren: «Wir rüsten hier doch nicht, weil es uns Spaß macht. Soll denn die ‹Freie Welt› für die Kommunisten zur wehrlosen Beute werden? Ist es nicht unsere heilige abendländische Pflicht, den Russen wehrhaft entgegenzutreten? Sind nicht die modernsten amerikanischen Raketen der beste, ja der einzige Schutz unserer Freiheit?» Natürlich sei ein Risiko dabei. Und die amerikanische Führung habe ja auch zu Recht erklärt, daß sie nicht den Frieden *um jeden Preis* wolle. «Sollten uns die Sowjets dazu herausfordern, müßten wir sie gegebenenfalls – auch unter großen eigenen Opfern – furchtbar bestrafen. Aber es wäre Verrat unserer höchsten Werte, würden z. B. die Westeuropäer den Amerikanern ausgerechnet in dem Moment in den Rücken fallen, da diese endlich den Russen wieder gehörig die Zähne zeigen!»

Den Beobachtern des Clubs entging indessen nicht, daß diese militante Fraktion, die man bei HERMES als die «Linientreuen» bezeichnete, bei den Testveranstaltungen nur selten die Oberhand gewann. Die Zugkraft ihrer Argumente schwand, wenn die Realitäten eines Atomkrieges anschaulich gemacht wurden. Viele «Mitläufer-Typen», die sonst dem Kurs der sattelfesten Linientreuen halbwegs automatisch zu folgen pflegten, wurden durch die Bilder atomarer Verwüstungen schwankend. Es leuchtete ihnen nicht mehr ein, daß es eine «gute Sache» geben könne, um deretwillen man Hunderte von Millionen Menschenleben aufs Spiel setzen dürfe. Insbesondere der Anblick der Massen verstümmelter, geblendeter, verbrannter und strahlenkranker Kinder aus dem Film machte jede Rechtfertigung solcher Zerstörungen anscheinend unglaubwürdig. Und die «Freiheitsmoral» der Linientreuen nahm sich plötzlich wie eine propagandistische Leerformel aus. Im Club erkannte man aus dieser «Test-Schlappe» der Linientreuen, wie sehr man darauf bedacht sein mußte, eben solche Enthüllungs-Schocks, wie man sie bei diesen Experimenten aus Forschungsgründen erzeugte, den Massen so lange als möglich zu ersparen. Bei systematischer fortgesetzter Verschleierungs-Publizistik würde die Verdrängungskraft einer abgestumpften Mehrheit wohl noch eine Weile ausreichen, um diesen Teil der Population die Dogmen der Linientreuen weiter nachbeten zu lassen.

4. Die Theoretiker

Es war indessen noch regelmäßig eine kleine, aber beachtenswerte vierte Gruppe auszumachen. Deren Grundeinstellung entsprach etwa derjenigen der spontan Empörten. Auch die Vertreter dieser vierten Gruppe äußerten ihre Auffassung, daß die Aufrüstungspolitik und das fundierende Abschreckungsdogma von Übel seien. Aber ihnen widerstrebte es zutiefst, sich zu irgendeinem spontanen Aktionismus verleiten zu lassen. Diese Leute argumentierten, man müsse planvoll vorgehen. Wenn man etwas bewirken wolle, habe man sich zunächst genau zu überlegen, wen man ansprechen könnte. Sollte man erst Bundesgenossen im Volk suchen, um eine breitere Basis für

Aktionen zu gewinnen? Und wer käme dafür in Frage? Oder sollte man sich gleich an Politiker, an die Regierung, an die Parteien wenden? Zuvor sollte man aber klären, ob man überhaupt schon hinreichend informiert sei, um den Einwänden der Politik-Profis standhalten zu können. Müßte man sich nicht erst noch genauer über Rüstungsdaten und -pläne sowie über die vielschichtigen Faktoren orientieren, die im Augenblick die komplizierte weltpolitische Situation bestimmten? Typischerweise schickten sich aus dieser Gruppe zwei politologisch geschulte Redner an, der Versammlung die strategische Lage nach Art einer Schachpartie auf Experten-Chinesisch zu erläutern. Das wirkte zunächst imponierend, dann aber auch auf viele der spontan Entsetzten und Empörten lähmend. Von diesen waren manche sofort bereit, sich den anscheinend Sachkundigen zu unterwerfen. Diese würden schon wissen, ob man überhaupt noch etwas Sinnvolles tun könne. Aber dann zeigte sich, daß diese «Experten» zwar sehr viel Differenzierteres über die militärpolitische Weltlage sagen konnten als alle anderen, jedoch am Ende eher Ermahnungen für den sowjetischen Parteisekretär und den amerikanischen Präsidenten als Ratschläge für die Versammlungsteilnehmer bei der Hand hatten, wenn sie sich nicht überhaupt nur in ihren gescheiten Analyse-Versuchen verloren.

Interessant und einigermaßen beruhigend zugleich für die Tester war die Art und Weise, wie die verschiedenen Publikumsfraktionen miteinander umgingen. Dabei war der Verlauf dieser Veranstaltung wiederum typisch für viele andere Testveranstaltungen.

Die erste Gruppe der «Hilflosen», die mehrheitlich aus Frauen bestand, wurde nach einer Weile zu einem Ärgernis für die zweite Gruppe der «Aktionisten». Hier waren Männer tonangebend, die barsch erklärten, daß sie sich hier kein «endloses Gejammere» mit anhören wollten. Man komme doch nicht weiter, wenn man immer wieder nur versichere, wie schrecklich alles sei und daß man sich so furchtbar ohnmächtig fühle. Das Lamentieren bewirke nur Resignation, und man dürfe eben *nicht* resignieren. Die «Aktionisten» fühlten sich bei dieser Kritik an den «Hilflosen» ersichtlich als die Erwachseneren und Überlegeneren. Sie wähnten sich mutig. Und es schien ihnen nur vernünftig, daß sie sich in ihrer Aufbruchstimmung nicht irritieren lassen wollten. Aber ihre Wut auf die «Hilflosen» verriet, daß sie in Wahrheit nicht weniger ängstlich waren als diese. Sie hielten es nur nicht aus, sich ihrer Bedrücktheit auszusetzen, welche der Enthüllungs-Schock notwendigerweise hervorgerufen hatte. Sie wollten gleich protestierend losrennen, nur um der Panik zu entgehen, die sich ihrer sonst zu bemächtigen drohte.

Aus diesem Grund war es ihnen auch zuwider, sich von der Gruppe 4, den «Theoretikern», empfehlen zu lassen, daß man erst die Situation ausführlich analysieren und schließlich strategisch planen solle. So sahen sich die Aktionisten doppelt bedroht. Einerseits fürchteten sie, von den «Hilflosen» in deren depressive Stimmung hinabgezogen zu werden. Andererseits fühlten sie sich durch die «Theoretiker» entwaffnet und zu einem Abwarten verurteilt, das sie nicht ertragen mochten.

Gruppe 1 empfand sich von Gruppe 2 und Gruppe 4 gleichermaßen abgehängt und mundtot gemacht. Wer länger über seine Angst und seine Besorgnisse reden wollte, erlebte sich als wehleidig und unreif abgestempelt. Die überwiegend weiblichen Mitglieder dieser Gruppe erkannten zu Recht, daß sie von den anderen eher als Ballast empfunden wurden. Die Mehrheit war sich darin einig, daß man sich, so schlimm die Lage auch sei, nicht einfach von düsteren Gefühlen hinreißen lassen dürfe. Die Gruppen 2 und 4 bekämpften bei der Gruppe 1 den Pessimismus, den sie in sich selbst zu unterdrücken versuchten.

Die «Linientreuen» der Gruppe 3 wiederum gerieten bei diesem Schock-Test momentan in die Rolle einer sektiererischen Außenseiter-Gruppe. Obwohl in der Minderheit, ließen sie sich im Gegensatz zu Gruppe 1 indessen nicht im mindesten einschüchtern. In kämpferischer Pose vertraten sie ihre paranoische Verfolgungsideologie. Es irritierte sie gar nicht, daß man es ihnen als Zynismus auslegte, das grauenhafte Kriegsrisiko durch ihre einäugige Feindbildtheorie rechtfertigen zu wollen. Ihr Verfolgungsglauben erwies sich als so unerschütterlich, wie es sich für einen echten Wahn gehört. Und absolut standfest ertrugen sie es, daß ihre Missionierungsversuche wenigstens im Augenblick an einer Mauer scheinbarer Ahnungslosigkeit und Naivität abprallten.

Die «Theoretiker» der Gruppe 4 lösten teils Bewunderung, teils Neid, teils Wut, teils eine stille Rückzugsbewegung aus. Wie bereits erwähnt, erschienen sie zunächst vielen Hilflosen und Verwirrten als die möglichen kompetenten Retter. Sie teilten die Kritik der «Hilflosen» und der «Aktionisten» an den schockierend einsichtig gemachten Gefahren der Overkill-Rüstung. Obendrein schienen sie über die Zusammenhänge und die Hintergründe am besten Bescheid zu wissen. Aber je länger man den expertenhaften Analysen der «Theoretiker» angestrengt lauschte, um so höher schienen sich diese über die Köpfe der übrigen Versammlung zu erheben. Man ertrug immer schwerer, wie sie sich mit einem Anschein von Genugtuung in komplizierten Interpretationen der vielfältigen weltpolitischen Konflikt-Determinanten ergingen. Und als man sie aufforderte, sie sollten doch endlich sagen, was zu tun sei, zählten diese nur einen Katalog von strategischen Alternativen zur gegenwärtigen offiziellen «NATO-Sicherheitspolitik» auf. Jede von diesen Alternativen habe allerdings ihr «Für und Wider», und es habe keinen Zweck, sich voreilig für die eine oder andere Alternative zu entscheiden, bevor man ihre Implikationen sorgfältig studiert und ausdiskutiert habe. Diese Botschaft war das Resultat eines schwierigen internen Einigungsprozesses innerhalb der «Theoretiker»-Gruppe. Zuvor hatten deren Wortführer untereinander darüber gestritten, wie eine sinnvolle Prioritätenliste der sicherheitspolitischen Alternativstrategien auszusehen habe. Eines wollte die Gruppe 4 dem übrigen Publikum indessen mit Nachdruck vermitteln: Mit den an diesem Abend aufgewühlten Emotionen könne man politisch nichts anfangen. Diese Gefühle würden höchstens zu irgendeinem irrationalen Handeln führen, wenn sie überhaupt etwas in Gang setzen würden.

Nun war aber ein Großteil des Publikums äußerst aufgeregt. Und vor allem die «Aktionisten» waren keineswegs bereit, die Veranstaltung nur als Anregung zum Besuch von Seminaren über sicherheitspolitische Alternativstrategien zu begreifen. Man sollte doch wenigstens an diesem Abend zur Abfassung einer Resolution gelangen, die man an die Regierung und an die Parteizentralen schicken müßte. Natürlich wurde dieser Vorschlag erst wieder umständlich kontrovers diskutiert. Die «Linientreuen» wollten nur eine Resolution unterstützen, die den großen Feind im Osten ermahnen sollte, nicht nur seine «Vorrüstung» zu beenden, sondern wesentliche Teile seines Raketenarsenals zu verschrotten. Die «Theoretiker» bezweifelten prinzipiell den Sinn von Resolutionen. Solche Papiere würden nur die Abfallkörbe irgendwelcher Assistenten oder Referenten in den Politbürokratien füllen. Dennoch erschien der emotional aufgewühlten Mehrheit der Resolutions-Vorschlag als erlösender Strohhalm. Auch wenn es eher eine symbolische Handlung war, so konnte man sich doch wenigstens einreden, daß man sein Wollen artikuliert habe. Trotz ihrer grundsätzlichen Skepsis ließen sich ein paar «Theoretiker» dazu herbei, zusammen mit einigen Aktionisten des gemäßigten Flügels einen Resolutionstext zu verfassen, der sich schließlich lapidar gegen die sogenannte «Nachrüstung» in Westeuropa wandte.

Die Mehrheit der Veranstaltungsteilnehmer unterschrieb das Papier. Die Versammlung löste sich auf. Ein paar Leute standen noch um die Unterschriften-Listen herum und suchten jemand, der sich um das Weitere kümmern sollte: Reinschrift, Vervielfältigung, Anschreiben an die Politiker und die Agenturen, postalische Erledigung. Die «Aktionisten» hatten sich rasch verkrümelt. Bezeichnenderweise waren es am Ende zwei «Hilflose» der Gruppe 1, die sich das Geschäft aufdrängen ließen.

Wie sich auf dieser Veranstaltung spontan Gruppen aufteilten und miteinander in Beziehung traten, ließ sich durchaus als typisch bezeichnen. Aber es gab auch Veranstaltungen, die einen komplizierteren und weniger übersichtlichen Verlauf nahmen. Vor allem in Kreisen narzißtischer Akademiker überlagerten persönliche Rivalitäten gelegentlich die argumentativen Auseinandersetzungen zwischen den Untergruppen. Da ging es nicht selten nur darum, wer wen rhetorisch auspunktete und wer am Ende die Versammlung dominierte. Einige Male mißbrauchten auch Funktionäre die Gelegenheit, ihr übliches Parteiengezänk vorzuführen. Auf der Suche nach einem besser gesicherten Frieden entwickelten sich also kleinkarierte Machtkämpfe im Schatten des eigentlichen Problems, das die Herzen der Mehrheit bewegte. Gelegentlich wehrte sich eine Versammlung erfolgreich gegen eitle Selbstdarsteller und Partei-Agitatoren. Es kam aber auch vor, daß man solchen Typen die Bühne für ihre Schaukämpfe freigab, anscheinend aus Dankbarkeit für die Ablenkung von einem allzu beunruhigenden Thema.

Nach systematischer Auswertung aller Probeveranstaltungen trug die Test-Gruppe dem Club folgende Lagebeurteilung vor:

1. In den westeuropäischen Ländern bestand offensichtlich eine sehr unterschiedliche Bereitschaft, sich über die Overkill-Rüstung aufzuregen. In England, Holland und selbst in Schweden beunruhigte dieses Problem die Menschen vorerst noch stärker als in Westdeutschland, was im Widerspruch zu dem Grad der objektiven Gefährdung stand. Jedenfalls erwies sich die in den Köpfen der Westdeutschen erzeugte Verfolgungsmentalität noch als leidlich widerstandsfähig, verglichen mit den fortschreitenden Aufweichungstendenzen in jenen anderen Völkern. Die Franzosen allerdings schienen sich dank ihrer besonders selbstbezogenen Denkweise einzureden, sie seien von der sich über ihren Köpfen verschärfenden Bedrohungssituation gar nicht unmittelbar betroffen. Sie phantasierten wohl, sie hätten durch ihre Force de frappe und ihre Distanz zur NATO eine geschützte Sonderstellung.

2. Von Westdeutschland ließ sich sagen, daß dort zumindest von den älteren Männern keine größere Sympathie oder gar ein enthusiastisches Engagement für eine mögliche Friedensbewegung zu erwarten war. Die meisten Männer der höheren Jahrgänge schienen zu denken, sie hätten durch den Zweiten Weltkrieg ihr Soll an Beschäftigung mit dem Kriegsthema erfüllt. So stehe es ihnen jetzt zu, für den Rest ihres Lebens in Ruhe gelassen zu werden. Zur Unterstützung dieser Haltung hielten sie sich dankbar daran, was ihnen Politiker und Parteien von angeblicher Abschreckungssicherheit durch Aufrüstung erzählten.
3. Um so gefährdeter schienen wachsende Teile der Jugend zu sein. In Schulklassen, Studentengruppen und christlichen Jugendorganisationen genügte eine gezielte Ansprache des Themas, um radikale kritische Ideen und Tendenzen aufzudecken: Man lehnte den Kriegsdienst ab, protestierte gegen Waffenexporte in die Dritte Welt, entrüstete sich über die gigantischen Wehretats und vor allem gegen die weitere Anhäufung von Massenvernichtungswaffen, die man als verbrecherisch erklärte.
4. Die sattelfesten Verfolgungsparanoiker würden sich zweifellos für eine Weile noch als Schutzwall bewähren, um im Verein mit den eigendynamischen Kräften der bipolaren Rüstungs-Schaukel der Bildung einer geschlossenen «Friedensfront» entgegenzuwirken. Aber die Verfassung der Jugend deutete an, daß sehr bald zahlreiche Friedensinitiativen wie Pilze aus dem Boden schießen und von sich reden machen würden. Und es erschien zweifelhaft, was von diesen aufbrechenden neuen Ängsten und Protesten durch die linientreuen Verfolgungsparanoiker abgefangen und neutralisiert werden könnte.

So ergab sich die Aufgabe, aus den Test-Erfahrungen neuartige Methoden zur wirksamen Eindämmung einer Friedensbewegung bereitzustellen. Man wußte jetzt immerhin, daß es einen Flügel von vorwiegend emotional bewegten Friedens*eife-*

rern und einen anderen Flügel von eher intellektuellen Friedens*theoretikern* geben würde. Demnach mußte eine zentrale Abwehrmethode sich darauf konzentrieren, diese beiden Flügel möglichst voneinander zu trennen oder gar in einen Gegensatz zueinander hineinzumanövrieren. Jedenfalls mußte eine konstruktive Kooperation zwischen den eher emotional aufgerührten «Spontis» und den kritischen «Theoretikern» auf jeden Fall verhindert werden. Vereinfachend gesagt: Man mußte Herz und Kopf voneinander trennen. Das hieß, sich die wechselseitigen Entfremdungstendenzen zunutze zu machen, die man auf den Test-Veranstaltungen zwischen der Gruppe 2 (und teilweise Gruppe 1) einerseits und der Gruppe 4 andererseits registrieren konnte.

Es erschien relativ ungefährlich, wenn sich selbst an tausend Orten impulsive Friedenseiferer zusammenscharen, für den Frieden marschieren, singen, tanzen und Resolutionen unterschreiben würden. Sollten sie ihrem Herzen ruhig ausreichend Luft machen! Die «Aktionisten» würden sich an spektakulären Demonstrationen berauschen und zugleich abreagieren. Unbemerkt würden sich Veranstaltungen solcher Art von ihrem eigentlichen politischen Zweck allmählich ablösen und eher eine psychohygienische Bedeutung gewinnen. Es bliebe ein Rest von symbolischer Willensbekundung und unverbindlicher Drohgebärde, die aber keinen nennenswerten Schaden anrichten würden. Unzweifelhaft würde es zahlreichen unruhigen «Aktionisten» schon eine erwünschte emotionale Entlastung verschaffen, inmitten einer Masse Gleichgesinnter auf Marktplätzen oder vor Rathäusern provozierende Transparente hochzuhalten, hitzigen Friedensrhetorikern zu applaudieren und die Administration zur Abordnung von Polizei-Einheiten zu zwingen. Es wäre gar nicht ungünstig, periodische Veranstaltungen sogar fest im Kalender zu verankern. Nichts würde den Protesten so rasch ihren Schwung nehmen wie die Gewohnheit durch Ritualisierung. Am Ende würden viele zu solchen Friedenskundgebungen wie zu den Demonstrationen am 1. Mai oder wie zu einem Vereinsfest kommen.

Den kritischen Friedenstheoretikern hingegen, denen das Getöse und der Rummel von Massenveranstaltungen mit markigen Reden und primitiven Transparent-Parolen ohnehin zuwider war, sollte man dazu verhelfen, sich in einen Experten-Elfenbeinturm zurückzuziehen und dort in langjähriger Arbeit dicke friedenswissenschaftliche Bücher in Gelehrtensprache abzufassen. Man sollte ihnen den Glauben lassen, daß die Massen danach lechzen würden, von ihnen durch kritische Analysen und strategische Empfehlungen die rechte Wegweisung zu bekommen. Aber zugleich würde man sie in jenen akademischen Verhaltens- und Ausdrucksweisen unterstützen, die gerade verhindern, daß der Funken von der Theorie auf die Praxis an der Basis überspringt. Die kritischen Theoretiker sollten brav eine neue Disziplin bilden und sich intern darum streiten, wer von ihnen die «sauberste» und «exakteste» Friedensforschung betreibe. Auf der anderen Seite würde man die emotional aufgewühlten Scharen der aktionistischen Friedensinitiativen darin bestärken, nur möglichst spontan ihre Protestgefühle zu artikulieren. Auf diese Weise würde sich die Friedensbewegung aufspalten in eine eher anarchistische, chaotische, fast sprachlose Fraktion und eine akademisch-wissenschaftliche Fraktion, die sich beide voneinander immer weiter entfremden würden. Die emotionalen «Aktionisten» würden schließlich als kopflose Chaoten scheitern müssen, und die intellektuellen Theoretiker würden durch Ablösung von den Triebkräften der Basis allmählich ausdörren und in akademischer Isolation verkümmern.

Allerdings sollte man die an sich nicht ungefährlichen Friedenswissenschaftler auch noch gezielt untereinander aufspalten, um ihre kritischen Ideen zu neutralisieren. Da die Parteien und die großen gesellschaftlichen Organisationen ihre eigenen konservativen, sozialistischen, liberalen, christlichen oder imperialistischen Friedensbegriffe hatten, sollten sie sich möglichst alle «hauseigene» friedenswissenschaftliche Institute oder zumindest Beratergruppen zulegen. Man würde dann bald zu einer *«ausgewogenen»* Friedensforschung kommen.

Die Linken und die Rechten, die Gewerkschaften und die Arbeitgeberverbände würden jeweils *ihren* Frieden von ihren jeweils gekauften Experten beschreiben und propagieren lassen. Zwar würde sicherlich auch die eine oder andere elitäre Forschungsförderungs-Gesellschaft, dem sozialen Druck folgend, ein Friedensforschungs-Zentrum etablieren, das hoch über alle Parteiinteressen den reinen und wahren Frieden ausrechnen sollte. Aber der keimfreie Gelehrten-Frieden, den man dort ersinnen würde, dürfte allenfalls die Köpfe einer kleinen Intellektuellen-Gemeinde bewegen. Sobald ein solches Zentrum statt unverbindlicher Moral auch nur ein wenig konkrete Friedenspolitik predigen würde, dürften die vornehmen Stiftungsgesellschaften prompt indigniert den Geldhahn zudrehen und scheinheilig «ungenügende wissenschaftliche Qualifikation» beklagen. Es müßte schon tatsächlich mit dem Teufel zugehen, sollte es mißlingen, die forschungsbesessenen Friedens-Theoretiker langsam aber sicher auf ein totes Gleis zu schieben.

14. Kapitel

Die erste Friedensbewegung – für HERMES eine fast mißglückte Generalprobe

Manchmal, so berichtet SC, habe man sich im Club wie ein Regisseur gefühlt, der bei der Inszenierung eines Stückes einige Schauspieler leicht, andere indessen nur mit Mühe lenken kann. Je besser sich ein Regisseur in Schauspieler hineinzuversetzen vermag, um so sicherer kann er bekanntlich aus ihnen herausholen, was er will. In diesem Sinne hatte der Club nur selten erheblichere Schwierigkeiten in der Steuerung von professionellen Politikern, von Militärs, ehrgeizigen Funktionären von Massenorganisationen und eingefleischten Administratoren. Dementsprechend gestaltete sich auch die Arbeit mit den einschlägigen Institutionen ziemlich einfach, die infolge straffer hierarchischer Organisation von jenen gut manipulierbaren Typen abhängig waren. Die meisten Oststaaten konnte man in diesem Sinne wie eine einzige total durchstrukturierte Institution begreifen, deren Betrieb man durch Betätigung weniger zentraler Schalter regeln konnte.

Selbst mit den hochgescheiten Wissenschaftlern war der Umgang nicht allzu kompliziert. Denn die meisten von diesen wurden von zwei Motiven beherrscht, deren man sich zu Regiezwecken unschwer bedienen konnte. Viele strebten mit großem Ehrgeiz danach, es innerhalb ihrer «Gelehrtenrepublik» zu Ansehen und größerem Einfluß zu bringen. Sie strebten nach Titeln, Preisen und einer beherrschenden Rolle in ihrem jeweiligen Fachgebiet. Diejenigen indessen, denen es weniger um Macht und Geltung ging, waren in der großen Mehrzahl primär von einem einseitigen *theoretischen* Ehrgeiz besessen:

Sie gaben keine Ruhe, solange sie nicht die mögliche Lösung irgendeines Problems gefunden hatten. Ihre Wissenschaft war für sie so etwas wie ein Katalog von verwickelten Schachaufgaben. An der einen oder anderen Aufgabe bissen sie sich fest und dachten jahrelang an nichts anderes als an die Aufklärung des Puzzles. Da gab es keinerlei psychologischen Unterschied zwischen Archäologen, Krebsforschern und Atomphysikern. Selbst viele Politikwissenschaftler und sogar sogenannte Friedensforscher benahmen sich in der Regel nicht anders. Wenn sie etwa nach der Wahrscheinlichkeitsrechnung ermittelten, daß die Hochrüstung nach der Strategie des Abschreckungsgleichgewichtes die Möglichkeit eines großen Atomkrieges laufend erhöhte, dann bedeutete für sie dieser Fortschritt an Wissen bereits einen Gewinn. Natürlich lockte es sie dann auch, Pläne auszurechnen, wie man die Kriegswahrscheinlichkeit verringern könnte. Oder wie man einen Atomkrieg zumindest regional und nach Zahl der «Mega-Toten» begrenzen könnte. Hatten sie dann endlich eine gescheite Theorie herausgefunden, welche die Lösung enthielt, konnten sie fortan ruhiger schlafen. Das Wissen, wie man etwas besser machen könne, war das Ziel, für das allein sie ihre Forschungsenergie verbraucht hatten. Ihre Erkenntnis schrieben sie auf Papier. Und nun träumten sie, daß dieses Papier auf irgendeine wundersame Weise Gewaltiges bewegen würde. Aber die Realisierung dieses Traumes gehörte eben nicht mehr zu den Forschungsgegenständen, an denen sie sich abarbeiteten. Sie legten den Massen das Forschungsprodukt wie ein großartiges Geschenk auf einen weihnachtlichen Gabentisch. Aber nur ganz selten half einer dieser Forscher den Empfängern, die komplizierte Gabe auch nur zu begreifen, geschweige denn von ihr einen praktischen Gebrauch zu machen. Für die meisten Friedensgelehrten endete ihre Anstrengung mit der Absättigung ihrer theoretischen Neugier und mit der begrifflichen Definition irgendwelcher Optionen.

Unter allen Mitgliedern des Bühnen-Ensembles waren für die HERMES-Regisseure diejenigen Gruppen am schwersten berechenbar, die man gewissermaßen als Repräsentanten «seelischer Unschuld» bezeichnen könnte. Zwar hatte diese Zivilisation der Macht- und Größenideen die Köpfe der Mehrheit total verwirrt und von den Werten und Zielen abgelenkt, die den Menschen eine sinnvolle Lebenserfüllung ermöglicht hätten. Und der diagnostische Nachweis dieser Tatsache war ja auch für HERMES die Rechtfertigung gewesen, den gigantischen Euthanasieplan auszuführen. Aber irgendwo glühte in der Tiefe mancher Seelen immer noch ein irrationaler Glauben an die Möglichkeit eines friedlichen, geschwisterlichen Zusammenlebens der Menschen untereinander in dem achtungsvoll zu hütenden Garten der Erde. Diese Seelenkräfte zeigten sich insbesondere bei den unterdrückten Völkern der Dritten Welt, bei Frauen, Kindern, einem Teil der Jugendlichen und einigen älteren Sonderlingen. Aber bei HERMES hatte man große Mühe, sich in diese untergründigen Regungen hineinzuversetzen. Das lag einmal daran, daß das jahre- und jahrzehntelange Doppelagenten-Leben viele Clubmitglieder und -Beauftragte so abgebrüht hatte, daß sie solcher «unverdorbenen» Gefühle selbst nicht mehr fähig waren. Was man nicht mehr in sich selbst spürt, vermag man bekanntlich auch bei anderen nicht mehr wahrzunehmen. Hinzu kam, daß man sich bei HERMES nun einmal dazu durchgerungen hatte, den Selbstheilungskräften dieser Zivilisation keine Erfolgschance mehr zuzutrauen. Das bedeutete, daß man sich ein für allemal *gegen* diese da und dort aufflackernden Sehnsüchte und Hoffnungen entschieden hatte. Deshalb *wollte* man diesen im Grunde keine besondere Aufmerksamkeit mehr schenken. Man übersah, was man eben nicht mehr gern sehen wollte.

Zwar waren die Club-Oberen gescheit und selbstkritisch genug, das Risiko ihrer wachsenden Entfremdung von den «unschuldigen Seelen» zu begreifen. Deshalb hatte man ja auch an die Psycho-Spezialisten die Aufgabe delegiert, in einem fort repräsentative Befragungen, Tests und Modellexperimente anzustellen, um auch die naiven und unkomplizierten Seelen unter lückenloser Kontrolle zu halten. Aber diese listigen und manipulationsfreudigen Psychos begriffen eben auch nur das, was ihnen selbst gemäß war. Sie waren großartig, wenn es galt, die massenhaft verbreiteten stumpfen, identitätsverarmten und korrumpierten Typen zu analysieren und suggestiv zu lenken. Hier konnten sie je nachdem Verfolgungsideen oder auch gelegentlich Entspannungsträume erzeugen. Indessen fehlte es auch ihnen eben an der psychischen «Unverdorbenheit», die sie bei solchen sozialen Gruppen hätten «in den Griff bekommen» sollen, von denen immer wieder Gefahren für das Programm der psychischen Aufrüstung ausgingen.

So geschah es, daß man bei HERMES trotz aller noch so sorgfältigen präventiven Studien von dem Ausmaß der massenpsychologischen Aufwallungen von Atomprotesten und Friedensenthusiasmus ähnlich wie von einem mittleren Erdbeben überrascht wurde. Erst als solche von der Basis hochschäumenden Initiativen eine deutlichere Gestalt annahmen, konnte man sich daranmachen, ihnen mit teils lange bewährten, teils mit den neu ausgedachten Abwehrstrategien zu Leibe zu rükken. Man schickte sich an, entweder die Friedensgruppen selbst zu verwirren, zu spalten und in irgendwelche politischen Sackgassen hineinzuleiten. Oder man verlegte sich darauf, die gesellschaftlichen Gegenkräfte, zumal die standhaften Verfolgungs-Paranoiker, zu mobilisieren und somit eine indirekte Abwehrstrategie zu verfolgen.

Was SC über den Verlauf von Operationen gegen die Erscheinungsformen einer ersten von der Basis ausgehenden Friedensbewegung erzählt, liest sich ähnlich spannend wie der Generalstabsbericht über einen Feldzug.

In England war eine Kampagne gegen die Atomrüstung entstanden und hatte sich «Campaign for Nuclear Disarmament» (CND) genannt. Einige Tausend waren von London zu dem etwa 80 Kilometer entfernten Atomwaffen-Laboratorium Aldermaston gewandert. Die Leute meinten, die Parteien wären außerstande, sich gegen die Atomrüstung zu wehren. Also müßte man von unten, von der Straße aus Druck auf Regierung und Parteien ausüben.

Die Bewegung wirkte ansteckend. Sie sprang auf Westdeutschland über, wo schließlich mehr als hunderttausend Atomwaffengegner zu Ostern Protestmärsche abhielten und sich in einer «Kampagne für Abrüstung» vereinigten. Es wurde verlangt, man sollte im Gebiet der Bundesrepublik, der DDR, Polens und der ČSSR die gesamte Rüstung auf dem Ist-Stand einfrieren, die Einhaltung kontrollieren und in beiderseitigem Einvernehmen schrittweise Abrüstungsmaßnahmen einleiten. Immerhin hielt sich die «Ostermarschbewegung» neun Jahre. Die Wortführer der westdeutschen Kampagne verfaßten einen beschwörenden Aufruf an das Volk, in dem es unter anderem hieß:

«Das deutsche Volk diesseits und jenseits der Zonengrenze ist im Falle eines Krieges zwischen Ost und West dem sicheren Atomtod ausgeliefert. Einen Schutz gibt es nicht. Beteiligung am atomaren Wettrüsten und die Bereitstellung deutschen Gebietes für Abschußbasen von Atomwaffen können diese Bedrohung nur erhöhen. Ziel einer deutschen Politik muß deshalb die Entspannung zwischen Ost und West sein. Nur eine solche Politik dient der Sicherheit des deutschen Volkes und der nationalen Existenz eines freiheitlich-demokratischen Deutschlands. Wir fordern Bundestag und Bundesregierung auf, den Rüstungswettlauf mit atomaren Waffen nicht mitzumachen, sondern als Beitrag zur Entspannung alle Bemühungen um eine atomwaffenfreie Zone in Europa zu unterstützen. Wir rufen das gesamte deutsche Volk ohne Unterschied des Standes, der Konfession oder der Partei auf, sich einer lebensbedrohenden Rüstungspolitik zu widersetzen und statt dessen eine Politik der friedlichen Entwicklung zu fördern. Wir werden nicht Ruhe geben, solange der Atomtod unser Volk bedroht.»

Unter dem Einfluß dieser Kampagne führten Arbeiter in mehreren westdeutschen Großbetrieben Warnstreiks durch.

Gewerkschaftsführer unterstützten zeitweilig die Bewegung. Man verlangte sogar eine Volksbefragung. Die sozialdemokratische Partei übernahm kurzfristig die Leitvorstellungen der Kampagne. Einen Augenblick schien es, als könnte die Bewegung sturmflutartig alle Dämme einreißen. Und HERMES hatte alle Hände voll zu tun, eine Katastrophe zu verhindern. Aber dann griffen die gut koordinierten Abwehrmaßnahmen. Zugleich kam es zu einer spontanen Gegenbewegung aus den Kreisen der Verfolgungsparanoiker. Wie eine Epidemie, gegen die man im rechten Augenblick Massenimpfungen einsetzt, zerfiel die Kampagne. Im Club analysierte man diesen Verlauf und seine Bedingungen sorgfältig, um für ähnliche Zwischenfälle in der Zukunft besser gerüstet zu sein. Folgende Bremsfaktoren hatten sich bewährt:

1. Die Sowjets bedrohten den Westen gerade im passenden Augenblick mit einem politischen Ultimatum. Damit zogen sie einen Teil der Befürchtungen auf sich, die sich zuvor auf die Atomwaffen gerichtet hatten.
2. Das höchste westdeutsche Gericht untersagte eine vorbereitete Volksbefragung über die Atomrüstung. Es legte das Recht dahingehend aus, daß das Volk selbst über eine solche für sein Überleben entscheidende Grundsatzfrage nicht abstimmen dürfe, sondern die Entscheidung den gewählten Institutionen überlassen müsse.
3. Gesteuert von der konservativen «christlichen» Partei hatte in Westdeutschland ein systematischer Propagandafeldzug gegen die Atomwaffengegner mit dem Argument eingesetzt, deren Kampagne arbeite direkt dem kommunistischen Weltfeind in die Hände. Ein damals amtierender konservativer Minister erklärte wörtlich, die Kundgebungen der Kampf-dem-Atomtod-Kampagne seien «ein Teil des kommunistischen Generalstabsplanes». So wurden die beunruhigten Massen also von den Sowjets und der eigenen konservativen Regierungspartei in die Zange genommen. Der kommunistische Verfolger verdrängte die Atomrüstung aus der Position der Gefahr Nummer 1.

4. Der sozialdemokratischen Partei winkte die Chance, sich an der Seite der konservativen «christlichen» Partei an der Regierung zu beteiligen. Dazu war es für sie aber erforderlich, sich rasch der Trendwende anzupassen und statt gegen *die* Bombe gegen die *Russen* Front zu machen. Die Partei widerrief, was sie noch kurz vorher auf einem großen Parteitag beschlossen und verkündet hatte. Damals hatte sie strikt verlangt, in Europa eine Zone mit verdünnter Rüstung zu schaffen, aus der alle Fremdtruppen sowie Atom- und Wasserstoffbomben entfernt werden sollten. Jetzt fand sie auf einmal nichts mehr dabei, sich für die Beteiligung der Bundesrepublik an der atomaren Rüstung auszusprechen. Diese Kehrtwendung eröffnete der Partei den Zugang zur Macht, deren sie sich in den folgenden zwanzig Jahren erfreuen konnte. Aber sie zahlte dafür einen hohen Preis. Sie beraubte sich der moralischen Triebkräfte, ohne welche sie, als späterhin ihre Macht schwand, nahezu identitäts- und gesichtslos dastand.

Von dieser Partei, der Gewerkschaft und dem höchsten Gerichtshof im Stich gelassen, war die Bewegung der Atomwaffen-Gegner zwar nicht erstickt, dennoch in ihrer politischen Kraft entscheidend geschwächt worden. Und die raffinierte Verdächtigung, die Ostermarschierer seien aus dem Osten gesteuert, hatte ein übriges dazu getan, die Kampagne zu isolieren und zu bremsen. Nun saßen die standhaften Mitglieder der Bewegung wie in einem Freigehege. Sie konnten sich noch innerhalb eines begrenzten Raumes rühren, aber sie waren streng von allen Machtzentralen abgeschirmt und überdies der argwöhnischen Kontrolle der fanatischen Antikommunisten wie ihrer ehemaligen Sympathisanten aus der Arbeitnehmerpartei ausgesetzt, die sich des Vertrauens ihres neuen rechten Regierungspartners würdig erweisen wollte.

15. Kapitel

Die zweite Friedensbewegung – neue Abwehrstrategien

Als ein paar Jahrzehnte später die Friedensbewegung zum zweiten- und letztenmal aufflammte, standen dem Club glücklicherweise zwei zusätzliche Abwehrmöglichkeiten zur Verfügung, die es zur Zeit der Ostermarschierer noch nicht gegeben hatte.

Die erste Abwehrmöglichkeit konnte der Club dem Buch des großen deutschen Philosophen Karl Jaspers entnehmen. Dieser hatte schon geraume Zeit vor der Serienproduktion von Kernkraftwerken darauf hingewiesen, daß sich die Atomangst unter Umständen von der Bombe abwenden und sich auf die Kernkraftwerke konzentrieren könnte. Er hatte geschrieben:

Es sei «eine Ablenkung, wenn die angstvolle Erregung auf die Gefahren der friedlichen Erzeugung und Verwendung der Atomenergie gelenkt wird». Und er sah voraus «Übertreibungen am unrechten Orte und Beruhigung dort, wo die größte Unruhe not tut».

Natürlich wertete HERMES das Verhältnis der beiden Ängste genau umgekehrt. Die Angstableitung auf die Kernkraftwerke, von denen einige schon errichtet und eine große Zahl weiterer geplant waren, erwies sich als eine verheißungsvolle Chance zur Dämpfung der neuen Atombomben-Proteste. Die Kernkraftwerk-Ungetüme standen – im Gegensatz zu den unsichtbar gemachten Atomraketen – augenfällig im Gelände. Und genau markiert waren auch die Plätze, wo neue Atom-Meiler errichtet werden sollten. Was man sehen und wo man hingehen konnte, bot Angstphantasien und Protestimpulsen natürlich von vornherein eine wesentlich günstigere Fixierungsmöglichkeit als eine den Sinnen unzugängliche Tatsache. Überdies war alle paar Wochen von Zwischenfällen in Kernkraftwerken zu hören und zu lesen, während die Atomsprengköpfe anscheinend in absolut sicherer Verwahrung ruhten. Jahrzehntelang war kein Mensch mehr durch eine Atombombe zu Schaden gekommen. Aber immer wieder war aus Kernkraftwerken radioaktiver Dampf oder Wasser ausgetreten. Und um ein Haar wäre um Harrisburg herum ein riesiges Gebiet von Strahlen verseucht worden. Unerträglich war die Vorstellung, daß die Reaktoren radioaktive Abfälle produzierten, von denen niemand wußte, wie man diese je wieder beiseite schaffen könnte. Aber jeder war darüber informiert, daß manche Nebenprodukte der Reaktoren über eine Zeit hinweg gefährlich bleiben würden, die fast fünfmal so lang sein würde wie die Periode der überlieferten Geschichte.

Freilich hatte der Club keine Veranlassung, von sich aus Ängste vor den Kernkraftwerken zu schüren. Denn daß solche Ängste irgendwann auf die Atomrüstung überspringen könnten, mußte einkalkuliert werden. Als aber die ersten Anzeichen einer neuen Friedensbewegung erkennen ließen, daß sich dieses Protestpotential nicht würde unmittelbar ersticken lassen, war die Zeit für die Ablenkungsstrategie reif. Dabei brauchte man ja den Leuten nichts vorzulügen. Man mußte nur das gerechtfertigte Mißtrauen gegen die Kernkraftwerke gebührend anheizen und die Tatsache, daß dieser Technologie infolge ihrer mangelnden Ausreifung noch wesentliche Unsicherheitsmomente anhafteten, wahrheitsgemäß in jedermanns Bewußtsein einhämmern.

So gelang es zumindest für ein paar Jahre, der Abrüstungsbewegung wesentliche Energien zu entziehen. Millionen konzentrierten ihren Unmut allein auf die Kraftwerke und das ungelöste Entsorgungsproblem. Sie marschierten zu den Orten, wo man sie mit dieser Gefahr bedrohte – vorbei an Tausenden von versteckten Raketen-Abschußrampen, die eben fürs erste weniger beachtenswert erschienen. Viele mögen sich noch eingeredet haben, daß man die Bomben ja irgendwann wieder abtransportieren könnte, während die Entscheidung für den Atomstrom eine definitive Abhängigkeit von dieser höchst risikoreichen Energie bedeuten würde.

Die Ablenkung auf die Kernkraftwerke war in der Sicht von HERMES eigentlich mehr ein äußerster Notbehelf, ein letzter Schutzwall, um den unmittelbaren Durchbruch der Atomkriegsangst wenigstens noch eine Weile aufzuhalten. Indessen bot sich günstigerweise auch noch ein anderes Ablenkungsobjekt an, auf das sich die eher konservativen Bevölkerungsgruppen vorübergehend fixieren ließen.

Gerade als die Sowjets eine Weile nachließen, ihr Teufelsimage hinreichend zu pflegen (sie unterzeichneten die Schlußakte von Helsinki und machten Abrüstungsvorschläge), hatten sich in Westdeutschland, Italien und Spanien radikale Gruppen auf den Weg des *Terrorismus* begeben. Terroristische Morde und Attentate häuften sich. Da sich die meisten Terroristen marxistisch gefärbter Kampfparolen bedienten, war es ein leichtes, sie als eine neue und besonders infame Variante sowjetischer Destruktionsstrategie zu interpretieren: Der Kommunismus habe sich aufgemacht, die Westvölker nun mit allen Mitteln auch von innen heraus mürbe zu machen und ihre staatlichen Ordnungen zu zerstören. Vertreter der Führungseliten wurden auf offener Straße ermordet oder entführt. Nahm man Terroristen gefangen, wurden sie von Komplizen durch Geiselnahme freigepreßt. Oder sie steuerten ganz unverfroren aus den Gefängnissen heraus den Guerillakrieg weiter in generalstabsmäßiger Manier. Justiz und ganze Heerscharen von Polizisten kämpften verzweifelt gegen eine kleine unsichtbare Armee, die sich immer wieder aus dem Untergrund auf geheimnisvolle Weise regenerierte und wie ein metastasierender Krebs weiterwucherte.

SC beteuert, daß niemand im Club erwogen habe, zu diesen Desperados Verbindung aufzunehmen, um etwa auf sie Einfluß zu gewinnen. Primitive Bluttaten widersprachen durchaus dem Stil und dem Geschmack von HERMES. Immerhin zollte man der Logistik und der exzellenten Aktionsplanung der Guerilla-Organisation Respekt. Und man gestand sich auch ein, daß der Club nicht ganz schuldlos an der Ausbreitung der Terroristen-Szene war. Denn ohne die gezielte Eindämmung und Aufsplitterung der oppositionellen Basisinitiativen wären diese verzweifelten Hitzköpfe sicher nicht auf die größenwahnsinnige Idee verfallen, die Gesellschaft in eine Art von revolutionärem Krieg verwickeln zu wollen. Von ihrer Motivation und ihrer Intelligenz her hätten manche der Terroristen das Zeug dazu gehabt, eine bedeutende Rolle in einer späteren Friedensbewegung zu spielen. So aber bewirkten sie paradoxerweise genau das, wogegen sie kämpfen wollten. Millionen Geängstigter, die gerade anfingen, sich über Umweltzerstörung und Overkill-Rüstung Gedanken zu machen, gerieten in Terroristen-Panik. Insbesondere ein Volk wie das deutsche, das nichts so sehr zu erschrecken pflegte wie Unordnung und Bedrohung von Autoritätsstrukturen, bangte vorläufig fast ausschließlich um den Schutz der *inneren* Sicherheit. So verstellten die Terroristen durch sich selbst den Blick auf die eigentliche größte Gefahr für diese Gesellschaft und die Menschheit schlechthin.

Wenn HERMES den Terrorismus auch nicht direkt unterstützte, so zögerte der Club nichtsdestoweniger keinen Augenblick, die massenpsychologische Resonanz im Sinne der psychischen Aufrüstung zu fördern und auszubeuten. Das gelang über alle Erwartungen gut bei den Westdeutschen, die versessen darauf zu sein schienen, ihre antikommunistischen Verfolgungsängste und Haßgefühle an diesem neuen Gegner abreagieren zu können. Dieser bot ihnen ja auch in der Tat ideale Projektionsmöglichkeiten. Es war ein Feind, der sozusagen unmittelbar vor jedermanns Tür lauerte. Sein Vorgehen war so tückisch, wie man es nur von echtem Teufelswerk erwarten kann. Und indem er speziell hochgeachtete Vaterfiguren des Systems entführte und mordete, bedrohte er den äußeren Halt der Massen, die längst schon keinen echten inneren Halt mehr besaßen. Kaum minder beunruhigend war der gezielt ausgestreute Verdacht, daß die Terroristen sich andere idealisierte Väter – Schriftsteller, Gelehrte und Pfarrer – als Sympathisanten oder gar als geheime Komplizen gefügig gemacht hätten. Kein Wunder war es, daß ein westdeutscher Parlamentswahlkampf ganz von der Frage beherrscht wurde, welche der großen Parteien die Terroristen besiegen und welche andere ihnen etwa gar den Weg bereiten und damit den «inneren Frieden» im Lande endgültig zerstören würde.

Aber weder die Kernkraftwerke noch der Terrorismus reichten auf die Dauer als Schutzdämme aus, um die sich verstärkenden Atomkriegsängste der Westeuropäer, zumal der Westdeutschen, in der Schlußphase zu binden. Bedeutende Physiker, Historiker, Generäle, Admiräle, Bischöfe und Philosophen schütteten Öl in das Feuer einer anschwellenden neuen Friedenskampagne. In Hunderten von Städten rotteten sich – meist junge – empörte Leute zusammen. Sie gründeten Bürgerinitiativen, druckten Informationsblätter und -broschüren, machten Werbung in den Straßen, Jugendzentren, Sportvereinen, Schulen und Kirchengemeinden. Und dann ergoß sich eine Welle von Demonstrationen über viele Provinzen.

Weil in dieser neuen Proteströmung eine tiefere Verzweiflung und mehr spontane Wut als in der Ostermarsch-Bewegung steckte, verliefen die Demonstrationen natürlich weniger geordnet als damals, oft sogar ziemlich chaotisch. Auf diesen Umstand zielte die Abwehr, in der sich vielerorts Polizei, Justiz und bürgerliche Presse in bewährter Allianz zusammenfanden.

Natürlich wollten die demonstrierenden Aufrüstungs-Gegner ihre Friedensliebe dadurch glaubhaft machen und verbreiten, daß sie ihre Veranstaltungen möglichst sanft und gewaltfrei abwickelten. Um sie unglaubwürdig zu machen, mußte man diese Absicht zu durchkreuzen versuchen. Ein wirksames Gegenmittel bestand darin, daß man den Demonstranten aufreizende Polizeieinheiten entgegenschickte und durch diese Drohgebärde wenigstens einige der Protestler dazu verführte, die Fassung zu verlieren und aggressiv zu werden. Dann war das Spiel regelmäßig gewonnen. Die Polizei konnte mit ihren Schlagstöcken losprügeln und damit wiederum weitere Demonstrantengruppen in den Kampf verwickeln. Natürlich war die Polizei durch ihr Tränengas, ihre Schlagwaffen und Schilde den Demonstranten stets überlegen und konnte leicht bewirken, daß diese ihre ohnmächtige Erbitterung schließlich ersatzweise an herumstehenden Autos oder an Fensterscheiben ausließen. Das ergab dann die attraktivsten Motive für Pressereporter. Und so konnte man sicher sein, daß die verschüchterten Bürger anderntags leichtgläubig der Version folgen würden, daß wieder einmal radikale, militante Randalierer gewalttätig geworden seien und nur durch maßvolle polizeiliche Schutzmaßnahmen daran hätten gehindert werden können, unendliche Verwüstungen anzurichten. Diese Strategie, den Spieß umzudrehen und die Friedens-Demonstranten als Feinde eben dieses Friedens erscheinen zu lassen, funktionierte eine Weile an zahlreichen Orten. Die Bürger entrüsteten sich statt über die täglich neu produzierten und installierten Massenvernichtungswaffen über einige zerstörte Schaufenster. Die Gewalt der Friedensfreunde und der Atomrüstungs-Gegner war es also, die man anscheinend vordringlich zu befürchten hatte. Und die politischen Parteien konnten darin wetteifern, sich den Bürgern als Beschützer ihres häuslichen Friedens und der Sicherung ihres Eigentums vor den extremistischen Krawallmachern anzudienen.

Man konnte allerdings sicher sein, daß sich jeweils unter die Tausende von gewaltlosen Friedens-Demonstranten regelmäßig einige notorische Rocker und Schläger mischen würden, die für die eine oder andere Prügelszene gut waren. Expertenerhebungen wiesen nach, daß im Mittel fünf Steinewerfer und Autobrandstifter auf drei- bis viertausend friedliche Demonstranten vollauf genügten, um die gesamte Aktion als «Orgie der Brutalität», als «modernen Vandalismus», als «Anschlag auf den Rechtsstaat», als «terroristische Bedrohung des Gemeinwesens» publizistisch zu verwerten. Die Medien, zumindest bestimmte Boulevard-Zeitungen und Fernsehmagazin-Redaktionen funktionierten prompt als verläßliche Gehilfen, das Dokumentationsmaterial passend aufzubereiten.

Allerdings kam es auch zu Rückschlägen. Die Gruppen der Aufrüstungs-Gegner lernten, sich besser gegen die Randalierer zu schützen, die sich an ihre Bewegung anzuhängen versuchten. Und es gelang ihnen schließlich immer häufiger, ihren Friedenswillen auf ungestörten Großveranstaltungen zu bekunden und umgekehrt die begleitenden, mit Schlagstöcken, Schilden und Tränengas gerüsteten Polizeicordons als Repräsentanz des eigentlich Bedrohlichen erscheinen zu lassen.

In dieser Phase war es hilfreich, Anlässe zu konstruieren, die eine *aktive Provokation* für die Friedensinitiativen darstellten. Man veranstaltete z. B. Militärparaden, militärische Jubiläums- und Traditionsfeiern oder auch pompöse Massengelöbnisse von Rekruten in aller Öffentlichkeit. Dazu ließ man jeweils stattliche Militäreinheiten auf große Plätze oder in bekannte Sportstadien mitten in den Städten einrücken und führte den Bürgern stundenlange opernhafte Zeremonielle mit Kriegsmusik und pathetischer Selbstbeweihräucherung des Militärs vor. Manche Organisatoren solcher Soldatenfeiern meinten allerdings allen Ernstes, mit solchen Schauspielen die Volksmassen zu spontaner Militärbegeisterung anstacheln und eine Woge der Dankbarkeit gegenüber den «Garanten unserer Sicherheit» entfachen zu können. Andere teilten diese Naivität keineswegs und waren sich der Herausforderung voll bewußt, die man den Atomrüstungs-Gegnern zudachte.

Häufig wurden diese pompösen öffentlichen Militärfeiern mit dem pathetischen Appell an das Publikum verbunden, Dankbarkeit und Hochachtung gegenüber den Soldaten zu üben, die im Ernstfall ihren Kopf hinzuhalten hätten, um das Leben und die Freiheit der Bürger, insbesondere von Frauen und Kindern, zu schützen. Aber dies war der blanke Hohn, da ja gerade die Zivilbevölkerung und mithin Frauen und Kinder einem dritten, atomaren Weltkrieg am raschesten und gewissesten erliegen würden. Jedermann wußte, daß viele Militärs, insbesondere die Bedienungsmannschaften der atomaren Tötungsmaschinen, relativ sehr viel bessere Überlebenschancen haben würden. Und die militärischen Führungsstäbe würden das atomare Vernichtungswerk aus eigens hergerichteten Bergstollen absolut strahlungs- und sogar lärmgeschützt zu kommandieren vermögen. Nur die Einfältigsten konnte es verwundern, daß die Atomrüstungs-Gegner mit äußerster Erbitterung reagierten. So konnte es wiederum nicht ausbleiben, daß einige bis aufs Blut Gereizte ihre Beherrschung verloren. Schon lief die Inszenierung wieder genau nach dem vorgesehenen Schema ab. Da war auf der einen Seite das friedliche, brave Militär – eine Augenweide für alle Liebhaber der Choreographie ästhetischer Paraden – und auf der anderen Seite der «chaotische Mob», «brüllende Langhaarige» mit «wutverzerrten Gesichtern», «rabiate Vandalen», ein «ekelerregender Abschaum», dessen bloßer Anblick jedem halbgesitteten Bürger deutlich machen mußte, mit welcher Seite er sich zu identifizieren hatte.

Selbstverständlich bereitete es nur auf der *westlichen* Seite Mühe, radikale Pazifisten und alle sonstigen Aufrüstungs-Gegner leidlich in Schach zu halten. Im Osten hatte man sich wohlweislich rechtzeitig gegen die Möglichkeit derartiger Opposition geschützt. Dort war es der herrschenden Staatspartei geglückt, alle Versuche zur Bildung antimilitaristischer Gruppierungen von vornherein zu ersticken. Im übrigen hatte man dort die Technik der manipulativen Sprachverdrehung schon bis zur Perfektion entwickelt, als die Methode im Westen noch reichlich stümperhaft und dilettantisch gehandhabt worden war. Man hatte schon eine «Friedens-Armee» mit «Friedens-Soldaten» und «Friedens-Milizen», schließlich auch eine – mit Selbstschußanlagen gespickte – «Friedens-Grenze», als im Westen noch hilflos vom «Kalten Krieg» gefaselt worden war. Obendrein hatte man frühzeitig geschulte Agenten in den Westen ausgesandt, welche auf die Konzepte der dortigen Friedensgruppen Einfluß nahmen. Begünstigt durch den Umstand, daß die atomare Hochrüstung im Osten mit weit besserem Geschick geheimgehalten wurde, vermochten die östlichen Abgesandten viele westliche Kriegsgegner dazu zu bewegen, ihr Feindbild nur in der eigenen Rüstung zu suchen, über deren Planung und Finanzierung laufend in den westlichen Medien berichtet wurde. So wurden im Westen manche Friedensvereine und Friedensgesellschaften von den östlichen Manipulatoren ideologisch eingefangen.

Manchen Eingeweihten auf westlicher Seite war die «Unterwanderung» allerdings gar nicht unlieb. Denn kein Argument war ja eine wirksamere publizistische Waffe gegen die lästigen Aufrüstungs-Gegner als der Nachweis, daß diese ja nur die eigenen Bomben, nicht aber diejenigen des Ostens beseitigen wollten. Es gab Friedens-Resolutionen und Friedens-Veranstaltungen, auf denen ausschließlich von Pershing II, von Marschflugkörpern und El Salvador die Rede war, aber kein Wort von den SS 20-Rakten und von Afghanistan fiel. Voller Genugtuung schlachtete die bürgerliche Presse dieses Phänomen aus und verbreitete landauf, landab, die gesamte neue Friedensbewegung befinde sich fest in der Hand getarnter Kommunisten und gleichgeschalteter naiver «nützlicher Idioten».

«Das Wort Friede, so scheint mir, geht den Deutschen schwer über die Lippen.»
«Vielleicht liegt es daran, daß das Wort Frieden außerhalb von Kirche und Parlament fast als kommunistisch verrufen ist.»
H. Böll

Für bewährte Star-Journalisten brach eine neue Konjunktur für antipazifistische Wortschöpfungen an. Jetzt genügte es nicht mehr, den Friedensbegriff nur in Vieldeutigkeit verschwimmen zu lassen. Die engagierten Friedens-Freunde waren als lächerlich, töricht oder bösartig sprachlich zu entlarven. Noch harmlos klang, wenn der Mitherausgeber einer renommierten westdeutschen Tageszeitung von «der sich formierenden und organisierenden westdeutschen *Friedensseligkeit*» schrieb, «deren Wurzel weniger ein neuer Verantwortungssinn als materielle, zivilisatorische Übersättigung ist». Bald danach ließ derselbe Autor aus der «Friedensseligkeit» sogar noch eine *«Friedens-Verstiegenheit»* werden: «Vielleicht aber liegt die Hauptursache für die verbreitete *Friedens-Verstiegenheit* in einer Errungenschaft, die zum Nationalheiligtum geworden ist: im materiellen Überfluß und der Überfreiheit.» Härter zur Sache ging der Star-Kolumnist eines anderen bürgerlichen Blattes, der die «deutschen *Friedensamok-Läufer*» erfand. Weniger gemeingefährlich, aber auch noch psychopathologisch relevant erscheinen die Vokabeln anderer Diffamierungs-Spezialisten, die von *«Friedens-Traumtänzern»*, *«Friedens-Utopisten»*, *«Friedens-Narren»* redeten. Natürlich durfte man auch «Abrüstung» nicht von dieser semantischen Bearbeitung ausnehmen. So stand ausgerechnet in einer Weihnachtskolumne einer hochrenommierten bürgerlichen Zeitung zu lesen von *«leichtfertiger Abrüstungs-Rhetorik»*, *«Abrüstungs-Schalmeien»*, *«faulen Abrüstungskonzepten»* und von *«unsinnigem aber massenwirksamem Abrüstungsgerede»*, schließlich von Aufrufen *«westlicher Abrüstungs-Demagogen»* (gemeint war der ehemalige schwedische Ministerpräsident Palme). Noch wirksamer war es freilich, wenn hohe Amtsträger des Staates und der Kirchen Pazifisten als *«Rabiate und Lautstarke»*, *«fidele Ignoranten»* oder als *«infantil»* charakterisierten.

16. Kapitel

Die Amerikaner durchkreuzen das Programm des Clubs

«Es gab da einmal einen über jeden christdemokratischen Zweifel erhabenen Kardinal, den Grafen Galen, der nach dem Krieg in einer eindrucksvollen Predigt den römischen Spruch: ‹Wer den Frieden will, bereite den Krieg› auf den Kopf stellte und sagte: ‹Wer den Frieden will, bereite den Frieden›. Inzwischen gilt wieder voll und ganz der römische Spruch, den man abwandeln müßte: ‹Wenn du mich neunundvierzigmal vernichten kannst, dann will ich dich dreiundfünfzigmal vernichten können, denn ich will dir überlegen sein›.»

H. Böll

«Die militärischen Planer der USA sind überzeugt, daß es früher oder später zum Krieg zwischen den USA und der UdSSR kommen wird – und dieser Krieg wird ein nuklearer sein.»

G. La Rocque

Gerade als es den Anschein hatte, daß man die neue Welle der westlichen Friedensbewegung ähnlich wie einst die «Ostermarsch-Kampagne» in den Griff bekommen würde, ereignete sich etwas Unerwartetes. Wie von allen guten Geistern verlassen, brachte die Führungsspitze des westlichen Blocks plötzlich das mühsam eingependelte Abschreckungs-Schaukelsystem total durcheinander. Die neue amerikanische Regierungsmannschaft verkündete unverfroren, sie wolle nicht länger nur «nachrüsten», sondern eine absolute militärische Überlegenheit herstellen. Mit Hilfe einer Politik der Stärke wolle sie die Sowjets, denen sie alles Böse nachsagte, zurückdrängen. Ohne Scheu trieb der Präsident den Militärhaushalt auf Kosten der Sozialausgaben auf eine phantastische Rekordhöhe. Und mit der Neutronenbombe führte er gegen den Protest der Sowjets sowie der eigenen geängstigten Verbündeten eine neue Waffe von einzigartiger Zerstörungskraft ein.

Somit war das trotz aller Gefährdungen und Labilisierungen durch die Jahre mühsam bewahrte Fundament der psychischen Aufrüstung aufs höchste bedroht. Denn wenn man den Gegner künftig totrüsten wollte, so bekundete man einen eigenen aggressiven Herrschaftsanspruch. Man konnte sich nicht länger darauf berufen, nur notgedrungen zur Vermeidung von Wehrlosigkeit zu rüsten. Damit entfiel diese defensive Legitimation, die über Jahrzehnte als eine Art moralischer Heilbalsam für millionenfache Gewissensängste funktioniert hatte. Niemand konnte das aggressive Moment dieser «Politik der Stärke» verkennen. Und damit beraubte man nicht nur viele Sensiblere der bislang kontinuierlich vermittelten moralischen Entlastung. Man trieb zugleich Millionen in die Furcht, die Sowjets würden sich diese Herausforderung nicht gefallen lassen und dem Totgerüstetwerden durch einen eigenen Erstschlag zuvorkommen. Wer immer der westlichen Friedensbewegung gewaltigen Auftrieb geben wollte, der hätte kein besseres Mittel ersinnen können.

Natürlich gab es in Westeuropa genügend starrköpfige Falken, die noch zusätzliches Öl ins Feuer gossen. Vorübergehend durch die Wucht der neuen Friedensbewegung gebremst, bejubelten sie jetzt das unverhoffte Washingtoner Drohgehabe als Ermutigung zu einer neuen militanten Propagandaoffensive. Endlich konnten sie sich – des amerikanischen Rückhalts gewiß – in der altgewohnten Scharfmacher-Rolle präsentieren. Solange ihnen die Sowjets noch nicht den langersehnten Gefallen taten, nach Polen einzumarschieren, schossen sie sich schonungslos auf die westlichen Pazifisten ein. «Entspannung» erklärten sie zum Schimpfwort und «Frieden» zu einer kommunistischen Propaganda-Vokabel. Als ein hochgeachteter westlicher Entspannungspolitiker nach Moskau reiste, um nach Möglichkeit eine weitere Verschärfung der Konfrontation abzuwenden, stellten ihn die Falken im eigenen Land als Verräter und Nestbeschmutzer hin. Er spiele eine «tragende Rolle im Moskauer Friedenstheater», meinte ein beinahe zum Regierungschef gewählter Oppositionsführer.

Daß diese westliche Aggressionswelle eine gefährliche einseitige Auslenkung des sorgfältig koordinierten Regelsystems bedeutete, lag auf der Hand. Der Anlaß war also ernst genug, um den Club zu einer außerplanmäßigen Krisensitzung zu bewegen. Auf dieser forderte man zunächst die Verantwortlichen der West-Abteilung auf, die ärgerliche Kursabweichung der Amerikaner zu erklären. Der Sprecher der West-Abteilung brachte seine Entschuldigung frei nach Goethes «Faust» auf die Formel, man sei die Geister, die man gerufen habe, nicht rechtzeitig wieder losgeworden. Man habe alle Mühe gehabt, den vietnamgeschädigten Amerikanern wieder Kampfmoral einzuimpfen und ihnen eine Symbolfigur von Western-Heroismus als Führungsfigur aufzuschwatzen. Man habe fest darauf vertraut, diesen politischen Newcomer mit Schauspieler-Vergangenheit rechtzeitig bremsen zu können, falls er die Kraftmeierei übertreiben würde. Wer hätte auch erwarten können, daß dieser über Jahrzehnte an Fremdregie gewöhnte Politiker des zweiten Bildungsweges derart über die Stränge schlagen würde!

Andere fanden, daß man in der West-Abteilung auf diese Eigensinnigkeit eben doch hätte gefaßt sein müssen. Schließlich sei bekannt, daß gerade Schauspieler nach einem Berufswechsel mitunter ganz besonders starrköpfig würden, nachdem sie sich vorher immer nur hinter Rollen hätten verstecken müssen. Ein alter HERMES-Mann meinte hingegen, man dürfe bei einem Erklärungsversuch das Blickfeld nicht auf die Person dieses Spitzenpolitikers einengen. Im übrigen sei dieser sich durchaus als Schauspieler treu geblieben, indem er gespürt habe, daß der Publikumsapplaus in dem Maße anschwoll, in dem er sich zum Super-Cowboy aufblies, der den neu aufgelebten

Massentraum vom Super-Amerika erfüllen sollte. Der Mann habe, in voller Übereinstimmung mit den Normen seines Grundberufes, auf die Karte der Beliebtheit gesetzt. Und so habe er sich von der Woge der neuen amerikanischen Größenideen in die Höhe tragen lassen, die jetzt den Club und sicher später auch ihn selbst schwindelig machen werde. Der Hauptfehler, den sich die West-Abteilung habe zuschulden kommen lassen, liege in der falschen Einstimmung der amerikanischen Medien-Strategie. Dort hätte man eine maßvollere Stimulierung betreiben und weniger Übermut wecken sollen.

Aber wie sollte man die unerwartete Situation nun einschätzen, und wie sollte man mit ihr umgehen? Natürlich wurden Überlegungen angestellt, ob man die Lawine, die von den Amerikanern jetzt losgetreten worden war, nicht gleich benutzen sollte, um das Datum des Tages X vorzuverlegen. Aus der Ost-Abteilung wurde indessen eingewandt, die Moskauer Führung sei wegen eines bevorstehenden Wechsels in höchsten Ämtern nicht besonders entscheidungsfreudig. Auch hätten die Ost-Falken nach der unterschätzten internationalen Afghanistan-Reaktion vorübergehend an Einfluß eingebüßt. Das möge sich zwar auf Grund des amerikanischen Säbelrasselns alsbald ändern. Aber daß die Sowjets zum großen Alarm blasen würden, sei höchstens für den Fall zu erwarten, daß die Amerikaner den Kraftmeier-Sprüchen tatsächlich gravierende militärische Bedrohungsmaßnahmen folgen lassen würden. Allerdings sei diese Möglichkeit nach dem neuesten Stand der Dinge nicht ganz von der Hand zu weisen.

Militärspezialisten wiesen darauf hin, daß es ihrer Meinung nach zur Einleitung des großen Countdown noch zu früh sei. Um «Nägel mit Köpfen» zu machen, sollte man zur Sicherheit noch die Sowjets ihre SS 20-Arsenale, ihre Backfire-Geschwader und ihre Atom-U-Bootflotte komplettieren und die Amerikaner ihr MX-System und die neue Generation der Marine-Cruise Missiles fertigstellen lassen. Habe man nun schon so lange erfolgreich Geduld geübt, sollte man nicht noch zu guter Letzt in falsche Hektik verfallen. Die West-Abteilung sollte

Washington gefälligst wieder dazu motivieren, ihre *Hoch*rüstung als *Nach*rüstungs-Notwehr zu tarnen. Außerdem sollten die Amerikaner schleunigst die symbolischen Rüstungskontroll-Gespräche mit den Sowjets wieder aufleben lassen.

Die Mehrheit fand diesen Vorschlag unmittelbar einleuchtend. Nur ein paar forsche Nachwuchsleute aus der Amerika-Abteilung, die offensichtlich den Vorwurf der falschen Hektik auf sich bezogen hatten, mochten nicht auf den empfohlenen Beschwichtigungskurs zurückschwenken. Sie meinten, man solle die Schubkraft des amerikanischen Hochrüstungs-Enthusiasmus voll ausnützen. Da eine Überreaktion der Sowjets, wie die Ost-Abteilung versichert habe, zur Zeit eher unwahrscheinlich sei, habe man doch nicht ernstlich zu befürchten, daß es vorzeitig zum großen Knall kommen werde. Die Propaganda-Abteilung müßte sich eben anstrengen, flankiert durch eine heiße Medien-Kampagne, die europäischen Volksmassen für die härtere Gangart zu gewinnen.

Jedenfalls mochten diese jungen Heißsporne nicht einsehen, warum man den neuen Schwung, der die Rüstungsmaschine auf Höchsttouren zu bringen versprach, künstlich bremsen sollte. Obwohl sie sich nicht getrauten, die für die Behutsamkeit plädierende Mehrheit des HERMES-Establishments frontal anzugreifen, konnten sie sich doch ein paar kleine Seitenhiebe nicht verkneifen. Sie warnten vor «kleinmütiger Zauderei» und vor «Halbherzigkeit», welche in diesem Stadium wahrlich nicht mehr am Platze seien.

Aber diese Attacke stieß ins Leere. Die Chef-Strategen des Clubs und die Verantwortlichen für die psychische Aufrüstung konterten souverän. Es sei töricht, das über Jahrzehnte sorgfältig eingependelte System, das auf der Abschreckungslücken-Theorie basiere, aufs Spiel zu setzen. Nur wenn die Völker beiderseits wieder in dem Glauben bestätigt würden, daß ausschließlich das Rüstungsgleichgewicht den Frieden garantiere, daß sie aber jeweils auf der eigenen Seite einen Rückstand aufzuholen hätten, könnte man eine stetige Selbsteskalation des Systems erwarten. Die Übermacht der Sowjets in Europa und das Cruise Missiles-Monopol der Amerikaner reichten völlig aus, um jeweils dem Westen oder dem Osten ein fiktives Nachrüstungs-Gebot aufzuschwatzen. Die Propaganda-Fachleute versicherten nachdrücklich, daß sie andernfalls die neue Friedenskampagne, die ihnen jetzt schon genug Kopfschmerzen bereite, nicht mehr unter Kontrolle halten könnten. Das Heulen und Zähneklappern der Westeuropäer drohe zu einer Protestflut ohnegleichen auszuufern, die leicht eine chaotische Entwicklung einleiten könnte. Anzeichen für diese Gefahr seien schon jetzt nicht mehr übersehbar.

Den offensiv gestimmten Nachwuchsleuten blieb nichts anderes übrig, als sich diesen durchschlagenden Argumenten zu beugen. Entsprechend alter Club-Gewohnheiten erleichterte man ihnen jedoch die Verarbeitung der Niederlage, indem man sie dafür lobte, daß erst ihre Kritik die befriedigende Ausdiskussion des schwierigen Problems ermöglicht habe.

Die vom Club beschlossene «Beschwichtigungsaktion» wurde koordiniert auf vier Operationsfeldern eingeleitet:

1. Die amerikanische Administration mußte schleunigst von ihrem Vorrüstungs-Gerede abgebracht werden. Die Club-Mitarbeiter im Weißen Haus und im Pentagon hatten in diesem Sinne verstärkt Suggestionsarbeit zu leisten, zugleich gewissermaßen als Wiedergutmachung ihrer vorausgegangenen Nachlässigkeit. Flankierend waren vor allem präsidentenfreundliche Bevölkerungsteile auf Bremskurs zu bringen. Etwa die Mormonen, die sich in Utah die Installation des MX-Systems gefallen lassen sollten, aber bereit zu sein schienen, dagegen aufmüpfig zu werden.
2. Die westeuropäischen Regierungen mußten gegenüber ihren Völkern so tun, als hätten die amerikanischen Spitzenleute ihr Drohgerede überhaupt nicht ernst gemeint, sondern wünschten sich nichts sehnlicher als rasche Rüstungskontroll-Verhandlungen. Natürlich war dies eine besonders heikle Aufgabe. Denn die großmäuligen Kraftsprüche der amerikanischen Spitzenpolitiker waren jedermann durch

das Fernsehen und die Presse vertraut. Man mußte die westeuropäischen Staatsmänner nach der Reihe auf Besuchsreise ins Weiße Haus schicken und mit der beruhigenden – aber vorerst falschen – Kunde zurückkehren lassen: Die Amerikaner hätten erklärt, daß sie selbstverständlich nicht ernstlich auf Vorherrschaft, sondern nur auf militärischen Gleichstand abzielten. In diesem Sinne herrsche zwischen den Amerikanern und den Europäern die schönste Übereinstimmung.

3. Die «psychischen Aufrüster» mußten die schwindelerregenden eskalierenden Rüstungsvorhaben der Amerikaner als Folge einer unerwarteten gigantischen Überrüstung der Sowjets zu erklären versuchen. Es mußte der Anschein erweckt werden, als habe man – was natürlich nicht stimmte – plötzlich im Osten neue furchtbare Waffensysteme entdeckt, die nur durch jene atemberaubenden Rüstungsausgaben wettgemacht werden könnten, die der amerikanische Präsident vorgesehen hatte (jährliche Steigerung des Militärhaushalts um sieben Prozent, was nach vier Jahren das Militärbudget auf *300 Milliarden Dollar* hochtreiben würde!). Man hatte den Westvölkern vorzulügen, daß die NATO z. B. den neuen großen Unterwasserschiffen der UdSSR («Typhoon») und den sowjetischen Killer-Satelliten weder augenblicklich noch in naher Zukunft Gleichwertiges entgegenzusetzen habe. Anderslautende Analysen der Friedens- und Konfliktforschungsinstitute waren der Öffentlichkeit soweit als möglich vorzuenthalten.

4. Den sowjetischen Führungsgremien war zu vermitteln, daß die verbalen Kraftakte des amerikanischen Präsidenten und seiner Minister lediglich als publikumswirksames Strohfeuer zu werten seien. Die zweistelligen Inflationsraten und die eine Billion Dollar übersteigenden Staatsschulden der USA würden die Erfüllung der öffentlich verkündeten Rüstungsträume ohnehin nicht zulassen. Im übrigen werde den Amerikanern von Westeuropa aus sehr bald steifer Wind ins Gesicht blasen. Denn die Angst, von den Amerikanern in ei-

nem Stellvertreter-Krieg verheizt zu werden, werde die NATO-Westeuropäer einschließlich Frankreichs in einer entschlossenen Widerstandshaltung einen.

Aber so glatt, wie die Technokraten des Clubs sich die Bewerkstelligung der Kurskorrektur vorgestellt hatten, ließ sich der Plan nicht verwirklichen. Der alternde Chef der amerikanischen Administration pochte darauf, den High-Noon-Sheriff weiterspielen zu wollen. Zu lange war er in Hollywood vergleichbaren Heldenrollen vergeblich hinterhergelaufen. Dutzende von Malen hatten ihm Gary Cooper oder John Wayne die Chance vor der Nase weggeschnappt. War er in Hollywood ewig der zweite Sieger geblieben, so wollte er nun wenigstens in der Politik seinen späten Triumph nicht aus der Hand geben. Und zum High-Noon-Schema gehörte nun einmal die Bestrafung der Verbrecher mit dem Colt. Unerträglich erschien ihm vorerst die Zumutung, sich die Moskauer Führung anders als eine primitive Verbrecherhorde vorzustellen. Sie «lügen und betrügen», sie seien die Hintermänner des internationalen Terrorismus und ohne innere Hemmung dazu fähig, «jede Art von Verbrechen» zu begehen, so ließ er sich vernehmen. In dieser Schwarzweiß-Szenerie des klassischen Western fühlte er sich zu Hause. Und endeten die Western-Stories jemals anders als mit der Überwältigung der lügnerischen und betrügerischen Verbrecher?

Anfangs schien es unmöglich, den neuen amerikanischen Spitzenleuten abzugewöhnen, die weltpolitische Situation schlicht nach dem Standardmodell der Western-Stories zu interpretieren. Diese Leute versuchten sogar umgekehrt, selbst den sogenannten blockfreien Staaten beizubringen, sich nur noch als Mitspieler in dem angeblich allein wichtigen Ost-West-Konflikt zu verstehen – d. h. sich in Hilfsvölker der Amerikaner zu verwandeln. So kam es auch, daß in Amerika selbst außenpolitische Spitzenposten mit Leuten besetzt wurden, die von den eigenständigen Problemen vieler Länder in Afrika und Asien keine, von den Problemen der Europäer nur eine schwache Kenntnis hatten. Wenn es ohnehin nichts auf der Erde mehr gab, was außerhalb des Ost-West-Gegensatzes wichtig war, dann brauchte man ja auch anscheinend keine Außenpolitiker mehr, die Aufmerksamkeit an die speziellen Sorgen der vielen kleineren Völker verschwendeten, ja die sich überhaupt noch die Mühe machten, sich alle diese Staaten und ihre politischen Chefs mit Namen zu merken.

Dem Club offenbarte sich das Problem, daß einige seiner hochgebildeten Amerika-Spezialisten, so abgebrüht diese Leute auch waren, regelrechte Antipathiegefühle gegenüber dem neuen Typ der amerikanischen Spitzenbeamten entwickelten. HERMES mußte in Washington ein paar wichtige Umbesetzungen vornehmen und in die Betreuung der Top-Politiker Agenten einschleusen, die sich der neuerdings verbreiteten Wildwest-Mentalität leichter anzupassen vermochten.

Allerdings konnte es natürlich nicht ausbleiben, daß manche der nach schlichter Westernart denkenden und agierenden Vertreter der neuen amerikanischen Administration in Dutzende von Fettnäpfchen tappten. In ihrem intuitiven Handlungsstil brachten sie die Dinge, die sie vereinfachen wollten, nur noch mehr durcheinander. Sie irritierten die europäischen und den japanischen Bundesgenossen. Und auch vor dem Gegner gaben sie sich die peinlichsten Blößen. Kurz: es kam die Zeit der grauen Experten-Eminenzen, die immer häufiger als eine Art Feuerwehr einspringen mußten, um alle möglichen Pannen der hochrangigen Polit-Dilettanten auszubügeln. Und von da ab konnte auch HERMES wieder leichter mit ordnender Hand eingreifen und die amerikanische Außenpolitik auf einen halbwegs rationalen Kurs zurückbringen.

Da aber war das Mißtrauen, das die Amerikaner mit ihrer «Elefant-im-Porzellanladen-Strategie» unter den Westeuropäern entfacht hatten, nicht mehr zu ersticken. Die vorerst nur in kleineren Vereinen, Gruppen und Grüppchen aufgelebte neue Friedensbewegung war längst zu einem Flächenbrand geworden. Hatten sich größere Teile der kritischen Jugend vorübergehend noch an den Problemen der Umweltzerstörung, der

Grundstücksspekulation und der schnellen Brüter festgebissen, machte man jetzt gemeinsam Front gegen die als Feind Nummer 1 erklärte Atomrüstung. Und es trat ein, was erfahrene Kenner der europäischen Jugendszene verblüffte: Zahlreiche ewig miteinander ideologisch zerstrittene Gruppen solidarisierten sich. Sozialisten, Christen, Liberale, Humanisten, Umweltschützer, Pfadfinder trafen sich zu Massenkundgebungen, die sich nicht mehr als Zusammenrottung extremistischer Randgruppen verfälschen ließen. Auch verfingen die bewährten Provokationsstrategien kaum mehr. Die raffiniertesten Bemühungen, die Pazifisten in Krawalle zu verwickeln, verfehlten ihre Wirkung.

Zu einem Brennpunkt dieser zweiten Friedenskampagne wurde Westdeutschland, das bislang stets weit hinter der Bewegung in Schweden, Holland und Großbritannien hergehinkt war. Hier wurde vor allem das protestantische Kirchenvolk von der aufbrodelnden Protestwelle voll erfaßt. Und die oberste Kirchenleitung, die bislang ziemlich unbehindert den NATO-Kurs der Regierung toleriert hatte, sah sich unerwartet von Massen geängstigter und verzweifelter Glaubensgenossen angeprangert. Viele Jugendliche entwickelten eine neue Religiosität. Sie wollten die Botschaft Christi beherzigen. Aber sie verstanden diese Botschaft nicht mehr, wie das Kirchen-Establishment ihnen anriet, als bloßen Wegweiser zu Entfaltung einer religiösen Innerlichkeit. Sie wollten auch die Formen des gesellschaftlichen Zusammenlebens nach christlichen Prinzipien umgestaltet sehen. Mit dem Finger auf dem Text der Bergpredigt liefen sie Sturm gegen die Aufrüstungspolitik, von der sie sich in totalem Widerspruch zu ihren christlichen Vorstellungen vereinnahmt und vergewaltigt fühlten.

Ein großer Kirchentag, der nach dem Willen seiner Organisatoren unter das Motto «Fürchtet Euch nicht!» gestellt wurde, entglitt der Regie der Veranstalter vollkommen. Die Masse der über hunderttausend jugendlichen Besucher bestand darauf, daß die gegenwärtige Militarisierung durchaus in höchstem Maße zu fürchten sei und daß man diese Furcht nur durch Beseitigung ihres Grundes, nämlich des furchtbaren atomaren Rüstungswettlaufs, abschaffen könne und müsse.

Selbst die höchsten Regierungsmitglieder, die auf die Massen der Kirchentagsbesucher mit allen bewährten Kniffen parlamentarischer Rhetorik einzuwirken versuchten, prallten von der Mauer eines radikalen Friedensverständnisses ab, das die Polit-Profis total hilflos machte. Keine ihrer traditionellen Sprachverdrehungen verfing. Was sie als Sicherheitspolitik anpriesen, verstanden die jungen Christen umgekehrt als unverantwortliche Risikopolitik. Und die Verteidigungsfähigkeit, für welche die Politiker plädierten, sah das Publikum eben dadurch zerstört, daß man Westdeutschland als atomares Pulverfaß zu einem Hauptziel für die östliche Raketenstrategie herrichtete. Schließlich wußten sich die frustrierten Regierungsleute nicht anders zu helfen, als ihrer unwilligen Zuhörerschaft die Angst regelrecht verbieten zu wollen. In Übereinstimmung mit dem offiziellen Motto «Fürchtet Euch nicht!» erklärten sie, Angst sei der schlechteste politische Ratgeber. Mut und Zuversicht solle man üben, anstatt sich von unverantwortlichen Katastrophen-Propheten verwirren zu lassen.

Aber selbst dieser Appell, der Generationen unsicherer junger deutscher Männer noch stets aufgerüttelt und kämpferisch gestimmt hatte, verhallte wirkungslos. Die jungen Christen schämten sich nicht im mindesten ihrer Angst, die sie durch die menschheitsbedrohenden neuesten Vernichtungswaffen vollauf gerechtfertigt empfanden. Umgekehrt erschienen ihnen die Mut-Prediger gerade deshalb verdächtig, weil diese entweder nicht begriffen oder weil sie verdrängten, mit welchen unermeßlichen Risiken sie hantierten, wenn sie gerade wieder – um angeblicher Parität willen – neue noch bedrohlichere Waffen forderten.

Ebensowenig wie die blamierten Politiker hatten jene Vertreter des Kirchen-Establishment Erfolg, die mit gefurchten Stirnen davor warnten, die Bergpredigt des Jesus von Nazareth als politische Handlungsanweisung auszulegen. Die Bergpredigt habe nur die Jünger bzw. die einzelnen Menschen zur

Friedlichkeit im privaten Lebensbereich anhalten wollen. Mitnichten habe Christus die große Politik im Auge gehabt, auf die man doch jene persönlich gemeinten Ratschläge keineswegs übertragen dürfe. Aber genau diese Trennung erschien der Masse des jungen Kirchenvolkes im Zeitalter der Atombombe unstatthaft, da die Atomrüstung automatisch militarisierend in den Privatbereich jedes einzelnen zurückwirke und eine Grenzziehung zwischen privaten Lebensregeln und politischer Verantwortung absurd mache.

Diese und ähnliche Großveranstaltungen ließen eines klar erkennen: In dem oft propagierten Dialog mit der Protestjugend war für die Etablierten, so wie diese sich anstellten, nichts zu gewinnen. Weder im kämpferischen Streit noch mit der altväterlichen Attitüde, daß man die Sorgen der jungen Leute ja verstehen könne und gewissermaßen ihrem Temperament und ihrer Unerfahrenheit zugute halte, vermochten die Amtsträger die Front der Friedensbewegung zu schwächen. Nur sie selbst wurden zerzaust und verließen regelmäßig angeschlagen die Arena. So sahen sie sich zur Aufgabe des Vorhabens veranlaßt, die pazifistischen Gruppen durch Belehrung zu verunsichern oder gar umzustimmen.

Freilich hatten die Etablierten ihr Scheitern auch schon dadurch programmiert, daß sie in aller Regel als die Weisen, Reifen, Vernünftigen auftraten und auf jede Frage eine Antwort wußten, anstatt auch eigene Ratlosigkeit zuzugeben. Man hätte von ihnen manches angenommen, wenn sie sich als weniger unfehlbar, sondern auch als selbst lernbedürftig erwiesen hätten. Denn natürlich merkten die jungen Leute zumal den Spitzenpolitikern an, daß diese insgeheim viel schwächer und unsicherer waren, als sie sich auf Grund der an sie delegierten Verantwortungslast zuzugestehen getrauten. Diese hochrangigen Manager benahmen sich nicht anders als Eltern, die in einer familiären Krisenlage ihren Kindern Souveränität vorheucheln, um diesen panische Beunruhigung zu ersparen. Aber die Friedensbewegung bestand eben nicht aus Kindern, sondern überwiegend aus klarblickenden, realistischen, verantwortungsfähigen Leuten, die verlangten, die für sie und ihre Zukunft hochbedeutenden politischen Fragen mitzuentscheiden.

Die einzige Möglichkeit, mit dieser Friedensbewegung zurechtzukommen, erkannte das Establishment darin, sich defensiv abzuschirmen und den lästigen Gruppen wenigstens den Zugang zu den Schaltstellen der Macht zu versperren. Wer von den Ideen der Friedensbewegung infiziert war oder diese sogar maßgeblich förderte, mußte in den Parteien, in den Verbänden, selbst in der Amtskirche isoliert und jedenfalls von Schlüsselpositionen ferngehalten werden. Solange der Großteil der bürgerlichen Presse fest in konservativer Hand und die Fernsehverantwortlichen bereit waren, Ausgewogenheit mit Anpassung gleichzusetzen, war nichts verloren. In Westdeutschland, Frankreich und Italien waren selbst Wahlen – in der Sicht von HERMES – relativ ungefährlich, da die größeren Parteien insgesamt auf der NATO-Linie operierten und nirgends gewillt waren, mit den Gruppierungen der Atomrüstungs-Gegner zu koalieren.

Was aber würde geschehen, wenn die Massenbewegung mehr und mehr auch in die Betriebe eindringen und in den Gewerkschaften Fuß fassen würde? Besorgt erinnerten sich erfahrene HERMES-Leute an die vorübergehende aktive Beteiligung der Gewerkschaften an der alten Ostermarsch-Bewegung. Diesmal zögerten die Gewerkschaften freilich noch, sich mit der neuen Friedenskampagne zu solidarisieren. So sehr sie ideologisch mit dieser Bewegung sympathisierten, so starrten sie andererseits ängstlich auf die Arbeitsplatzsorgen der Massen von Rüstungsarbeitern, die eben von jenen Steigerungen des Militärhaushalts profitierten, gegen welche die Friedensinitiativen Sturm liefen.

Aber wie lange würden die Dämme noch halten? Schon jetzt war deutlich, daß die Proteströmung die Grenzen der Generationen und der sozialen Schichten übersprang. Und seit langem hatte sich keine ähnliche Kluft zwischen der von den beauftragten Institutionen gemachten Politik und der Stimmung großer Volksmassen aufgetan. Noch griffen die institutionalisierten Disziplinierungsmechanismen, um die beunruhigten Massen davon abzuhalten, das geölte Funktionieren des gesellschaftlichen Betriebs in Unordnung zu bringen. Und noch gelang es gerade eben, Zersetzungsprozesse innerhalb der Politbürokratien und der sogenannten Sicherheitsorgane durch Eliminierung von «Abweichlern» aufzuhalten. Und noch hatte die Friedensbewegung als Galionsfiguren nur Generäle außer Dienst, pensionierte Bischöfe und Pfarrer, freischwebende Professoren, Schriftsteller und Künstler vorzuweisen. Vorläufig war aus keiner mächtigen Institution auch nur ein Pfeiler herausgebrochen. Die Frontlinie verlief nach wie vor eindeutig zwischen den Institutionen als Repräsentanten der Macht und den ohnmächtigen Menschenhaufen an der sogenannten Basis. Indessen mehrten sich bedrohliche Anhaltspunkte dafür, daß von dieser Basis aus eine Sturmflut ungeahnten Ausmaßes losbrechen und in manchen bedeutenden westeuropäischen Ländern kaum kalkulierbare Umwälzungen hervorrufen könnte.

17. Kapitel

SC's Nachwort

An diesem Punkt hat SC seinen chronologischen Bericht plötzlich abgebrochen. Erst eine Weile später hat er noch eine Art Nachwort verfaßt. Daraus geht hervor, daß ihn eine schwere Krankheit befallen hatte, von der er sich offenbar nie wieder zu erholen vermochte. Er mußte aus dem HERMES-Dienst ausscheiden. Das bedeutete, nach den strikten Gepflogenheiten des Clubs, daß man ihn fortan aus allen Geheimsachen heraushielt. Um so mehr Beachtung schenkte man seinem persönlichen Wohl. Er erhielt auf der Mittelmeerinsel, wo man ihn in einem kleinen Privatsanatorium pflegte, reichlich Besuch von seinen alten Freunden. Es war traditioneller Stil von HERMES, seinen Mitarbeitern, insbesondere solchen mit herausragenden Verdiensten, auch im Alter oder im Falle von Gebrechlichkeit nach wie vor intensive Zuwendung angedeihen zu lassen.

Die wenigen Notizblätter aus der Sanatoriumszeit gehen mit keinem Wort auf das weitere politische Geschehen ein. SC läßt erkennen, daß er keinen erheblichen Zweifel an dem weiteren planmäßigen Ablauf des Programms hegte, welche Komplikationen auch immer eintreten könnten.

Aber diese Dinge beschäftigten den Kranken gar nicht mehr ernstlich. Vielmehr nahmen seine Gedanken eine unerwartete Wendung. Er zermarterte sich den Kopf mit melancholischen Überlegungen über den Sinn des HERMES-Plans und seine eigene mitverantwortliche Rolle. Wir wissen nicht recht, ob wir seine schwermütigen Ideen als Ausdruck seiner Krankheit oder umgekehrt die Krankheit als Bedingung werten sollen, welche ihm die Chance zu wesentlichen Einsichten vermittelt hat. Einen verständnisbereiten Gesprächspartner zu finden, erwartete er offensichtlich nicht. Denn er hat seine Erwägungen nur dem Notizbuch anvertraut.

Mit Verwunderung und sogar einem gewissen Entsetzen stellte er fest, daß er, solange er führende Verantwortung getragen habe, niemals von grundsätzlichen Bedenken geplagt worden sei. Gewiß hatte er nach einigem Zögern ursprünglich der Aktion aus voller Überzeugung zugestimmt. Er hatte so wenig wie alle anderen Leute aus dem Club bezweifelt, daß diese traditionsreiche großartige Zivilisation nur noch zwischen einem unerträglichen Siechtum oder einer tapferen aktiven Selbst-Auslöschung zu wählen hätte und daß letzterer Weg der würdigere und ehrenhaftere wäre. Als das Programm angelaufen war, hatte er sich wie viele Generäle verhalten, die nach dem Sinn eines Krieges nicht mehr fragen, wenn die Schlacht erst einmal begonnen hat. Er hatte sich ja sogar seinerzeit ausdrücklich für die Einsetzung der «Ständigen Kommission für innere Sicherheit» eingesetzt, um kritische Zweifler und Grübler dem Club fernzuhalten oder, wenn sie schon für HERMES arbeiteten, zu überwachen und notfalls zu disziplinieren.

Wenn er jetzt zurückblickte, so schien ihm seine damalige Verfassung durch eine regelrechte Besessenheit gekennzeichnet, so besonnen und umsichtig er auch sein Amt geführt hatte. Mit Haut und Haaren hatte er sich der Aufgabe verschrieben, nachdem er sie einmal akzeptiert hatte. Und seine hohe Verantwortung hatte ein übriges dazu beigesteuert, daß er sich jede Ablenkung von der beschlossenen Zielsetzung verboten hatte. Im übrigen, so machte er sich klar, hatte die Gruppensituation einen erheblichen Solidaritätsdruck ausgeübt. Schließlich nahmen sie alle an einer tollkühnen Verschwörung teil. Nur hundertprozentige Loyalität jedes einzelnen konnte das waghalsige Unternehmen vor dem ständig drohenden Scheitern bewahren. Trotz aller Vorsicht ließ sich nie ausschließen, daß eines Tages nicht nur Einzelagenten oder kleine Gruppen, sondern größere Einheiten von zentraler Bedeutung auffliegen würden.

Aber sie alle waren ja nicht erst durch die Arbeit geformt worden. Vielmehr hatte jeder freiwillig und aus einer bestimmten persönlichen Motivation heraus den Agentenberuf erwählt und sich schließlich mit dem HERMES-Konzept identifiziert. Als Angehöriger der Gründergeneration mußte sich SC sogar zu denen zählen, die das Konzept des Clubs aktiv mit erfunden hatten. Zumindest die Alten waren also nicht durch HERMES zu dem geworden, was sie dann waren, sondern sie hatten umgekehrt HERMES durch ihre Strukturen geprägt.

Aber wie waren ihre Strukturen eigentlich beschaffen? Was waren die Club-Oberen für eine Sorte Menschen? Diese Frage führte SC am Ende zu einem bestürzenden Bekenntnis, das ich wörtlich zitieren möchte:

«Ich glaube, wir alle sind von einer ähnlichen Verrücktheit befallen wie manche der großen Schachmeister. Der «HERMES-Wahn», den wir uns scherzhaft zugeschrieben haben, ist in weit höherem Maße krankhaft als die kleinkarierten Verfolgungsideen, die wir bei den Ost- und Westvölkern ausgesät haben. Wir haben wie kleine Götter unsere Lust daran gehabt, Regierungen, Militärstäbe, Parteien und ganze Volksmassen wie Schachfiguren zu manipulieren. Und wir haben uns mit den großartigen Leistungen unserer Hirne gleichgesetzt. Aber die Genialsten unter uns sind zugleich die unreifsten Kinder: sexuell unentwickelt, unfähig zu Frauenbeziehungen, im Grunde nur aktionsfähig im Schutze des Clubs – ähnlich wie die latent oder manifest homosexuellen Zöglinge eines elitären Knaben-Internats. Keiner von uns hat je in der eigentlichen Wirklichkeit gelebt. Wir haben vielmehr die Wirklichkeit zu unserem Theater gemacht und uns an den Künsten unserer Regieführung ergötzt.

Gewiß hatten wir recht damit, daß diese Zivilisation sich durch ihren unbeirrbaren Allmachtswillen zugrunde zu richten anschickte und daß sie nicht gerüstet war, die selbstpräparierte

Not durchzustehen. Aber wenn wir uns in der Rolle von Ärzten dünkten, die dieser kranken Zivilisation ein würdiges Ende durch unsere Art der Sterbehilfe verschreiben dürften oder sollten, so hätten wir statt dessen besser getan, gleich selbst die Konsequenz zu ziehen, die wir den anderen verordnet haben. Denn inzwischen sehe ich uns *und* mich *zugleich als die schlimmsten Produkte und Vertreter jener Megalomanie, die diese Zivilisation seit Jahrhunderten beherrscht hat.* Wir *haben den primitiven zynischen Totalitarismus, den der Hitler-Faschismus stümperhaft vorexerziert hat, verfeinert und auf eine vollendete Form gebracht. Wir sind gewissermaßen die personifizierte Entsprechung der Atomwaffenarsenale. Wir sind jeder Kontrolle entwachsen und vereinigen wie jene Sprengköpfe in uns eine ungeheure, rein destruktive Macht. Wüßte man von uns (eine Ahnung von unserer Existenz ist sicherlich verbreitet), müßte man uns vergöttern, so wie das deutsche Volk Hitler vergöttert hat. Wir repräsentieren ja eben genau das gespenstische Ideal der Allmacht, an dem die Massen nur teilnehmen könnten, wenn sie sich hörig mit uns – so wie mit ihren gigantischen Raketen – identifizieren würden. Vielleicht war dies auch der Grund, daß man uns niemals entlarven konnte.*

Ich begreife, daß ich in dem Moment krank werden mußte, als in mir erste Zweifel aufstiegen. Warum ich erst so spät und speziell in diesem Moment ein Stück der Wahrheit zu begreifen begann, die mich sogleich funktionsunfähig machte, vermag ich nicht eindeutig zu erklären. Aber unmöglich erscheint es mir nicht, daß die gewaltige Friedensbewegung, die ich zuletzt beschrieben habe, in mir den letzten verschütteten Rest jener Gefühle aufgerührt hat, von denen diese Bewegung in Gang gesetzt wurde.

Ich hatte, als ich mir über mich selbst und über die eigentliche Bedeutung von HERMES klar wurde, zunächst beschlossen, Suizid zu begehen. Jetzt denke ich, ich sollte mein Ende abwarten. Ich will noch versuchen, meine Notizen sicher zu deponieren. Für wen? Wenn ich das wüßte!»

Über den historischen Ablauf der Schlußphase hat unsere

Forschungsgruppe nur noch einen relativ groben Überblick gewinnen können. Jedenfalls ist die stattliche Friedensbewegung, die SC so schwerwiegend beeindruckt hat, wieder in sich zusammengebrochen. Wie es HERMES geplant hatte, inszenierten die sowjetische und die amerikanische Regierung eine Reihe von symbolischen Scheinverhandlungen. Nach Jahren einer nahezu vollständigen Kommunikationsflaute, in welchen die Staatsmänner der Supermächte einander wie gekränkte Kleinbürger aus dem Wege gegangen waren, schien man nun wieder auf ein entspannteres Klima hoffen zu dürfen. Die beunruhigten Völker Europas ließen sich weismachen, sie sollten schön brav und still sein, um die Großen nicht bei ihren zaghaften Wiederannäherungsversuchen zu stören. Wie unverbindlich die Verhandlungsresultate auch immer ausfielen, so ließen sie sich doch als wirksame Propagandawaffe gegen die Friedensbewegung verwerten. Die Psychos behielten wieder einmal recht, die prophezeit hatten, daß eine kleine Nachhilfe von oben als Anstoß genügen würde, um bei der großen Mehrheit eine erneute Verdrängung der höchst unangenehmen Atomkriegsangst zu bewirken.

Diese massenhaften Verdrängungsprozesse funktionierten also wiederum wie ein magischer Vorhang, hinter dessen Schutz die Rüstungsindustrien beider Seiten zur Produktion der letzten Generation von Massenvernichtungsarsenalen ansetzen konnten. Die Sowjets produzierten mit Hochdruck ihre gefürchteten Backfire-Bomber, ihre neuen gewaltigen Atom-U-Boote und die modernen eurotaktischen Systeme SS 21 und SS 22 weiter. Massenweise brachten sie SS 20 in Stellungen, die für die NATO-Mittelstreckenraketen unerreichbar waren. Sie verbesserten ihre Killer-Satelliten und bauten die in Amerika ausspionierten Cruise Missiles viel schneller nach, als man im Pentagon erwartet hatte. Aber die Amerikaner hielten in dem Wettrennen leicht mit. Sie entwickelten Marschflugkörper mit mehr als 2000 Kilometer Reichweite für die Marine und zogen damit vom Eismeer, dem Mittelmeer, dem Persischen Golf und dem Pazifik einen tödlichen Bedrohungsring um die Sowjetunion. Trotz Widerstandes der Mormonen bedeckten sie in Utah und Nevada riesige Areale mit 5000 Abschußbunkern und 10000 Meilen Zufahrtsstraßen für das MX-Raketensystem. Ein Vielfaches der Pershing II und der Cruise Missiles, die der sogenannte NATO-Nachrüstungsbeschluß vorgesehen hatte, wanderten nach Mitteleuropa und Großbritannien. Über 2000 Lance I- und Hunderte von Lance II-Raketen ergänzten das Kurzstrecken-Vernichtungspotential der westeuropäischen Streitkräfte. Daß die Amerikaner sich nicht davon abhalten lassen würden, ihre zunächst nur im eigenen Land gehorteten Neutronenbomben den widerstrebenden europäischen Partnern aufzunötigen, konnte nicht mehr verwundern, nachdem der Präsident die Serienproduktion dieser fürchterlichen Waffe überhaupt freigegeben hatte. Aber es dauerte nicht lange, bis auch die Sowjets ihre Raketen-Artillerie mit Neutronensprengköpfen zu bestücken vermochten. – Eher im Gleichschritt, allerdings unter peinlich gewahrter Diskretion, erweiterten beide Supermächte stetig ihre Depots grauenhafter chemischer und bakteriologischer Massenvernichtungsmittel.

Nachdem die Völker der NATO- und der Warschauer-Pakt-Staaten bereits vor dem letzten Beschleunigungsschub des nuklearen Wettrennens erfahren hatten, daß auf jeden Menschen dieser Länder umgerechnet 60 Tonnen des Sprengstoffes TNT entfielen, scheinen sie nicht mehr fähig gewesen zu sein, gegen die unvorstellbare weitere Steigerung der Bedrohung noch einmal eine nennenswerte Widerstandsbewegung in Gang zu setzen. Wie Nachtwandler taumelten sie dem Abgrund entgegen, ununterbrochen berieselt von der Beschwichtigungsformel des Abschreckungsgleichgewichtes und der Beteuerung der Unfehlbarkeit der computergesteuerten Warn- und Verteidigungssysteme.

Wer konnte und genügend einfältig war, baute sich immerhin noch einen kleinen Bunker in seinen Garten, und wer viel Geld hatte und sich besonders schlau dünkte, reihte sich in den NATO-Ländern in die geheime Völkerwanderung nach Neuseeland, Australien und den Südseeinseln ein, wo Grundstücksspekulanten einen letzten großen Boom feiern konnten. Aber längst gab es kein sicheres Loch mehr, in das man sich zur Rettung hätte verkriechen können. Nur zwischen einem raschen oder einem verzögerten, schleichenden Tod bestand noch die Wahl. Und für die zunächst noch Überlebenden, wenn es welche geben würde, würde gelten, was einer der letzten amerikanischen Präsidenten beim Scheiden aus seinem Amt geweissagt hatte: Sie «würden in Verzweiflung leben inmitten der vergifteten Ruinen einer Zivilisation, die Selbstmord begangen hätte».

Nach unseren Ermittlungen spricht vieles dafür, daß die Auslösung des finalen Infernos auf einer banalen technischen Panne beruhte. Ob und gegebenenfalls auf welche Weise dabei HERMES noch seine Hand im Spiele hatte, vermochte unsere Forschungsgruppe nicht zu ermitteln. Jedenfalls erfolgte der erste Raketenschlag ohne Zutun irgendeines verantwortlichen Staatsmannes. In Minutenschnelle eskalierten programmierte Aktionen und Gegenreaktionen. Die Nachrichtenverbindungen brachen zusammen. Offenbar wurde aus Panik heraus auf viele Knöpfe gedrückt, was wiederum verheerende Kettenreaktionen auslöste, bis dann im allgemeinen Chaos nach und nach der gesamte Raketenvorrat in die Luft gejagt wurde.

Wir sind uns klar darüber, daß unsere Forschungen noch wesentliche Fragen offenlassen. Aber wir dürfen hoffen, daß nachfolgende Archäologen-Generationen zumal den Hergang des Schlußaktes noch vollständig aufklären werden. Ob uns indessen die widersprüchliche Mentalität dieser Selbstmord-Gesellschaft je voll begreiflich werden wird, wagt unsere Forschungsgruppe zu bezweifeln.

Zweiter Teil
Aufruf zur Einmischung

18. Kapitel

Hoffnung auf die neue Friedensbewegung

«Wie der Kranke sein Karzinom vergißt, der Gesunde, daß er sterben wird, der Bankrotteur, daß kein Ausweg mehr ist, verhalten wir uns gegenüber der Atombombe und machen, den Horizont unseres Daseins verdeckend, gedankenlos noch eine Weile fort?»

K. Jaspers

«Radioaktive Wolken kümmern sich nicht um Meilensteine, Nationalgrenzen oder Vorhänge. Also gibt es in der Situation der Endzeit keine Entfernungen mehr. Jeder kann jeden treffen, jeder von jedem getroffen werden. Wenn wir hinter den Leistungen unserer Produkte moralisch nicht zurückbleiben wollen (was nicht nur tödliche Schande, sondern schändlichen Tod bedeuten würde), dann haben wir dafür zu sorgen, daß *der Horizont dessen, was uns betrifft*, also unser Verantwortungs-Horizont, *so weit reiche wie der Horizont, innerhalb dessen wir treffen oder getroffen werden können;* also daß er global werde. *Es gibt nur noch ‹Nächste›.»*

G. Anders

Anna Freud hat es der Wirksamkeit eines unbewußten Abwehrmechanismus zugeschrieben, daß Menschen sich unter Umständen in die Rolle des Angreifers hineinphantasieren, vor dem sie sich fürchten. Sie hat diesen Mechanismus «Identifikation mit dem Aggressor» genannt. Es ist der Versuch, eine unerträgliche Furcht auf aktive Weise zu bewältigen. In gewisser

Weise ist die vorstehende «Geschichte» ein Beispiel für diesen Mechanismus. Die Ohnmacht des Wissens, daß unsere Erde in jedem Augenblick in ein einziges Hiroschima verwandelt werden könnte, kann man dadurch zu verleugnen versuchen, daß man sich aus der Situation des passiv Ausgelieferten fiktiv in die Situation eines aktiven Vollziehers der Katastrophe hineinversetzt. In dem Inhalt der «Geschichte» bildet sich die Angst davor ab, daß weder einseitig die Amerikaner noch einseitig die Sowjets die eigentliche Bedrohung für uns, für mich darstellen, sondern daß beide Seiten in einen unheimlichen Prozeß verstrickt sind, der ihrer Steuerung zu entgleiten droht. Die Unheimlichkeit der hereinbrechenden Irrationalität wird – für einen Moment – erträglich, indem man einen scheinlogischen Zusammenhang konstruiert, den man selber nicht nur vollständig zu durchschauen meint, sondern – identifiziert mit HERMES – souverän dirigiert. Der zynische Sadismus, den «Euthanasieplan» in der Phantasie durchzuspielen, ist die Kehrseite des Entsetzens über das verbrecherische Unheil, das mit einer Folgerichtigkeit näherzurücken droht, die tatsächlich wie von unsichtbarer Hand geplant anmutet.

Die «Identifikation mit dem Angreifer» ist ein unbewußter Mechanismus. So ist auch diese «Geschichte» nicht nach einem lange vorbereiteten Plan, sondern auf Grund spontaner Intuition entstanden, auch wenn von vornherein an einen sozialpsychologischen Beitrag zum Problem der Friedensfähigkeit gedacht war. Die Angst hat sich diesen Ausweg gesucht. Aber wenn man sich nachträglich mit dieser Reaktion und ihrem Produkt auseinandersetzt, so kann man daraus doch wohl einige Lehren ziehen.

Wie die «Geschichte» zeigt, bedarf es gar nicht einmal eines besonderen Phantasieaufwandes, dem makabren Rüstungswettlauf die innere Logik eines programmgemäß ablaufenden Generalstabsplans zu unterstellen. Es genügen wenige erfundene Zutaten, und der «Unsinn an sich» (Dürrenmatt) ordnet sich zu einer geschlossenen Kette konsequent aufeinander bezogener Ereignisse. Es enthüllt sich ein Prozeß, der von einer unheimlichen Schubkraft kontinuierlich angetrieben wird und gradlinig einem bestimmten Ziel entgegenstrebt. Genau wie es Robert Oppenheimer 1974 gesagt hat, bewegen wir uns anscheinend nach wie vor mit einer makabren Zielstrebigkeit in Richtung Hölle, und die Geschwindigkeit hat eher noch zugenommen.

Wir machen uns also etwas vor, wenn wir diese Entwicklung als wahnsinnig oder verrückt zu bezeichnen pflegen. Wir tun damit so, als würden wir von etwas total Unbegreiflichem überfallen, über das wir uns nicht den Kopf zermartern müßten. Und wir beschwichtigen uns mit Hilfe des ebenso bequemen wie fatalen Vorurteils, daß keine Irrationalität sich längerfristig in einer von technokratischen Planern bestimmten Politik halten könne. Irgendwann werde die Wirklichkeit schon wieder vernünftig werden.

Paradoxerweise hat es aber nun den Anschein, daß gerade die verantwortlichen politischen Steuermänner am allerwenigsten fähig scheinen, den fatalen politischen Kurs zu revidieren. Die technokratischen Macher einschließlich ihrer Stäbe von Planern und Beratern sind es ja gerade, deren Denken innerhalb des von ihnen erfundenen Abschreckungssystems wie in einer Falle gefangen ist. In dem Abschreckungskonzept sind die Motive der Angst und des Machtwillens festgeschrieben, wobei jede Seite sich selbst eher von der Angst und die Gegenseite eher vom Machtwillen her definiert. Darin steckt ein primäres Ungleichgewicht, das eine stetige Selbsteskalation des Bedrohungssystems nicht nur möglich, sondern notwendig macht. Aber eben darum, weil die technokratische Politik die irrationalen Triebkräfte, von denen sie in Wirklichkeit geleitet wird, ausblendet, kommt sie trotz allen mühsamen Herumrechnens wie in den SALT-Verhandlungen einem Ausgleich zwischen beiden Seiten nie näher. Es ist das Vorurteil einer sich besonders aufgeklärt dünkenden Politik, daß sie das Problem der Völkerverständigung mathematisch-technisch lösen will. Dabei ist ein Gleichgewichtszustand zwischen Ost und West doch offensichtlich nur durch einen *gemeinsamen Willen* zum Ausgleich herstellbar. Dieser wiederum setzt voraus, daß man beiderseits das Verhältnis zueinander *anders als ausschließlich durch Bedrohen oder Bedrohtwerden* definieren könnte. Ohne entschlossene Bereitschaft zu einer wechselseitigen *Annäherung im Vertrauen* ist eine wirkliche Sicherung des Friedens undenkbar.

Vertrauen ist indessen eine Qualität, die nur zwischen *Menschen* wachsen kann, die einander begegnen und miteinander reden. Vertrauen kommt nicht dadurch zustande, daß Leute an Washingtoner und Moskauer Schreibtischen Rüstungsvergleiche ausrechnen, die, wie sich zeigt, nie zueinander passen. Es wäre nötig, daß die unmittelbar verantwortlichen Politiker immer wieder zusammenkämen und miteinander glaubwürdig um Verständigung und Abrüstung ringen würden. Aber gerade dies wird vermieden. Allenfalls läßt man unter dem Druck der Massen von zweitrangigen Experten eine Art von symbolischem Verhandlungstheater aufführen, bei welchem man schon gar nicht mehr von Abrüstung, sondern nur noch zaghaft von Rüstungsbegrenzung und Rüstungskontrolle zu reden wagt. Jedenfalls haben die geängstigten abhängigen Völker recht, in dem feindseligen Auseinanderrücken der verantwortlichen Politiker der Supermächte nicht etwa nur so etwas wie eine klimatische Nebenerscheinung zu sehen, sondern das Symbol für eine Schwächung des politischen Verständigungswillens.

Wenn es eine Gegenkraft gibt, die noch eine Wende herbeiführen kann, so kann diese sich lediglich als *Massenbewegung von unten* entfalten. Die in Machtkonkurrenz erstarrte etablierte Politik kann nur durch einen *massenhaft verbreiteten alternativen Willen* aus ihrer Bahn geworfen werden. Ohne Zweifel deutet sich in der neuen bedeutenden Friedensbewegung ein solcher anderer Wille an. Die Haltung, von der aus allein eine Katastrophe dauerhaft verhindert werden kann, hat Günther Anders 1959 vorgezeichnet:

«Was wir bekämpfen, ist nicht dieser oder jener Gegner, der mit atomaren Mitteln attackiert oder liquidiert werden könnte, sondern die atomare Situation als solche. Da dieser Feind *aller* Menschen Feind ist, müßten sich diejenigen, die einander bisher als Feind betrachtet hatten, als Bundesgenossen gegen die gemeinsame Bedrohung zusammenschließen.»

Der letzte Satz mag vielen ebenso einleuchtend wie zugleich utopisch erscheinen. Aber utopisch ist er eben nur, wenn man an die Prinzipien denkt, von denen sich die Politbürokratien leiten lassen. Die große Mehrheit der Menschen hüben wie drüben wünscht sich zweifellos nichts sehnlicher als ein friedliches Zusammenleben unter Abbau der wechselseitigen atomaren Bedrohungen. Ich bin sicher, daß eine demoskopische Umfrage sowohl im Osten wie im Westen ergeben würde, daß diese Einstellung unter den Völkern überwiegt. Und alles läuft auf die Frage hinaus, wie sich das, was die Menschen mehrheitlich wünschen, politisch durchsetzen läßt.

Noch jedesmal, wenn die Atomkriegsangst ihrer Verdrängung entzogen wurde und ins allgemeine Bewußtsein durchdrang, enthüllte sich eine weitverbreitete Stimmung gegen die Atomrüstung. Als in der zweiten Hälfte der fünfziger Jahre die Beteiligung der Bundesrepublik an dem atomaren Wettrüsten der Großmächte zur Debatte stand und die Medien dieses Thema in den Vordergrund rückten, sprachen sich einmal 64 Prozent, ein anderes Mal 72 Prozent der befragten Westdeutschen gegen die Ausrüstung der Bundeswehr mit Atomwaffen aus. 1958 befürworteten 52 Prozent der gesamten erwachsenen Bevölkerung der Bundesrepublik (einschließlich Westberlin) einen Streik zur Verhinderung der Atomausrüstung der Bundeswehr. Nur 31 Prozent lehnten einen Streik in dieser Frage ab. Bei einer Urabstimmung in der Gewerkschaft ÖTV befürworteten 94,9 Prozent von 87,5 Prozent, die sich an der Abstimmung beteiligt hatten, einen entsprechenden Streik. In Großbritannien votierten bei einer repräsentativen Gallup-Umfrage 1958 sogar 85 Prozent der Befragten gegen eine Teilnahme des

Staates am atomaren Wettrüsten. Und 1960 nahm der Labour-Parteitag mit 3 300 000 Blockstimmen eine Resolution an, die auf atomare Abrüstungsschritte hinzielte. Aber sogleich erklärte die Parteiführung damals, daß die Unterhausfraktion sich nicht an Parteitagsbeschlüsse gebunden fühle.

Kürzlich hat in Großbritannien eine neue Meinungsumfrage stattgefunden. 56 Prozent der Befragten haben sich gegen die Stationierung von Cruise Missiles auf der Insel ausgesprochen. In Holland, Dänemark, Norwegen greift die neue Friedensbewegung rapide um sich. Eine Million Niederländer hat unlängst durch Unterschrift gegen die Entwicklung der Neutronenbombe protestiert. Lediglich acht Prozent der Holländer haben bei einer Befragung der Stationierung neuer Mittelstrekkenraketen in den Niederlanden ohne Einschränkung zugestimmt. In der Bundesrepublik ließ der in kurzer Zeit von über 800 000 Menschen unterzeichnete Krefelder Appell aufhorchen. Und wer Ende 1980 Gelegenheit hatte, im Rahmen der von der «Aktion Sühnezeichen/Christliche Friedensdienste» organisierten Friedenswoche westdeutsche Städte zu bereisen und entsprechende Veranstaltungen zu besuchen, konnte bemerken, daß die Empörung über den Rüstungswettlauf und über die daraus für unser Volk erwachsenden Risiken in raschem Ansteigen begriffen war. Bezeichnend für die Kluft zwischen den Parteibürokratien und der Volksstimmung ist die Tatsache, daß die offizielle Politik die neue Friedensbewegung erst ins Visier nahm, als diese sich schon über ein halbes Jahr lang vor allem in der jungen Generation in breiter Verzweigung entwickelt hatte. Da beeilten sich dann bekanntlich die höchsten Amtsträger mit Versuchen, die Flut durch energische Einschüchterungsversuche aufzuhalten. Man redete von «gefährlichen pazifistischen Strömungen» und sprach der Friedensbewegung, die man als eine «sogenannte» bezeichnete, die moralische Qualifikation ab. Wer die Aufrüstung («Nachrüstung») verhindern wolle, arbeite direkt auf eine kommunistische Versklavung des Volkes hin. Aber bislang zeigt sich, daß alle Drohungen oder Beschwichtigungsversuche der für die «Nachrüstung» plädierenden großen Parteien bzw. ihrer Führer kaum Eindruck machen.

Dies ist nun ein wesentlicher Unterschied zu der ersten Friedensbewegung aus den fünfziger, sechziger Jahren. Damals hatten sich die sozialdemokratische Partei und die Gewerkschaften rasch an die Spitze der Kampagne gesetzt. So konnten sie die Entwicklung von oben halbwegs kontrollieren. Und als sich die Sozialdemokraten aus taktischen Gründen zurückziehen wollten, war es ihnen ein leichtes, die Kampagne schlagartig entscheidend zu schwächen. Diesmal sind die politischen Institutionen von der Basisbewegung überrumpelt worden. Die Bewegung entwickelt sich in einem Gegensatz zu ihnen. Die Menschen in den zahlreichen friedenspolitischen Initiativgruppen und Vereinigungen spüren, daß es von ihrer Entschlossenheit und ihrem Engagement abhängt, die offizielle Politik in der Richtung ihres Willens zu beeinflussen. Sie können sich zwar sicher fühlen, die Stimmung der Mehrheit zu repräsentieren. Nichtsdestoweniger sehen sie sich vor der schwierigen Aufgabe, als Basisbewegung eine Grundsatzentscheidung von größter internationaler Tragweite gegen die Vorleistungen und erklärten Absichten der gewählten politischen Gremien durchzusetzen. Sie sehen zwar, daß sich unter ihrem Einfluß am linken Flügel der Regierungsparteien einige Unruhe zeigt. Und selbst an den Parteispitzen läßt sich ein gewisser Wandel in der Abwehrstrategie erkennen. Man taktiert dort vorsichtiger und flexibler, nachdem man wohl begriffen hat, daß man die Bewegung nicht rasch ausmanövrieren kann, sondern ernst nehmen muß. Die führenden Polit-Technokraten können unter dem Druck der neuen außerparlamentarischen Opposition selbst nur schwer verbergen, daß auch sie gern die neuen Risiken vermieden sehen würden, die mit der von ihnen befürworteten «Nachrüstung» automatisch verbunden sind. Gegen diese Zwiespältigkeit in den Zentralen der politischen Macht kann die Friedensbewegung die geschlossene Offensivkraft eines positiven Willens setzen. Ihre wesentliche Legitimation kann sie darin erblicken, daß die offizielle Politik über Jahrzehnte hinaus Zeit hatte, die Tauglichkeit ihrer Konzepte für den Abbau der atomaren Risiken nachzuweisen. Statt dessen ist diese Politik an dieser Bewährungsprobe total gescheitert. Der beschwichtigende Hinweis auf die äußere Ruhe, die man bisher in der Ost-West-Beziehung habe bewahren können, widerlegt sich selbst durch die Tatsache, daß während dieser trügerischen Ruhe beiderseits etwa das Zwanzigfache der Vernichtungsenergie angehäuft worden ist, die zu einer glaubwürdigen Abschreckung vollauf gereicht hätte.

Also ist die Hoffnung begründet, daß die neue Friedensbewegung sich weder zerschlagen noch von oben her disziplinieren läßt und daß sie der nicht minder erheblichen Gefahr einer Erschöpfung von innen heraus entgeht. Dennoch gilt es, sich gut für die Bewältigung großer anstehender Schwierigkeiten zu rüsten. Diese Schwierigkeiten fallen teilweise in den Bereich der allgemeinen politischen Strategie, teils in den Bereich der Einstellung, der Entschlußkraft und der Durchhaltefähigkeit in den Gruppierungen, die diese Bewegung tragen. Im alleinigen Blick nach außen auf die große Politik unterschätzt man leicht die Lernprozesse, die jeder für die Befähigung zu einer konstruktiven und beharrlichen Mitarbeit in dieser Bewegung benötigt. Aber was gibt es da zu lernen?

19. Kapitel

Lernen, Angst auszuhalten und sich zu wehren

«Die entfesselte Macht des Atoms hat alles verändert, nur nicht unsere Denkweise ... Wir brauchen eine wesentlich neue Denkungsart, wenn die Menschheit am Leben bleiben soll.»
«Die Menschen müssen ihre Haltung gegeneinander und ihre Auffassung von der Zukunft grundlegend ändern.»
A. Einstein

«Heute ist nicht mehr viel Zeit verfügbar; es kommt darauf an, daß diese unsere Generation es fertigbringt, umzudenken. Wenn sie es nicht kann, sind die Tage der zivilisierten Menschheit gezählt.»
M. Born

«*Habe keine Angst vor der Angst, habe Mut zur Angst. Auch den Mut, Angst zu machen. Ängstige deinen Nachbarn wie dich selbst.* – Freilich muß diese unsere Angst eine von ganz besonderer Art sein: 1. Eine furchtlose Angst, da sie jede Angst vor denen, die uns als Angsthasen verhöhnen könnten, ausschließt. 2. Eine belebende Angst, da sie uns statt in die Stubenecken hinein in die Straßen hinaus treiben soll. 3. Eine liebende Angst, die sich *um* die Welt ängstigen soll, nicht nur *vor* dem, was uns zustoßen könnte.»
G. Anders

1980 veröffentlichte eine Arbeitsgruppe der Deutschen Gesellschaft für Friedens- und Konfliktforschung eine Denkschrift über «Neue Wege der Abrüstungsplanung». Als erste Folgerung, wie man aus der Sackgasse der gefährlichen Abschreckungspolitik herauskommen könne, wird genannt: «Die Mobilisierung der Öffentlichkeit durch Verdeutlichung der Risiken militärisch fixierter Sicherheitspolitik. Ihr Engagement könnte die politischen Entscheidungsträger bewegen, überlebte sicherheitspolitische Denkmuster abzustreifen.»

Dieser allgemeinen Folgerung ist voll zuzustimmen. Nur aktiviert die Verdeutlichung von Risiken allein noch *nicht* die Menschen zum politisch wirksamen Handeln. Die Politologen, Wirtschaftswissenschaftler, Militärtheoretiker, Soziologen oder Physiker, die sich in der Friedensforschung zusammengefunden haben, unterschätzen nicht selten die Hindernisse auf der Wegstrecke zwischen Erkenntnis und Handlungsfähigkeit. Hier ist Spielraum für sehr unterschiedliche psychische Prozesse, die eine ganz andere als die erwartete Richtung einschlagen können.

Daß er als Bürger eines NATO-Landes (oder eines Warschauer-Pakt-Landes) persönlich von umgerechnet 60 Tonnen TNT bedroht wird, versetzt jeden in dem Augenblick, in dem er sich diese furchtbare Wahrheit erstmalig voll bewußtmacht, in schockartige Verwirrung. Als ich selbst während der akuten Afghanistan-Krise von dem Ausmaß der auf jeden von uns lauernden Vernichtungsenergie durch einen befreundeten Physiker erfuhr, war ich momentan fassungslos. Oberflächlich hatte ich mich rasch wieder unter Kontrolle. Ich konnte mich, wie man zu sagen pflegt, unauffällig benehmen. Aber in den nächsten beiden Nächten verfolgten mich unruhige Träume. Erstmalig seit vielen Jahren tauchten in mir wieder Bilder von Kriegsszenen auf. In dem einen Traum befand ich mich zusammen mit vertrauten Personen in einem Haus, das von Russen durchsucht wurde. Die Situation war bedrohlich, und ich suchte angestrengt nach einem sicheren Versteck. Als ich mir nachträglich diesen Traum überlegte, fand ich es anfangs leicht verständlich, daß die Atomkriegsangst in mir Assoziationen geweckt hatte, die zu meiner Erfahrung paßten. Ich hatte die ersten grauenhaften Kriegseindrücke als achtzehnjähriger Soldat im Rußlandkrieg erfahren, und meine Eltern waren durch Russen ums Leben gekommen. Aber dann machte ich mir als Psychoanalytiker klar, daß in dem Traum nicht einfach nur Erinnerungen reproduziert worden waren. Sondern der Traum hatte meine panische Angst vor *der* Bombe, mit der ich eingeschlafen war, auf die Furcht vor den *Russen* eingeengt. Und mir ging auf, daß in mir ein Prozeß abgelaufen war, wie er sich gewiß millionenfach aus der unbewußten Tendenz heraus abspielt, die Angst durch Verschiebung auf ein naheliegendes Feindbild einzuschränken und erträglicher zu machen. So hatte ich, als ich aufgewacht war, statt der *unsichtbaren* Bomben den *sichtbaren* Russenfeind vor mir. Das Böse war nur noch auf einer, nämlich auf der *anderen* Seite – während ich mich in Wirklichkeit vor den durch die befreundeten Amerikaner (indirekt durch uns alle) produzierten Risiken nicht minder fürchtete. Und dann konnte ich etwas gegen die Bedrohung *tun*. Ich konnte weglaufen und mich verstecken, während ich einem Atomkrieg schutzlos ausgeliefert wäre.

In der Unfähigkeit, meine Angst psychisch so zu «bearbeiten», daß ich wieder hätte einfach zur Tagesordnung übergehen können, sprach ich in den nächsten Tagen und Wochen viele Leute auf das Thema an, das mir keine Ruhe mehr ließ. Ich fragte meine Freunde, meine Mitarbeiter, ich rief Politiker, Politologen, engagierte Schriftsteller und psychoanalytische Kollegen an. Ich wollte wissen, wie die anderen mit dem Problem umgingen und was wir vielleicht gemeinsam tun könnten.

Aus diesen Gesprächen entstand im Mai 1980 folgender gemeinsam mit Andreas Buro, Iring Fetscher, Margarete Mitscherlich-Nielsen und Alice Schwarzer verfaßter offener Brief an den Bundeskanzler:

Sehr geehrter Herr Bundeskanzler,
niemand bezweifelt Ihre Einschätzung, daß die Weltlage bedrohlich ist. Sie selbst klagen mit Recht, daß die Großmächte nicht einmal die vorhandenen Instrumente für die erforderliche Entspannung nützen. Es kann daher nicht verwundern, daß in unserer Bevölkerung – unter der Oberfläche scheinbarer Ruhe – Unmut über eine Politik wächst, die von vielen Menschen dieses Landes nicht nur als persönliche Gefährdung, sondern als Bedrohung der ganzen Menschheit empfunden wird.

In einem Augenblick, da die Nuklearrüstung der Großmächte ein Zerstörungspotential in der Höhe von umgerechnet mehreren Tonnen Dynamit pro Kopf der Weltbevölkerung angesammelt hat, muß die Politik der Bundesregierung durch ihre Tätigkeit im Rahmen der internationalen Beziehungen dem vitalen Friedensbedürfnis ihrer Bürger, das zugleich das aller Menschen ist, noch viel entschiedener als bisher Rechnung tragen. Taktische Beschwichtigungen oder gar Einschüchterungen gegenüber kritischen Stimmen erscheinen uns in dieser Lage ganz unangemessen.

Was wir Deutschen mehr noch als andere lernen müssen ist, daß wir uns nicht auf eine blinde Verteufelung des Gegners einlassen, sondern um Verständnis auch für dessen Situation zu bemühen haben. Nur auf diesem Wege kann die Fähigkeit zum Frieden entwickelt und stabilisiert werden. In den meisten aktuellen Darstellungen der Weltlage wird aber z. B. die einschneidende Veränderung des politischen und militärischen Gleichgewichts durch die bis an Kooperation grenzende Annäherung der USA an China vollkommen unterschlagen.

Nicht, daß wir die realen Gefahren für Europa übersähen, aber die von den USA geforderte Loyalität des Bündnispartners würde zum unverantwortlichen Mitläufertum, wenn sie darauf verzichtete, abweichende Lagebeurteilungen und Kritik am Vorgehen des Partners zu artikulieren.

Die Fähigkeit zum Frieden verlangt, daß man sich auch in die Motive des Gegners einfühlt. Die gemeinsame Verantwortung sollte beide Weltmächte nötigen, auch dann, und gerade dann, um die Aufrechterhaltung eines entschlossenen Verständigungswillen zu ringen, wenn eine von beiden eine gefährliche Situation heraufbeschworen hat. Bei allem, was man kritisch gegen das Vorgehen der Sowjetunion in Afghanistan einwenden kann, handelt es sich doch bei ihrer Führung nicht um unverantwortliche Vabanque-Politiker, die man mit den Nazis auf eine Stufe stellen dürfte. Aus diesem Grunde sind auch die Vergleiche mit 1936 und 1939 ganz entschieden zurückzuweisen.

Der Rüstungswettlauf, der z. Z. nicht nur durch die Modernisierung der sowjetischen Mittelstreckenraketen, sondern ebenso auch durch das gigantische amerikanische Rüstungsbudget angeheizt wird, ist – wie die Geschichte eindringlich lehrt – kein geeignetes Mittel zur Friedenssicherung. Mit dem Vorwand, das Gleichgewicht sei gestört, wurden seit etwa 30 Jahren alle waffentechnischen Innovationen und Ausgabensteigerungen begründet. Aus diesem Grunde erscheint uns auch der sogenannte Nachrüstungsbeschluß der NATO – ganz abgesehen von seiner besonderen Problematik für Europa – nicht einleuchtend begründbar. Wir bitten Sie daher, Herr Bundeskanzler, in dieser Lage dadurch aktiv zur Entspannung beizutragen, daß Sie diesen Beschluß, der auch bei den kleineren NATO-Partnern auf starke Vorbehalte traf, zur Disposition stellen.

Während des amerikanischen Vietnam- und Kambodscha-Krieges hat die Bundesregierung – im Unterschied zur sozialdemokratischen Partei Schwedens – auf offene Kritik an ihrem Bündnispartner verzichtet, obgleich schon damals eine kritische Distanzierung ein Akt ehrlicher Solidarität mit dem amerikanischen Volk gewesen wäre. Heute würde eine eindeutige Profilierung der bundesdeutschen und europäischen Position zwar womöglich Unmut in Teilen des amerikanischen Kongresses hervorrufen, von anderen aber als Hilfe und Ausdruck wirklicher Verbundenheit akzeptiert werden. Wir sind sicher, daß die Mehrheit unserer Nachbarn in West und Ost diesen Schritt der Bundesregierung begrüßen würde.

Mit verbindlichen Empfehlungen

Ich funktionierte damals rasch einen öffentlichen Vortrag um, den ich an unserer Universität auf Einladung zu einem allgemeinen sozialen Thema angekündigt hatte. Ich widmete mein Referat einzig der Frage, wie wir uns wohl gegenseitig helfen könnten, zunächst die realistische Angst vor einer atomaren Aggression auszuhalten (damals bejahte bei repräsentativen Umfragen nahezu die Hälfte der Befragten die Möglichkeit eines großen Krieges), und wie wir uns am sinnvollsten gegen eine Politik wehren könnten, die diese Angst begründete.

Dem Vortrag folgte eine engagierte Diskussion. Und ein Teil des Publikums traf sich unmittelbar anschließend in den Räumen der Evangelischen Studentengemeinde, wo der Plan gefaßt wurde, eine gemeinsame friedenspolitische Arbeit zu beginnen. Daraus entstand übrigens eine – noch heute aktive – Bürgerinitiative, deren Entwicklung sicherlich ziemlich typisch ist für den Werdegang vieler ähnlicher friedenspolitischer Basisgruppen.

An mir selbst und vielen anderen habe ich ansatzweise oder sehr ausgeprägt genau die Reaktionsmöglichkeiten wahrgenommen, die ich in meiner «Geschichte» in dem Kapitel über die «Planspiele» erörtert habe. Jeder, der sich die Sackgassen-Situation einer sogenannten Sicherheitspolitik eingesteht, die in Wirklichkeit eine eskalierende furchtbare Risikopolitik ist, hat damit zu kämpfen, sich nicht von dem Gefühl *totaler Ohnmacht* überwältigen zu lassen. Das Over-overkill-Potential, das uns in einem kaum vorstellbaren Ausmaß bedroht, bewirkt eine ungeheure Einschüchterung. Man fühlt sich ähnlich verloren wie ein Kind, dessen Eltern sich in unverantwortlicher Weise in eine Krise hineintreiben lassen, in der das Kind schutzlos unterzugehen fürchtet. So habe ich z. B. meine Reaktion, daß ich auf Grund des frischen Schocks mit vielen Leuten über meine Angst reden und sie um Rat fragen mußte, als Ausdruck einer derartigen kindlichen Verzweiflung und Verwirrung empfunden.

In dieser Lage wird einem erst in vollem Umfang bewußt,

daß wir zur Zeit an den eigentlichen Schaltstellen der Macht keine «Eltern» haben, auf deren Schutz wir uns verlassen können. Wo hervorragende Politiker eindeutig einen Abbau des wechselseitigen Bedrohungssystems fordern, wirken sie entweder in blockfreien Ländern oder in kleinen «Blockprovinzen». Oder sie sind, wenn sie wichtigen Machtzentralen allzu nahegerückt waren, längst auf einflußlose Positionen abgedrängt worden. Um bei dem Familienmodell zu bleiben: Wir sehen uns als gefährdete Kinder genötigt, uns als *Geschwister* zusammenzutun und in der *Gemeinschaft* nach Möglichkeiten einer kollektiven Selbsthilfe Ausschau zu halten. So erfüllen die friedenspolitischen Basisgruppen u. a. den keineswegs unwichtigen Sinn, den einzelnen abzustützen, der seine Angst und sein Bewußtsein eines ohnmächtigen Ausgeliefertseins in der Isolation kaum aushalten, geschweige denn in konstruktiver Weise bearbeiten könnte.

Wenn es junge Leute vergleichsweise leichter haben, Halt und Ermutigung in solchen Gruppen zu suchen, so verdanken sie dies unter anderem ihrer im Durchschnitt noch weniger geschädigten Kontaktfähigkeit. Trotz Notendruck und Massenbetrieb an Bildungs- und Ausbildungsinstitutionen kann man einander in der jungen Generation doch noch eher ansprechen und etwas spontan miteinander machen. Viele der Älteren sind durch entfremdende Arbeitsbedingungen oder familiäre Abkapselung längst so vereinsamt, daß sie sich eine Integration in derartige Gruppeninitiativen nicht mehr ohne weiteres zutrauen, obwohl genau dieser Schritt für sie selbst und die anderen hilfreich wäre. In derartigen Gruppen könnte nämlich jeder erfahren, daß er genau so, wie er durch die anderen mehr Halt findet, auch für die übrigen wichtig ist. Es sind ja eben «Geschwistergruppen», in denen es keine Oberen und Unteren gibt.

Aber da ist auch noch das Problem der *sozialen Abhängigkeit*, das vielen Älteren besondere Schwierigkeiten macht. Man exponiert sich, wenn man in einer friedenspolitischen Gruppe Stellung gegen die offizielle Rüstungspolitik bezieht. Man gilt fortan – bestenfalls – als ein Unangepaßter. Sich diesen Ruf zu leisten, bedeutet noch nicht so sehr viel für Leute in sozial gesicherten Stellungen, aber u. U. sehr viel für Menschen, die sich und ihre Familien damit sozial gefährden. Meine geschilderte Möglichkeit, mir aus meinem Ohnmachtsgefühlen heraus einen Weg zu einer friedenspolitischen Gruppenaktivität zu bahnen, enthielt kein berufliches Risiko, das viele andere «Abweichler» zumal in solchen Betrieben eingehen, in denen politischer Konformismus noch oder wieder als zentrales berufliches Qualifikationsmerkmal gewertet wird. Aber nicht nur von «oben», sondern auch in der horizontalen Ebene haben viele eine stillschweigende Ächtung durch Kollegen und Nachbarn zu bestehen, die verurteilen, was sie in tiefstem Grunde vielleicht auch selbst gern tun würden. Wenn es allerdings nur um das Image und nicht konkret um berufliche Gefährdung geht, ist es noch relativ leichter, die Exponierung zu wagen. Und viele sind im nachhinein stolz auf sich, daß sie sich selbst treu geblieben sind und es ertragen können, nicht mehr von allen Seiten wohlgelitten zu sein.

Aber die Versuchung ist groß genug, vorzeitig zu kapitulieren. Und in den meisten von uns steckt eine systematisch anerzogene Bereitschaft, sich gegen alles noch so berechtigte Mißtrauen einzureden, die offiziellen Autoritäten verdienten eine willige Gefolgschaft. Warum ist denn die erste große Friedensbewegung in unserem Lande von einem Jahr zum anderen so auffallend ermattet? Ganz offensichtlich hat die Autoritätsergebenheit vieler eine Rolle gespielt. Solange man sie von «oben», von den Zentralen der SPD und der Gewerkschaft zum Engagement gegen die Atomrüstung ermutigt hatte, waren alle mit Feuer und Flamme dabeigewesen. Als es dann aber darum ging, ohne oder sogar gegen die mächtigen Organisationen weiterzumachen, schwand der Mut rasch dahin. Sich den Rückhalt bei den stützenden Autoritäten zu bewahren, war für viele wichtiger als die konsequente Befolgung der Einsichten, welche durch die «Kampf-dem-Atomtod-Kampagne» vermittelt worden waren. Dieses Beispiel bezeugt besonders eindrücklich, wie wenig die Verdeutlichung einer politischen Gefahr *allein* garantiert, daß sich die Menschen zu einem ausdauernden aktiven Widerstand aufraffen.

Gewiß ist diesmal die Lage anders. Wer sich in der neuen Friedensbewegung bereits engagiert hat, ohne sich von den einäugigen Gruppierungen (im Sinne des «Ostwahns» oder des «Westwahns») einfangen zu lassen, hat damit bereits eine gewisse Widerstandsfähigkeit gegen Autoritätsdruck bewiesen. Deshalb tritt diese Bewegung – zumindest vorläufig – auch mit einem sehr viel stärkeren Selbstbewußtsein auf. Die Selbstsicherheit wird durch die Wahrnehmung eines Autoritätsschwundes der politischen Führung erhöht. Verbreitet sich doch der Eindruck, daß die eigene wie auch andere westeuropäische Regierungen der neuen Proteströmung nur halbherzig entgegentreten, da sie anscheinend mit der Kritik an der amerikanischen Stärkepolitik insgeheim stärker identifiziert sind, als sie aus Loyalitätsgründen zu bekennen wagen.

Aber es gibt auch jene oberflächliche aktionistische Zuversicht, die in der «Geschichte» als *«Flucht nach vorn»* beschrieben wurde. Sie findet sich bei denen, die ihre innere Spannung mit pausenlosem hektischen Agieren niederzuhalten versuchen. Sie bilden in einer Friedensinitiative den Flügel, der immerfort etwas inszenieren und organisieren will. Sie wirken bedrohlich auf den Flügel derjenigen, die es sehr wesentlich finden, in der Gruppe auch an der eigenen Haltung und an der Beziehung untereinander zu arbeiten. Diesen Leuten schwebt vor, daß man sich zunächst einmal selbst beweisen müsse, daß man in der Gruppe so etwas wie Offenheit, Einfühlung in die Probleme der anderen, Aushalten von Gegensätzen zustande bringe. Sie sagen: Wenn echte Friedenspolitik von der Fähigkeit und dem Willen zur Verständigung und zur solidarischen Bewältigung der Kriegsgefahr abhänge, dann könne man diese Politik nur glaubwürdig fordern, wenn man sich um die Verwirklichung einer solchen Haltung auch im eigenen Kreise bemühe.

Es kann freilich zu einer Zerreißprobe für die Gruppe werden, wenn die einen, denen das Innenleben der Gruppe wichtig ist, und die anderen, die sich nicht rasch genug in den politischen Kampf stürzen können, sich gegenseitig blockieren. Alles hängt davon ab, daß beide Seiten die Chancen eines sinnvollen Ergänzungsverhältnisses begreifen und den Konflikt in eine fruchtbare Kooperation verwandeln. Es tut den hektischen Machern nur gut, mit Hilfe der Introvertierten zu lernen, sich auch mehr für die inneren Probleme zu öffnen. Andererseits werden die Introvertierten durch die Aktiven dagegen geschützt, sich zu sehr in Nabelschau nach Art einer therapeutischen Selbsthilfegruppe zu verlieren. In manchen Initiativen hilft man sich zur Bewältigung dieser Polarisierungen, indem man sich gelegentlich in Untergruppen aufgliedert, in denen man eine Weile den unterschiedlichen Bedürfnissen nachgeht.

In dem üblichen Spannungsverhältnis zwischen den nachdenklichen Introvertierten und den forschen Aktionisten erlangen allerdings häufig diese zunächst ein gewisses Übergewicht über jene. Das Argument, daß z. B. der Kampf gegen die NATO-Nachrüstung sofortiges Handeln verlange, ist durchschlagend. Und in der Tat muß die Gruppe kontinuierlich nach außen wirken, sich an Resolutionen beteiligen und Seite an Seite mit anderen Gruppierungen der Friedensbewegung für ihre Ideen und Ziele werben. Aber zugleich sollte ein Grundsatz stets beherzigt werden:

Die Stärke dieser Basisbewegung besteht darin, daß sie von summierten Antrieben von Millionen Menschen getragen wird, die hier nicht wie bei anderen Organisationen als Personen hinter Slogans, Programmen und Veranstaltungsritualen verschwinden dürfen. Die wichtigsten Kräfte der Bewegung wurzeln tief in der Emotionalität der Menschen: *nämlich im Gefühl, anders zusammen leben zu wollen, als es die allein an der Machtperspektive orientierten Politbürokratien konzipiert haben.* Zumal unter den Menschen der vom Zweiten Weltkrieg schwer heimgesuchten Länder ist noch ein starkes Grundgefühl lebendig, daß man sich nicht noch einmal gegeneinander hetzen lassen, sondern über alle Gegensätze hinweg miteinander friedlich auskommen will. Dieses Gefühl kann sich aber nur dann als politische Kraft artikulieren, solange die Menschen innerhalb der Bewegung als Individuen wirken können. Es ist wichtig, daß sie sich miteinander nicht etwa nur als gleichgeschaltete Instrumente begreifen, die einem gemeinsamen Zweck dienen. Sondern sie müssen sich in allem Tun auch immer noch dafür Zeit lassen, sich auf sich selbst zu besinnen und einander als Personen wahrzunehmen und einander zuzuhören.

Die neue Politik, die man anstrebt, beruht ja doch gerade darauf, daß die *Menschen* selbst in anderer Weise als bisher ernstgenommen zu werden verlangen, so wie sie sich auch wechselseitig in anderer Weise ernst nehmen wollen. Erst dort, wo Menschen nur noch als nivellierte Glieder von Systemen wichtig sind, können ihnen jene Denkweisen beigebracht werden, daß etwa die Vormacht eines ideologischen oder wirtschaftlichen Systems die Vorbereitung auf einen Krieg lohne, für den sie sich gegebenenfalls nicht nur selbst, sondern gemeinsam mit ihren und anderen Völkern opfern sollen. Erst dann kann die Pervertierung des Denkens so weit getrieben werden, daß beispielsweise die Westeuropäer durch die Installation neuer gefährlicherer Mittelstreckenwaffen auf ihrem Territorium freiwillig das Risiko eines «europäisierten» Ost-West-Krieges erhöhen und einen eigenen Holocaust als sinnvolles Opfer für eine «freie Welt» einkalkulieren, in der niemand von ihnen mehr leben würde. Eine solche absurde Vorstellung kommt als konsequentes Resultat heraus, wenn Menschen dazu gedrängt werden, sich nur noch als instrumentale Glieder von Systemen wichtig zu nehmen, die bereits ihrem Wesen nach dadurch inhuman sind, daß sie dem Überleben derer nur eine nachgeordnete Bedeutung beimessen, denen sie in optimaler Weise zu dienen versprechen.

Vom technokratischen Standpunkt aus erscheint es unpraktisch, daß sich die Friedensbewegung als ein buntes Gewimmel unendlich vieler Gruppen darstellt, die größtenteils auch noch in sich den individuellen Besonderheiten ihrer Mitglieder breiten Entfaltungsraum lassen. Aber bei Großveranstaltungen wie dem Evangelischen Kirchentag zeigt sich, daß innerhalb dieses Pluralismus eine große Gemeinsamkeit der Überzeugung und des Wollens waltet. Und es stimmt auch gar nicht, daß die mangelnde organisatorische Geschlossenheit die politische Wirksamkeit automatisch beeinträchtigt:

Die Stärke der Friedensbewegung ist ihre Schwäche.

Die Menschen, die in ihrer Gesamtheit diese Bewegung sichtbar tragen, entlarven die menschliche Dürftigkeit der Machtträger, die immer nur von Zahlen, Strategien und Programmen reden, in denen weder sie selbst noch die von ihnen verwalteten Bürger als Menschen vorkommen. Überall dort, so sich die Polit-Profis mit Gruppen der Friedensbewegung auf Gespräche einlassen, geraten sie, so schneidig und gewandt sie auch immer argumentieren mögen, in die Defensive. Die Scheinrationalität ihrer Abschreckungs-Rechnereien enhüllt sich als die eigentliche Irrationalität, während ihre Kritiker aus der Bewegung, die unbefangen und scheinbar «naiv» ihre Bedürfnisse und Werthaltungen voranstellen, die eigentliche, von der offiziellen Politik verratene *Vernunft* repräsentieren. Bereits in ihrer *Sprache* kommen die politischen Amtsträger meist gar nicht mehr von den künstlichen Verallgemeinerungen und Verschleierungen los, wie sie diese in den parlamentarischen Machtkämpfen und in ihren propagandistischen Fernseh-Statements täglich virtuos zu handhaben gewohnt sind. Aber die hinter diesen rhetorischen Virtuositäten verborgene Hohlheit und Ahnungslosigkeit wird schlagartig aufgedeckt, wenn diese Leute in offener Diskussion zeigen müssen, ob und wie sie mit ihren persönlichen Besorgnissen, Wünschen und Idealen in bzw. hinter ihren politischen Strategien stehen. Bestürzend ist, was da häufig an menschlicher Verkümmerung herauskommt; und daß manche der Mächtigen es sogar noch als verdienstvoll zu werten scheinen, daß sie sich in perfekt funktionierende technokratische Automaten verwandelt haben. Es geht ihnen nicht einmal mehr auf, *daß Vertrauen in eine menschliche Poli-*

tik davon abhängt, wie menschlich die Politiker sind, die diese Politik machen.

Die eigentliche Macht der Friedensbewegung liegt in der Stärke des Ansatzes, daß keine noch so gescheit technokratisch ausgetüftelte Strategie sinnvoll sein kann, die Menschen nur als Glieder von rivalisierenden Systemen verrechnet und verplant, anstatt umgekehrt *das Überleben aller* zum obersten Grundsatz jedes politischen Handelns zu machen.

Günther Anders hat diesen obersten Grundsatz so erläutert:

«... wir leben als Gerade-noch-nicht-Nichtseiende. Durch diese Tatsache hat sich die moralische Grundfrage verändert: Der Frage ‹*Wie* sollen wir leben?› hat sich die Frage ‹*Werden* wir leben?› untergeschoben. Auf die Wie-Frage gibt es für uns, die wir in unserer Frist gerade noch leben, nur die *eine* Antwort: ‹Wir haben dafür zu sorgen, daß die *Endzeit*, obwohl sie jederzeit in *Zeitende* umschlagen könnte, *endlos* werde; also daß der Umschwung niemals eintrete.›»

Den einfach empfindenden Mitgliedern der Bewegung ist unmittelbar einsichtig, daß der Verantwortungsradius der Politik nach Erfindung der Atombombe nicht mehr durch die Grenzen von Nationen, Rassen, Ideologien und Wirtschaftssystemen bestimmt sein dürfte. Denn atomare Verwüstungen und Verseuchungen halten sich nicht an solche Grenzen. Die politisch-militärischen Strategien an den traditionellen Grenzen zu orientieren, heißt, die Bedingungen des Hiroschima-Zeitalters nicht begriffen zu haben. Aber alles machtpolitische Denken klammert sich an Grenzen und Rivalitäten. Es ist ein zentrales Dilemma, daß in den politischen Hierarchien in aller Regel diejenigen nach oben kommen, die in anachronistischer Weise ausschließlich an jenen Vorstellungsweisen haften, die für die moderne Menschheit lebensgefährlich sind. Wer sich in harten innenpolitischen Ausleseprozessen und -konkurrenzen bis an die Spitze durchgeboxt hat, verdankt dies zumindest in hohem Maße einem besonders ausgeprägten Willen zur Macht und einer auf die Machtperspektive fixierten Begabung zum Taktieren. Hohe moralische Sensibilität und politische Karriere sind – von Ausnahmen abgesehen – immer noch ein Widerspruch an sich. Folglich erleben wir, daß die verantwortlichen Politiker schon deshalb an der Bewältigung der neuen Menschheitsprobleme scheitern müssen, weil sie diese gar nicht erst in ihrem vollen Umfang mehr *verstehen* können. Wer seine sozialen Beziehungen im kleinen wie im großen immer nur an dem Maßstab überlegen – unterlegen, mächtig – ohnmächtig mißt, kommt aus dem Teufelskreis des Rivalisierens um Vorherrschaft nie heraus. Und so ist es bezeichnend, daß es nirgends unfriedlicher, mißtrauischer, taktischer und verlogener zugeht als im Bannkreis jener Regierungsviertel, wo die kleinen und großen Politiker in pausenlose offene und verdeckte Dschungelkämpfe verstrickt sind. Nirgendwo sonst ist so wenig von der Mentalität zu spüren, die für eine echte Friedenspolitik maßgeblich sein müßte und die von der Friedensbewegung gefordert wird.

Aber die Stärke der buntgefächerten und eher chaotisch wirkenden Bewegung beruht nicht nur auf dem Gewicht ihrer *moralischen* Haltung. Die Bewegung erzielt Wirkung, weil sie zu Veranstaltungen Massen von Menschen auf die Beine bringt, die *nur aus persönlicher Überzeugung* heraus mitmachen und weder einem Kommando noch der Verheißung irgendwelcher Vorteile folgen. Viele nehmen durch ihr Engagement ja umgekehrt alle möglichen Verleumdungen und Diskriminierungen in Kauf. Dadurch strahlt die Bewegung Glaubwürdigkeit und Unbestechlichkeit aus. Man kann ihr mit den üblichen taktischen Tricks und mit allen noch so raffinierten Verunglimpfungs-Slogans, wie sie in der «Geschichte» zitiert wurden, kaum beikommen.

Es ist eine dialektische Eigentümlichkeit des gesellschaftlichen Prozesses, daß *die Bedeutung des Menschen mit seinen inneren Kräften und Überzeugungen* in dem Augenblick in einzigartiger Klarheit hervortritt, da das innerlich verarmte und auf «Sachzwänge» fixierte Führungs-Establishment unser

Schicksal an die «Abschreckungspotenz» der atomaren Mordmaschinen ausliefert. Während die Regierungen infolge ihres puren Machtkalküls Sicherheit nur auf die nukleare Macht bauen können, provozieren sie den Aufstand der einfachen Menschen, welche die Verantwortung für das gemeinsame Überleben eben *nicht* an unmenschliche technische Systeme und deren mögliche Gleichgewichte zwischen Ost und West delegiert sehen wollen. Dabei ist es bezeichnend, daß gerade die hervorragendsten Atomphysiker, deren Entdeckungen unser Zeitalter bestimmen, am ehesten begriffen haben, daß die Denkmuster der Politik an den Gefahren scheitern, die durch die Erfindung der Wasserstoffbombe eingeführt worden sind. Man könne den durch die neue Technik bedrohten Frieden nicht wiederum durch Technik, nämlich durch technische Gleichgewichte, durch Abschreckungs- oder Verteidigungstechnik sichern. Durch Errechnen oder technisches Programmieren können wir den Frieden nicht haben, wenn wir ihn nicht aus *innerer Kraft* wollen. Nur ein fundamentales Umdenken, der Aufbruch zum Bewußtsein eines alle Grenzen überschreitenden Verantwortungsgefühls könnte den Völkern ein längerfristiges Überleben möglich machen. Dies ist der gemeinsame Kern unterschiedlicher beschwörender Appelle von Oppenheimer, Blackett, Born und von Weizsäcker. Sie alle bekennen sich in der einen oder anderen Form zu der Forderung Albert Einsteins:

«Die Menschen müssen ihre Haltung gegeneinander und ihre Auffassung von der Zukunft grundlegend ändern.»

Die *Menschen* müssen die einzige Form von Sicherheit schaffen, die diesen Namen verdient. Also ist jeder von uns «Experte» für die Entwicklung dieser allein verläßlichen Friedenspolitik. Und diejenigen Polit-Technokraten, die sich infolge ihres Vorsprungs an militärtechnischen Informationen als die berufenen Manager der Welt- und speziell der Rüstungspolitik deklarieren, sind in Wahrheit die «inkompetenten Laien», solange sie den Frieden nur dort suchen, wo er eben nicht zu befestigen ist. Insbesondere jene führenden Staatsmänner in Ost und West, die nicht einmal mehr einander Auge in Auge gegenübertreten, geschweige denn im persönlichen Kontakt um die Lösungen ringen, die eine besorgte Welt von ihnen zu fordern berechtigt ist, repräsentieren ein kaum faßbares Maß an Unreife und Ahnungslosigkeit. Bei aller Gegensätzlichkeit der Ideologien und der sozialen Strukturen müßte die Einsicht durchschlagen, daß im Wasserstoff- und Neutronenbomben-Zeitalter kein trennender Konflikt mehr an Bedeutung der Aufgabe nahekommt, sich miteinander auf dieser Erde zu verständigen. Es sind Einstellungen von vorgestern, wenn die Mächtigen uns hier zu der Alternative «Lieber tot als kommunistisch!» und drüben zu der Alternative «Lieber tot als kapitalistisch!» verführen wollen. Denn die einzig sinnvolle Alternative ab jetzt kann nur noch heißen: «Gemeinsam überleben, anstatt gemeinsam zugrunde zu gehen!»

Es ist an der Zeit, daß wir, die verwalteten, verrechneten, verplanten und zu einem ideologischen Verfolgungswahn verführten Bürger, aufstehen und uns gegen die künstlichen Feindbildtheorien wehren, die unser grenzüberschreitendes Zusammengehörigkeitsgefühl hüben und drüben blockieren. Wenn meine «Geschichte» *eine* Absurdität unter manchen anderen verdeutlicht haben mag, dann doch vielleicht besonders die der künstlichen Entfremdung und Verhetzung von blutsmäßig, historisch und kulturell aufs engste miteinander verbundenen Menschen und Völkern gegeneinander.

20. Kapitel

Fortbildung und Öffentlichkeitsarbeit

«Nur wenn wir (die Bürger, d. Verf.) dabei mitbestimmen, nur wenn wir nicht Staaten, Bündnisse, Strategien als abgehobene Größen für uns sprechen und handeln lassen, können wir angstfreier und sicherer werden. So sehr das Bestreben verständlich ist, sich zu entlasten, andere Politiker und Militärs die Arbeit für die Sicherheit tun zu lassen, so wenig ist dies in diesem Falle zulässig. Man gefährdet sich selbst, indem man nicht an die Gefährdung denkt oder sie an einen Dritten abschiebt.»

Komitee für Grundrechte und Demokratie

«Frieden ist das Ziel aller Religionen, Glaubensrichtungen, philosophischen Grundhaltungen. Er ist der große Wunsch aller Rassen, Nationen und Weltanschauungen. Sollte es unmöglich sein, hieraus eine *gemeinsame* Leidenschaft für den Frieden abzuleiten und daraus den emotionalen und moralischen Antrieb für die Aufgaben werden zu lassen, auf deren Bedeutung wir hinweisen?»

W. Brandt

Aus den bisher dargestellten Überlegungen und Erfahrungen sei festgehalten:

□ Eine wirksame Friedensbewegung kann nur *von unten* ausgehen. –

□ Ihre Stärke hängt zuallererst davon ab, daß die in ihr vereinigten einzelnen Menschen *eigenständig*, aus persönlicher Überzeugung, mitmachen. –

□ Dazu benötigt der einzelne einen *Lernprozeß*, der aber nur *in wechselseitiger Unterstützung in Gruppen* möglich ist. –

□ In einem ersten Schritt ist zu lernen, die überlicherweise verdrängte *Angst auszuhalten*; nämlich die Angst vor der atomaren Bedrohung und die Angst, von der offiziellen Rüstungspolitik nicht beschützt, sondern gefährdet zu werden. –

□ In einem zweiten wichtigen Lernschritt ist der Glauben daran zu befestigen, daß ein friedliches Zusammenleben in einem Bewußtsein der Zusammengehörigkeit und des *Auf-einander-angewiesenseins* notwendig ist. Nur diese alternative Haltung kann einen zur kollektiven Selbstzerstörung führenden Prozeß aufhalten. Ihre Möglichkeit zu verneinen, heißt, sich selbst und uns alle aufzugeben. Die veränderte Grundeinstellung muß als entscheidendes Argument dem expansionistischen Machtwillen entgegengehalten werden, der automatisch die Spannungen zwischen den Blöcken verschärft und die gemeinsame Unterdrückung der Dritten Welt aufrechterhält. –

□ Beide Schritte stehen in einem wechselseitigen Beziehungsverhältnis: Der Angst kann man nur in dem Glauben standhalten, daß ihre tiefste Ursache, nämlich ein auf Destruktion zielendes Rivalisieren, durch einen *Willen zur Verständigung und zur gemeinsamen Lösung der Menschheitsprobleme* überwunden werden kann. –

□ Dieser Glauben bedarf zu seiner Stabilisierung der Erfahrung, daß man *sich selbst nach diesem Prinzip verhalten* kann. Die Zusammenarbeit in den Gruppen der Friedensbewegung muß also durch die *soziale Sensibilität* gekennzeichnet sein, die man als Maßstab politischen Handelns fordert. –

□ Zum *kritischen Engagement* sind wir aufgerufen, weil sich die politischen Führungen in eine Strategie verbissen haben, deren Eigendynamik uns, denen diese Politik dienen soll, einer stetig ansteigenden Todesgefahr aussetzt. Unter diesen Umständen darf den politischen Institutionen nicht länger die Alleinverantwortung zugeschoben werden. –

□ Unsere *aktive Einmischung* ist um so mehr dadurch gerechtfertigt, daß wir nur selbst als Massenvereinigung von Menschen den Willen zur Verständigung aufbringen und als Forderung zur Gestaltung der internationalen Beziehungen glaubhaft artikulieren können. Es ist dies *keine fachliche Aufgabe*, die wir an irgendwelche kompetenteren Gremien abtreten können. –

□ Wir müssen darauf bestehen, daß es im Hiroschima-Zeitalter keine ideologischen, wirtschaftlichen oder sonstigen Gegensätze gibt, die eine wechselseitige Bedrohung mit totaler Vernichtung rechtfertigen. –

□ Wir müssen uns mit der paradoxen Situation zurechtfinden, daß wir «Geschwister», die Bürger an der Basis, die mit «Elternfunktionen» betrauten Entscheidungsträger zu einer *Politik des Mutes* mitreißen und sie aus dem selbsteskalierenden System von Argwohn und Erpressung befreien müssen. Politik des Mutes bedeutet das Wagnis eines Vertrauen stärkenden Abbaus von unverantwortbaren Bedrohungspotentialen.

Aber was für Verhaltensrichtlinien folgen aus diesen Erkenntnissen?

Die friedenspolitischen Basisgruppen sehen sich vor eine dreifache Aufgabe gestellt:

1. An sich selbst zu arbeiten. Das bedeutet zunächst, wie schon ausgeführt, eine für die Außenarbeit tragfähige Binnenstruktur zu entwickeln. Es heißt aber auch, sich in Fragen der Friedenspolitik intensiv fortzubilden. Man muß sich mit Hilfe wichtiger Publikationen der Friedensforschung ein solides Grundwissen aneignen, ohne welches man den täglichen Tatsachen- und Sprachverfälschungen der Tendenzpresse wehrlos ausgeliefert ist;
2. in horizontaler Ebene nach außen zu arbeiten: Die Stoßkraft der Friedensbewegung muß laufend dadurch erhöht werden, daß man in die jeweilige Region, in der man lebt, ausstrahlend hineinzuwirken versucht und den vielen, in denen schon eine latente Bereitschaft vorhanden ist, einen aktivie-

renden Anstoß vermittelt. Darüber hinaus ist es wichtig, sich mit anderen gleichgesinnten oder zumindest das gleiche Hauptziel verfolgenden Gruppen und Vereinigungen zum Erfahrungsaustausch und zur Planung gemeinsamer Aktionen zu verbünden;

3. in vertikaler Richtung, also «nach oben» Druck auszuüben. Dies erscheint zunächst am schwierigsten, weil die politischen Institutionen, wie geschildert, ein gegen die Basis massiv abgeschirmtes Eigenleben führen. Durch diesen Umstand sollte man sich indessen nicht einschüchtern lassen. Die politischen Gremien täuschen durch ihr dominantes Gehabe und ihre ausufernde Selbstdarstellung Energien und Ideen vor, die ihnen im Grunde abgehen. Ihr Betrieb ist eher ein mechanisch-rituelles Gemache und ein defensives Reagieren auf selbstgeschaffene bürokratische Probleme. Es fehlt ihnen im Grunde jeder innovative Elan. Wo auch immer eine größere Zahl von Menschen nicht mehr mitspielt und durch Protest Unruhe stiftet, geraten die scheinbar so stabilen Schaltzentren in Unsicherheit. Die Angst vor einer sich mehr und mehr in Form von Bürgerinitiativen emanzipierenden Öffentlichkeit läßt Regierungen und Parteien nicht nur im Westen (auch z. B. in Polen) erzittern und das Gespenst der «unregierbaren Gesellschaft» an die Wand malen. Also ist alles, was aus der «Öffentlichkeit» kommt an Resolutionen, Presseartikeln oder -anzeigen, an Tagungen und Demonstrationen ein Faktor von politischem Gewicht – was natürlich nicht heißt, daß man damit etwa auch gleich in den Herrschaftsbereich der von den Wechselfällen der Tagespolitik abgeschotteten Rüstungswirtschaft einbrechen könnte.

Fortbildung in der Gruppe heißt zunächst, daß man sich an nicht allzu schwer verständliche Friedensforschungs-Literatur heranmacht. Da laufend neue einschlägige Publikationen herauskommen, sind Empfehlungen schwierig, zumindest willkürlich.

Wichtig ist jedenfalls, die eine oder andere verläßliche Studie zu lesen, die sich mit den Kräfteverhältnissen an Hand von Vergleichen der Rüstungsdaten beschäftigt, da wir gerade in diesem Punkt von einäugigen Fehlinformationen überschüttet werden. Eine ausführliche Analyse zu diesem Thema bieten G. Krell und D. S. Lutz in «Nuklearrüstung im Ost-West-Konflikt» (Nomos Verlagsgesellschaft Baden-Baden 1980). Eine knappe, aber instruktive Übersicht vermitteln U. Albrecht, A. Joxe und M. Kaldor in ihrem Aufsatz «Gegen den Alarmismus» (enthalten in dem Sammelband der Studiengruppe Militärpolitik: «Aufrüsten um abzurüsten?» rororo aktuell Nr. 4717, 1980). Hilfreich ist aber auch die prägnante «Bedrohungsanalyse» des Komitees für Grundrechte und Demokratie in der Studie «Frieden mit anderen Waffen. Fünf Vorschläge zu einer alternativen Sicherheitspolitik» (rororo aktuell Nr. 4939, November 1981).

Man wird bestätigt finden, was auch bereits in der «Geschichte» ausgeführt wurde, daß Vergleiche zwischen den Bedrohungspotentialen überaus kompliziert sind und zu unterschiedlichen Bewertungen führen können. Keinesfalls läßt sich aus den Daten jedenfalls ein generelles Übergewicht des Ostens herauslesen. Zur überschlägigen Orientierung kann man sich etwa an die resümierenden Feststellungen von U. Albrecht, A. Joxe und M. Kaldor halten:

«Vergleicht man die strategischen Streitkräfte beider Seiten, so liegt die Sowjetunion bei der Zahl der Starteinrichtungen, der militärischen Nutzlast sowie der Zerstörungswirkung in Führung, während die USA bei der Zielgenauigkeit, der Zahl der Sprengköpfe und – werden die Bomber des strategischen Luftkommandos mitberücksichtigt – der gesamten Zerstörungsfähigkeit vorn liegen.»

«Alle verfügbaren Informationen ergeben, daß bei den Nuklearwaffen für den Gefechtsfeldeinsatz (d. h. mit kürzester Reichweite der Trägermittel) die NATO zahlenmäßig in Führung liegt. Dies überrascht nicht, hat doch der Westen die Rüstung mit solchen Massenvernichtungsmitteln betont, um einen Ausgleich gegen die zahlenmäßige Überlegenheit des Warschauer Paktes in der herkömmlichen Rüstung zu haben.

Bei den Raketen großer Reichweite, die für europäische Ziele bestimmt sind, ergibt sich ein numerisches Übergewicht des Ostens, welches sich rasch mindert, zieht man qualitative Aspekte mit in die Betrachtung ein.

Die augenblicklich laufenden Modernisierungsprozesse in Ost und West bestätigen die These, daß die NATO-Waffen weiterhin technologisch überlegen sind und daß die Sowjetunion in einer Anzahl von Fällen diesen Nachteil durch größere Quantitäten auszugleichen sucht.»

Nach neuesten Bekanntmachungen des Stockholm International Peace Research Institute (SIPRI) und des Center for Defense Information (CDI), Washington, hat G. Bastian folgende aktuelle Übersichtstabelle zusammengestellt:

Nukleare Mittelstreckenwaffen in und für Europa*
(Stand Frühjahr 1981)

NATO	Systeme	Gef. Köpfe	UdSSR	Systeme	Gef. Köpfe
USA					
Schw. Kampfflgz.			SS 20-Raketen	160	480
F 111	156	468	SS 4-/5-Raketen	380	380
FB 111	66	264	Backfire-Bomber	40	200
FlugzTräger-					
Bomber A6E/7E	30	60	ältere Bomber[4])	300	700
U-Boot-Raketen[1]			U-Boot-Raketen		
(Poseidon C 3)	48	480	(SS N 5)	20	20
Großbritannien:					
Vulcan-Bomber	56	224			
U-Boot-Raketen[2]	64	192			
(Polaris A 3)					
Frankreich:					
Mittelstr. Raketen	18	18			
Mirage IV-Bomber	40	120			
U-Boot-Raketen[3]	80	80			
insgesamt	558	1906		900	1780

* Aus: G. Bastian/G. Schröter: Wider den NATO-Rüstungsbeschluß. Hg. v. Bundesvorstand der Jungsozialisten in der SPD. Bonn, August 1981

1 Es wurden nur 3 Boote mit je 16 Raketen zugrunde gelegt. General a. D. Schulze, bis Herbst 1979 NATO-Befehlshaber Europa-Mitte, gibt die Zahl dieser Boote im ÖTV-Magazin 6/81 jedoch mit «6» an, was eine Verdoppelung der Gefechtskopfzahl auf 960 zur Folge haben würde.

2 Bei der beschlossenen Umrüstung auf das Trident-System tritt eine Vervielfachung in der Zahl der Gefechtsköpfe ein.

3 Bei der bevorstehenden Umrüstung auf Raketen mit Mehrfach-Sprengköpfen tritt eine Vervielfachung der Wirkung ein.

4 Ohne Flugzeuge der sowjetischen Marine, deren Einrechung auch zur Einbeziehung weiterer Flugzeuge der USA mit korrespondierender Aufgabenstellung führen müßte.

Nicht minder wichtig für die eigene Fortbildung ist das Thema *«alternative Sicherheitspolitik»*. Man sollte zwar an dem Grundsatz festhalten, daß alle Alternativen zur bisherigen eskalierenden Bedrohungspolitik die Umerziehung der Menschen zu einer *alternativen Grundhaltung* voraussetzen. Denn erst wenn eine allgemeine Umstimmung und Mobilmachung der Öffentlichkeit die politischen Entscheidungsträger unter entsprechenden Druck setzt, werden diese sich bereit finden, sich für eine alternative Strategie zu öffnen. Man sollte also die alternativen sicherheitspolitischen Konzepte nicht als Heilmittel für sich überschätzen. Andererseits muß man sich mit ihnen befassen, um konkrete Vorstellungen darüber zu gewinnen, zu welchen praktischen Konsequenzen eine veränderte Grundeinstellung führen soll.

Die bereits genannte Veröffentlichung des Komitees für Grundrechte und Demokratie stellt fünf Vorschläge für eine alternative Sicherheitspolitik in übersichtlicher Weise einander gegenüber. Ein sorgfältiges Studium der Begründungen ist zu empfehlen. Hier seien die Vorschläge nur in Stichworten aufgeführt:

1. *Disengagement*
   In Europa sollen Zonen verdünnter und kontrollierter Rüstung geschaffen werden. Das Auseinanderrücken der Blökke müßte zu Lasten beider Seiten gehen. Eine Variante dieses Konzepts ist der Plan einer kernwaffenfreien Zone von Polen bis Portugal. Dieser ursprünglich von der Russell-Friedensstiftung vorgelegte Plan ist 1980 von der britischen La-

bour-Partei akzeptiert worden. Bei dieser Form des Disengagement würden z. B. die Bundesrepublik und die DDR nicht aus ihren Bündnissystemen herausgelöst werden, die Verantwortung der Alliierten für Berlin bliebe unberührt. Ziel des Plans wäre eine wesentliche Spannungsminderung an der Ost-West-Grenze in Europa. Der Disengagement-Vorschlag bedeutet unter den fünf Alternativen den am wenigsten einschneidenden Eingriff in die aktuelle Wirklichkeit.

2. *Neutralismus*
Das Neutralismus-Konzept stellt eigentlich nur eine Erweiterung des Disengagement dar. Wenn ganz Europa – bis zur Ostgrenze Polens – von Kernwaffen freigehalten würde, käme es wahrscheinlich zu Neutralisierungstendenzen innerhalb dieser Zone, was entweder zu einer fundamentalen Umgestaltung in den Bündnissen oder zu einer Abspaltung aus der Allianz führen würde. – Dieser Plan geht von der Einschätzung aus, daß die Supermächte ihre Raketen inzwischen ohnehin nicht mehr zum Schutz kleinerer Staaten einsetzen oder sich von diesen zur Anwendung dieser Waffen bewegen lassen würden. Damit ist kein Vorteil für die kleineren Staaten mehr ersichtlich, indirekt an diesen Waffen teilzuhaben, aber umgekehrt eine Gefahr im Sinne der wachsenden Möglichkeit der «Europäisierung» eines Atomkrieges.

3. *Striktes Defensivkonzept*
Bezogen auf die Bundesrepublik hieße das, daß «keines der in ihr installierten Waffen- und Strategiesysteme zur Aggression über die eigenen Grenzen hinaus geeignet» wäre. Potentielle Angreifer könnten abgehalten werden, aber die Bundesrepublik entfiele als Faktor nuklear-strategischer Bedrohung und somit als wesentliche Zielscheibe im Konfliktfall.

4. *Zivile Verteidigungspolitik*
Gegen die Gefahr totaler Vernichtung oder Kapitulation baut das Konzept der zivilen Verteidigung auf Möglichkeiten, sich gegen einen Eindringling u. a. mit zivilem Ungehorsam, Nicht-Zusammenarbeit bis hin zu Massenstreiks und Demonstrationen, «Instandbesetzungen» von öffentli-

chen Einrichtungen usw. zu wehren. Die zivile Verteidigung will den Feind nicht vernichten, sondern ihn – wo es geht – mit gewaltfreien Mitteln verunsichern und umstimmen.

5. *Einseitige und vollständige Abrüstung*
Dieses Konzept erläutert sich schon hinreichend durch seinen Namen. Seine Vertreter verweisen auf das Beispiel des britischen Labour-Beschlusses, in der Regierungsverantwortung eine einseitige nukleare Entwaffnung ohne irgendwelche östlichen Vor- oder Gegenleistungen vornehmen zu wollen. Es geht darum, eine tatsächliche effektive Abrüstung an Stelle kurzfristiger technischer Scheinlösungen in Gang zu setzen, wobei radikalere oder mehr pragmatische Lösungsmodelle gegeneinander abgewogen werden können. Gegen den Vorwurf des «Utopismus» wenden die Fürsprecher ein, daß auch die Abschaffung der seit Menschengedenken bestehenden Sklaverei einst als utopisches Ziel gegolten habe, bis man sie schließlich im 19. Jahrhundert doch zustande gebracht habe.

Die Autoren dieser Studie verhehlen nicht, daß jeder der alternativen sicherheitspolitischen Vorschläge erhebliche Risiken in sich birgt und Mut erfordert. Schwer widerlegbar erscheint jedoch ihre Folgerung:

«Dieser Mut, der immer auch ein Risiko einschließt, ist aber unvergleichbar der Tollkühnheit, die man besitzen muß – oder mit der Fähigkeit, alle Fragen zu verdrängen – wenn man am Abschreckungskonzept festhält. Dasselbe bedeutet das nahezu höchste Risiko, das man sich gegenwärtig denken kann.»

Unter den zahlreichen eher *historisch* orientierten Beiträgen sei die einzige mir bekannte quantitativ-empirische Untersuchung über die Ursachen moderner militärischer Konflikte genannt: E. Weede «Weltpolitik und Kriegsursachen im 20. Jahrhundert» (R. Oldenbourg Verlag, München–Wien 1975). Diese Arbeit ist allerdings in wissenschaftlichem Stil abgefaßt. – In jedem Fall ist es nützlich, aus den Erfahrungen der ersten Friedensbewegung zu lernen. Über deren Entstehung und Verlauf informiert in sehr instruktiver Weise das Buch von K. A. Otto:

«Vom Ostermarsch zur APO» (Campus Verlag, Frankfurt – New York, Nachdruck 1980). Trotz ihrer Besonderheiten in den Rahmenbedingungen und in der Binnenstruktur stellt diese Bewegung immer noch einen wichtigen Modellfall dar, aus dem sich ableiten läßt, welchen Gefahren man diesmal mit Bedacht vorbeugen muß, um sich nicht erneut von dem großen politischen Ziel abbringen zu lassen.

Öffentlichkeitsarbeit bietet einen wichtigen Ansporn zur Fortbildung und vermittelt diese auch in gewisser Weise selbst. Sobald man als friedenspolitische Initiativgruppe nach draußen geht und seine Thesen und Forderungen in der Öffentlichkeit zur Diskussion stellt, regt sich automatisch der Zweifel: Wissen wir überhaupt genug, um kritische Fragen beantworten zu können? Können wir unsere Position mit hinreichend abgesicherten Argumenten verteidigen? Man stimuliert also die eigenen Fortbildungsinteressen, indem man sich öffentlichen Bewährungsproben stellt. – Allerdings sollte man sich dabei auch nicht unter überhöhten Leistungsdruck setzen. Eine für den Frieden engagierte Basisgruppe wirbt für ihre Sache am wirksamsten, indem sie gemeinsames Umdenken anbietet und zum Zweifeln ermutigt. Überzeugend wirkt das Beispiel der *Menschen*, die eine gewandelte Haltung zur Abschreckungspolitik und zum Krieg artikulieren und die gerade auch durch ihre Offenheit für Widerspruch Ermutigung stiften. Der Stil einseitigen Belehrens wirkt eher sektiererisch und trägt wenig dazu bei, in anderen Verdrängungen zu lockern und fixierte Feindbildtheorien abzubauen.

Aber solche öffentlichen Diskussionen sollten ja nicht nur dazu dienen, den *anderen* etwas zu bieten, sondern auch die Gruppe immer wieder zur Überprüfung und auch zur Erweiterung ihrer eigenen Vorstellungen anzuregen. Wenn man möglichst oft Leuten aus den verschiedensten Berufen und Altersgruppen zuhört, was sie empfinden und wie sie über die Friedensfrage denken, tauchen manche Aspekte auf, die in einer Gruppe zu kurz kommen, die sich allzu lange nur mit sich selbst beschäftigt.

Überaus wichtig erscheint es, das Friedensthema verstärkt in die *Schulen* hineinzutragen. Man kann feststellen, daß erhebliche Teile der Schuljugend sich voller Unruhe wieder verstärkt politischen Fragen zuwenden und insbesondere für das Problem der Atomkriegsgefahr hoch sensibilisiert sind. Vielfach beklagen die Jugendlichen, daß ihre Eltern von diesen schlimmen Dingen nichts hören wollten und daß sie auch im Unterricht kaum Gelegenheit hätten, sich über ihre Ängste auszusprechen und sich genauer über Atomrüstung und Friedenspolitik zu informieren. Die Abwehrhaltung ihrer Eltern und der Schule interpretieren die Jugendlichen mit Recht als Zeichen dafür, daß die Älteren und die «Oberen» sich selbst in dieser Sache höchst unwohl fühlen und sich davor fürchten, Rechenschaft ablegen zu müssen.

Nirgendwo habe ich gewisse diagnostische Grundeinsichten so klar ausgesprochen gefunden wie von Schülern: Etwa die, daß die Regierung und die staatlichen Institutionen in der sogenannten Sicherheitspolitik sich immer mehr vom Volke entfernten und sich nicht im mindesten «volkstreu» verhielten. «Hier dürfen wir nicht der Regierung alles übertragen und uns nur sagen lassen, was wir machen sollen. Hier müssen wir denen sagen, was die machen sollen. Wir müßten da noch viel mehr anstellen, damit die aufwachen!» Bestürzt unterhalten sich 13- bis 15jährige darüber, daß ihre bürgerlichen Eltern allen Ernstes glaubten, je mehr Atombomben die Amerikaner nach Europa brächten, um so besser seien ihre schönen Grundstücke und ihr Vermögen vor den Russen geschützt.

Überhaupt gewinnt man den Eindruck, daß diese Jugendlichen der älteren Generation in der realistischen Einschätzung der gegenwärtigen atomaren Bedrohung deutlich voraus sind und konsequenterweise den machttragenden Institutionen kaum zutrauen, ohne massivsten Druck von unten aus den eingefahrenen Gleisen der verfehlten Abschreckungsstrategie herauszufinden.

Wir haben von unserer lokalen «Bürgerinitiative Friedenspolitik» aus eine Ausstellung in der zentralen Kongreßhalle unserer Stadt veranstaltet. Wir zeigten die Ausstellung «Sie nennen es Frieden» (zu beziehen über Arbeitsgemeinschaft Friedenspädagogik, Zweibrückenstr. 19, 8000 München 22), ferner Zeichnungen, Malereien und Plastiken von Schülern zum Thema «Krieg und Frieden 1980» sowie einen Film: «Der tägliche Krieg im kleinen, das Milgram-Experiment» (zu beziehen über den Landesfilmdienst für Jugend- und Erwachsenenbildung in Hessen e. V., Kennedyallee 105 a, 6000 Frankfurt 70 unter dem Titel: «Abraham – ein Versuch»).

In den Diskussionen mit Schulklassen (es kamen in vier Tagen über 5000 Schüler in die Ausstellung) war die überwiegende Meinung zu hören: Es werde noch viel zuwenig aufrüttelndes Bildmaterial über Kriegsfolgen, speziell über atomare Kriegsfolgen gezeigt. Würde der Bevölkerung eindringlicher bewußtgemacht, was ein Atomkrieg bewirken würde, würde für sie der Begriff «Abschreckung» rasch eine neue Bedeutung bekommen. Man wäre abgeschreckt, der Installation neuer Atomraketen zuzustimmen, anstatt sich umgekehrt noch mehr von diesen Mordmaschinen zur Abschreckung zu wünschen.

Aber eher noch stärker als durch die Kriegs- bzw. Kriegsfolgenbilder waren die Jugendlichen durch den Milgram-Film beeindruckt. (Das Milgram-Experiment zeigt, wie leicht Menschen aus reiner Autoritätsergebenheit bereit sind, andere auf Befehl zu quälen, ja regelrecht zu foltern. Ausführlich habe ich dieses Experiment beschrieben und interpretiert in «Flüchten oder Standhalten», rororo 7308.) Das Thema dieses Films übertrifft in seiner praktischen Bedeutung in der Tat eher noch die unmittelbare Kriegsdarstellung. Denn schwerer als die Einsicht in die Notwendigkeit einer wirksameren Kriegs-Verhütungspolitik ist die Fähigkeit zu lernen, diese Einsicht in praktisches Verhalten umzusetzen.

So mündet alle Fortbildung und Öffentlichkeitsarbeit stets erneut in die zentrale Frage ein: Wie können wir vermeiden, uns wider besseres Wissen immer wieder einschüchtern zu lassen? Wie können wir jener uns antrainierten falschen Moral widerstehen, daß die Aufrechterhaltung der formalen Ordnung, nämlich der Gehorsam gegenüber den offiziellen politischen «Entscheidungsträgern», auch dann gewahrt bleiben müsse, wenn diese Delegierten offensichtlich gegen die Fürsorgepflicht gegenüber den Menschen verstoßen? Wie kann jeder von uns vermeiden, im Milgram-Experiment bzw. in vergleichbarer Realsituation so zu versagen, wie es die Mehrzahl der Testpersonen tut? Wie können wir Bundesdeutschen uns als Volk davor bewahren, den Amerikanern aus einer als «Treue» umgedeuteten Hörigkeit in eine unheilvolle Konfrontationspolitik zu folgen? Wie können wir statt dessen lernen, uns an den wenigen uns verbliebenen Friedenspolitikern auszurichten, die noch – beargwöhnt und gehetzt von der Meute der Ängstlichen und der Einäugigen – Brücken zu schlagen und eine echte Entspannung zu fördern versuchen?

Persönlichkeiten wie Heinrich Albertz, Gert Bastian oder Erhard Eppler einzuladen, ihnen zuzuhören und mit ihnen zu diskutieren, ist nicht nur wegen der Überzeugungskraft ihrer friedenspolitischen Thesen gewinnbringend, sondern weil es sich hier um Menschen handelt, die jeder auf seine Weise den Mut hatten, für ihre Unbeugsamkeit nicht nur ihre Stellung zu opfern, sondern sich der Flut von rufmörderischen Verleumdungen, Beleidigungen und Verdächtigungen auszusetzen, die jedem Abtrünnigen aus einer exponierten Position unweigerlich zuteil werden. Gewiß mußte keiner von diesen Männern für seine Standhaftigkeit diejenige materielle Gefährdung in Kauf nehmen, die weniger Prominenten im gleichen Fall droht. Dennoch bezeugen sie in eindrücklicher Weise eine Widerstandskraft, die hierzulande allzu vielen von Kindheit auf systematisch aberzogen wurde. Und dieser Mangel könnte den die Friedensbewegung tragenden Gruppen mehr als alle anderen Widrigkeiten gefährlich werden, wenn einmal der spontane emotionale Antrieb abklänge und von oben her wieder trügerische symbolische Entspannungszeichen gesetzt würden, ohne daß die verheerende Aufrüstungs-Dynamik tatsächlich gestoppt würde.

Die Fähigkeit zum Ungehorsam (von den Sprachverdrehern neuerdings listigerweise als Unfähigkeit zur Solidarität umbenannt) ist das Wichtigste, was freilich nicht nur die kritische

Jugend, sondern vor allem auch die vielen älteren und etablierten Angepaßten zu lernen hätten, die hinter vorgehaltener Hand den Leitideen der Friedensbewegung zustimmen und jene prominenten «Aussteiger» insgeheim dafür beneiden, was sie selbst tun müßten. Allerdings spricht vieles dafür, daß eher eine zu neuer Eigenständigkeit heranwachsende trotzige Jugend den Durchbruch einer Friedenspolitik, die diesen Namen verdient, zu erkämpfen vermag, als jene Generation, die sich der ihr an sich zufallenden Führungsverantwortung nur mangelhaft gewachsen erweist.

Aber diese Alternative ist wohl unzureichend formuliert. Nach einem nur halb verarbeiteten verbrecherischen Krieg und der Gewöhnung an einen unverläßlichen halben Frieden ist es weniger eine Schande als eine Chance für die ältere Generation, mit Hilfe der sich für den Frieden engagierenden Jugend einen neuen Anfang suchen zu müssen. Wenn sich die Älteren öffnen, werden sie sich durch die Ängste der Jungen zu denjenigen verdrängten Erinnerungen führen lassen können, deren Gewicht zum allerstärksten Motiv für eine aktive Mitgestaltung der Friedensbewegung werden könnte. Mir sind in letzter Zeit viele ältere Frauen und Männer begegnet, denen – wie mir selbst – erst durch intensive Auseinandersetzung mit der kritischen Jugend die Augen aufgegangen sind und die dann, nachdem man sie ermutigt hatte, auch für andere ermutigend initiativ werden konnten. Die Friedensbewegung ist nicht Sache der einen oder der anderen Generation. Nur in einer neuen Umgangsweise der verschiedenen Generationen miteinander kann sie die Durchschlagskraft erlangen und bewahren, die sie braucht.

Und nur im Dialog zwischen den Generationen können wir Deutschen, so meine ich, uns unserer besonderen Pflicht vergewissern, aus dem schmachvollen letzten Krieg die einzig sinnvolle Lehre zu ziehen; nämlich uns als ein Volk zu exponieren, das diesmal den entgegengesetzten Weg zu bahnen hilft, den Weg zu einer beharrlichen friedlichen Überbrückung der Gegensätze, zur Verständigung und zur Versöhnung.

Nachwort zur 3. Auflage

Die acht Monate seit Fertigstellung der ersten Auflage dieses Buches sind weitgehend im Sinne des HERMES-Planes verlaufen. Was die West-Falken längst inständig erhofft hatten, erfüllte sich in Polen: Dort erstickte der regierende General wieder alle beschränkten Freiheiten, welche die Gewerkschaft Solidarität erkämpft hatte. Kriegsrecht und Masseninternierungen lähmten das Volk. Moskau zeigte wieder seine Faust. Mit Strenge wollte die Zentrale des Ostens wieder ihre nicht zuletzt durch wirtschaftliche Schwierigkeiten angeschlagene Autorität nach innen und außen retten. Im übrigen sollten ein neuer Fernbomber und annähernd 300 aufgestellte SS-20 die Amerikaner davor bewahren, voreilig auf eine militärische Schwächung des östlichen Lagers zu spekulieren.

Natürlich waren die Brutalitäten in Polen das beste Mittel, den nachlassenden Kommunisten-Haß im Westen aufzufrischen und die Weltöffentlichkeit davon abzulenken, daß die Amerikaner die Junta in El Salvador und die Militärdiktatoren in der Türkei genau darin unterstützten, was sie den Gehilfen Moskaus in Warschau vorwarfen. Ein leichtes war es jetzt für den amerikanischen Präsidenten, in der Pose des Welt-Oberrichters seine kleineren Bündnispartner auf eine Sanktions-Strategie einzuschwören. Und wer von den NATO-Verbündeten hätte es angesichts der verschärften Spannungen jetzt noch wagen sollen, offen gegen die Neutronenbomben oder gegen die neu in Auftrag gegebenen Kampfgasbomben zu protestieren? Das psychologische Klima beflügelte die Rüstungspläne des amerikanischen Präsidenten: Neu konstruierte B1-Bomber und umgebaute B52-Bomber sollten in wenigen Jahren mehr als 3000 Marschflugkörper tragen. Die Vernichtungskapazität der Atom-U-Boote sollte verdoppelt werden, so daß die seegestützten Raketen allein bereits ausreichen würden, jeden wichtigen Platz der Sowjetunion zu zerstören.

Zwar war es töricht, wenn einige amerikanische Senatoren den überseeischen NATO-Völkern mit dem Abzug der US-Truppen aus Europa drohten. Denn wie sonst könnte man hoffen, die strategischen Raketen Moskaus im Ernstfall vorerst von Amerika fernzuhalten als durch in Westeuropa lauernde Pershing II, Cruise Missiles, Neutronen- und Gasbomben?

Aber propagandistisch schlug die Isolationismus-Drohung voll ein. Millionen einfältiger Westeuropäer beschworen eiligst ihre Amerikatreue und wählten rechte Aufrüstungs-Parteien in ihre Regierungen. Selbst die Geschädigten der Rezession, die Heere der Arbeitslosen, wehrten sich nur schwach dagegen, daß ihnen das Geld weggenommen wurde, das man den Militärs zuschanzte.

Die Schwankenden und Verunsicherten konnte man damit beschwichtigen, daß West und Ost endlich in Genf über Rüstungskontrolle zu reden begannen. Wehe, wenn die kleinmütigen Westeuropäer, vor allem die Westdeutschen, die Holländer, die Belgier und auch die Engländer den sogenannten NATO-Doppelbeschluß weiterhin bejammern würden. Nun hatten sie gefälligst stillzuhalten – bis sie nach Jahren merken würden, daß Genf nur die Kette der Mißerfolge aller bisherigen Rüstungskontroll- oder Abrüstungsverhandlungen fortsetzen würde. Wie wenig ernsthaft man in Wirklichkeit daran dachte, sich miteinander zu verständigen, demonstrierten beide Seiten unverhohlen auf der KSZE-Folgekonferenz in Madrid: «Vertagung» lautete dort die Verlegenheitsformel für das Scheitern nach einem endlosen feindseligen Aneinander-Vorbeigerede. Und keine Hand rührte sich, um die SALT-Verhandlungen über die Begrenzung der strategischen Waffen wieder in Gang zu bringen.

Währenddessen lief die Kleinarbeit der psychologischen Militarisierung in Form einer systematischen Erziehung zur Kriegsbereitschaft auf Hochtouren weiter. Die in Kapitel 6 geschilderten pädagogischen Methoden wurden laufend verfeinert und durch sinnige Erfindungen bereichert. Kriegsspiele nach Monopoly-Art, aber noch viel differenzierter, wurden zu einem Schlager der amerikanischen Spielzeugindustrie. Das Brettspiel «Fulda-Gap» etwa ließ Hunderttausende kindlicher «Feldherren» den Spaß erleben, die deutschen Städte Marburg, Gießen, Frankfurt, Aschaffenburg, Würzburg – aber auch Bonn und Mainz zu zerstören. Sieger war, wer als erster möglichst viele Städte zwischen Marburg und Eisenach in Schutt gelegt hatte. Streng wissenschaftlich nach den neuesten Erkenntnissen der Kriegstechnik war dieses Spiel ersonnen. Die «little generals» vermochten sich dabei im Gebrauch von Jagdbombern, chemischen Giften und natürlich auch von Atombomben zu üben und dabei eine wunderbare direkte Anschauung von den Wirkungen dieser Waffen auf der Landkarte zu gewinnen. Daß sie dabei auch noch ihre Kenntnisse deutscher Städte – vor deren Zerstörung – auffüllen konnten, wurde noch als Bildungsvorteil gepriesen. Vor allem lernten die amerikanischen Kinder auf diese Weise, wie nützlich es sein würde, die Russen bereits in Europa in einen nuklearen und chemischen Krieg zu verwickeln. Verständliche Rücksicht gebot es immerhin, diese originellen Spiele vorläufig nicht dort zu vertreiben, wo nach den Expertenkenntnissen alles Leben ausgelöscht werden würde.

Noch manches ließe sich ergänzen, um die «Geschichte» in der Perspektive des HERMES-Plans fortzuführen. Nicht so imposant nimmt sich dagegen aus, was die «Friedensbewegung» in den letzten acht Monaten erreicht hat. Gewiß ist diese Bewegung immer mehr angewachsen. Hunderttausende haben in Bonn, London, Amsterdam, Brüssel, Paris und Rom demonstriert. Auch in vielen amerikanischen Städten sammeln sich Gruppen, die atomare Abrüstung fordern. Selbst in der streng überwachten DDR rührt sich die Jugend. Tausende haben in Dresden zum Jahrestag der Bombardierung der Stadt mit der Parole «Frieden schaffen ohne Waffen» demonstriert. Und schon 5000 Menschen haben einen «Berliner Appell» unterschrieben, der in der gesamten DDR heimlich verteilt wurde. In der DDR ist es die evangelische, in den USA besonders die katholische Kirche, die der Bewegung Rückhalt geben. Neben der Jugend engagieren sich vor allem die Frauen in vielen Ländern. «Frauen für den Frieden» führen eindrucksvolle Kampagnen gegen das Wettrüsten durch. Auch einzelne Berufsgruppen schließen sich auf internationaler Basis zusammen, so etwa die «Internationalen Ärzte zur Verhütung eines Atomkrieges». Hier kooperieren sogar unmittelbar Ärztegruppen aus West und Ost – insgesamt aus über 40 Nationen.

Aber man macht die Erfahrung, daß noch so machtvoll erscheinende Demonstrationen und nachdrücklich formulierte Resolutionen und Petitionen zwar gelegentlich die politischen Parteien und selbst die Regierungen ärgern, aber das Wettrüsten noch nicht bremsen konnten. Zu klagen und noch so beschwörend zu mahnen, genügt also nicht. Man muß etwas *praktisch* tun, was direkt störend in die Maschinerie der Militarisierungsprozesse eingreift. In Amerika hat der katholische Bischof Matthiesen die Arbeiter der PANTEX-Atomwaffenfabrik aufgefordert, sich andere Jobs zu suchen. Erzbischof Quinn, der Oberhirte von San Francisco, rät zum Boykott von Zivilschutz- und Atom-Übungen. Die Gläubigen sollen statt dessen aktiv in Anti-Kriegsgruppen mitarbeiten. In Westdeutschland hat sich eine bedeutende Zahl von Ärzten aller Fachrichtungen durch eine Willenserklärung verpflichtet, sich jeglicher Schulung und Fortbildung in Kriegsmedizin zu verweigern. Selbst in der DDR warnt der «Berliner Appell» vor Zivilschutzübungen als einer möglichen Variante psychologischer Kriegsvorbereitung.

Von westdeutschen Jugendlichen aus der Friedensbewegung stammt der Leitsatz, dem diese Verweigerungsinitiativen folgen: «Stell dir vor, es kommt Krieg, und niemand geht hin.» Wenn keiner hingehen will, kann es keinen Krieg geben. Man würde die Abschreckung eines Tages nicht mehr weiterführen können, wenn niemand mehr abschrecken wollte. Was würden die materiellen Abschreckungspotentiale nützen, wenn die Völker sich weigern würden, einander – d. h. in jedem Falle ja auch sich selbst – damit umzubringen? Aber diese Verweigerung muß dadurch sichtbar werden, daß schon jetzt immer mehr Leute irgendwo praktisch beweisen, daß sie nicht hingehen, wo Krieg vorbereitet wird. Daß sie Übungen für das Verhalten im Kriegsfall boykottieren, um zu bekunden, daß für sie eine Unmöglichkeit ist, worauf sie sich als Möglichkeit präparieren sollen.

Aber noch ist nicht abzusehen, ob dieser Prozeß des Bewußtwerdens und der wachsenden Widerstandsbereitschaft rasch genug international fortschreiten – und auch im Osten noch wirksamer werden wird, um die Fahrt in Richtung Katastrophe aufzuhalten. Und noch treiben die sogenannten Sachzwänge, die wie von HERMES koordiniert erscheinen, das wechselseitige Bedrohungssystem zu immer schnellerer Eskalierung. Deshalb ist jeder dazu aufgerufen, jetzt und hier persönliche Konsequenzen aus der Einsicht zu ziehen, welche die schwedische Ex-Ministerin für Abrüstung Alva Myrdal so formuliert hat:

«Unser einziges Machtmittel ist der Druck der öffentlichen Meinung auf unsere politischen Führer und durch sie auf die Atommächte.»

Literatur

Albertz, H.: Rede anläßlich des Empfangs des Gustav-Heinemann-Bürgerpreises 1980. Frankfurter Rundschau, Nr. 257, 1980
Albrecht, U., A. Joxe u. M. Kaldor: Gegen den Alarmismus. In: Studiengruppe Militärpolitik (Hg.): Aufrüsten, um abzurüsten? rororo 4717, 1980
Anders, G.: Endzeit und Zeitenende. C. H. Beck Verlag, München 1972
Arbeitsgruppe Abrüstungsplanung der Deutschen Gesellschaft für Friedens- und Konfliktforschung: Denkschrift «Neue Wege der Abrüstungsplanung». Frankfurter Rundschau, Nr. 263, 1980
Barbusse, H.: Le Feu. Flammarion Verlag, Paris 1917
Bastian, G.: Warum ich die Nachrüstung ablehne. Schreiben an Bundesverteidigungsminister Hans Apel vom 16. 1. 1980. Sonderdruck aus «Blätter für deutsche und internationale Politik» 2/1980. Pahl-Rugenstein Verlag, Köln 1980
Bastian, G.: «Vorrüstung – Nachrüstung» – eine unzutreffende Formel? Interview Psychosozial 3, Heft 4, 1980
Bastian, G.: Ist der nukleare Rüstungswettlauf unvermeidbar? In: K. Hübotter (Hg.): Ist der nukleare Rüstungswettlauf unvermeidbar? Dokumente. M. Klaussner Verlag, Fürth 1981
Bastian, G.: Weg auf gefährlichem Terrain. Der Spiegel, Nr. 29, 1981
Baudissin, W. v.: Sicherheit für Europa. Institut für Friedensforschung und Sicherheitspolitik an der Universität Hamburg, Heft 18, 1980
Blackett, P. M. S.: Atomic Weapons and East-West-Relations (1956); zit. nach Born, M.
Böll, H.: Anmerkungen zur Pazifismus-Debatte. Die Zeit, Nr. 26, 1981
Born, M.: Physik und Politik. Kleine Vandenhoeck-Reihe 93. Vandenhoeck u. Ruprecht Verlag, Göttingen 1960
Brandt, W.: Wandel tut not: Frieden, Ausgleich, Arbeitsplätze. Einleitung zum Bericht der Nord-Süd-Kommission. Kiepenheuer u. Witsch Verlag, Köln 1980
Carter, J.: Abschiedsrede an die amerikanische Nation (14. 1. 1981). Frankfurter Rundschau, Nr. 25, 1981
Dürrenmatt, F.: zit. aus Sonntags-Blick-Interview, 21. 12. 1980
Einstein, A.: zit. nach Jaspers, K.
Eppler, E.: Wege aus der Gefahr, Rowohlt Verlag, Reinbek 1981
Eppler, E.: Deutschland – Vorfeld oder Schlachtfeld? Die Zeit, Nr. 26, 1981
Fromm, E.: Anatomie der menschlichen Destruktivität. Deutsche Verlags-Anstalt Stuttgart 1974
Global 2000. Deutsche Ausgabe bei Zweitausendeins, Frankfurt 1980
Guha, A.-A.: Die Neutronenbombe oder die Perversion menschlichen Denkens. Fischer-Taschenbuch 2042, 1977
Guha, A.-A.: Der Tod in der Grauzone – Ist Europa noch zu verteidigen? Fischer Taschenbuch 4217, 1980
Horkheimer, M.: Pessimismus heute (1971). In: Sozialphilosophische Studien. Fischer Athenäum Taschenbuch 4003, 1972

Jahn, E.: Friedensforschung unter dem sanften Zwang der Ausgewogenheit. Frankfurter Rundschau, Nr. 121, 1981
Jaspers, K.: Die Atombombe und die Zukunft des Menschen. Piper Verlag, München 1958
Kennan, G. F.: Rede anläßlich des Empfangs des Albert-Einstein-Friedenspreises 1981; zit. nach Frankfurter Allgemeine Zeitung, Nr. 117, 1981
King, M. L.: Freiheit. Oncken Verlag, Kassel 1964
Krell, G. u. W. Damm (Hg.): Abrüstung und Sicherheit. Kaiser Verlag, München 1979, Grünewald Verlag, Mainz
Krell, G. u. D. Lutz: Nuklearrüstung im Ost-West-Konflikt. Nomos Verlagsgesellschaft, Baden-Baden 1980
La Rocque, G.: zit. nach A. A. Guha: Der Dritte Weltkrieg findet in Europa statt. Frankfurter Rundschau, Nr. 99, 1981
Lutz, D.: Die Rüstung der Sowjetunion. Nomos Verlagsgesellschaft, Baden-Baden 1979
Meadows, D. L: Die Grenzen des Wachstums. Deutsche Verlags-Anstalt, Stuttgart 1972
Meadows, D. L.: Wachstum bis zur Katastrophe? Deutsche Verlags-Anstalt, Stuttgart 1974
Mechtersheimer, A.: «Modernisierung» gegen Sicherheit. Zur Stationierung amerikanischer Mittelstreckensysteme in der Bundesrepublik Deutschland. In: Studiengruppe Militärpolitik (Hg.): Aufrüsten, um abzurüsten? rororo 4717, 1980
Mussolini, B.: zit. nach F. U. Fack: Frieden schaffen ohne Waffen? Frankfurter Allgemeine Zeitung, Nr. 136, 1981
Nietzsche, F.: Menschliches, Allzumenschliches. 2. Bd.: Der Wanderer und sein Schatten. Werke, Bd. I. Hanser Verlag, München 1977
Nietzsche, F.: Aus dem Nachlaß der Achtzigerjahre. Werke, Bd. III. Hanser Verlag, München 1977
Otto, K. A.: Vom Ostermarsch zur APO. Campus Verlag, Frankfurt–New York 1977
Palmer, H.: Wem dienen die Dienste? L'80, Nr. 17, 1981
Richter, H. E.: Flüchten oder Standhalten. Rowohlt Verlag, Reinbek 1976
Richter, H. E.: Der Gotteskomplex. Rowohlt Verlag, Reinbek 1979
Richter, H. E.: Sind wir unfähig zum Frieden? Psychosozial 3, Heft 4, 1980
Rodejohann, J. (Bearb.): Atomkriegsfolgen. Militärpolitik 4, Nr. 16, 1980
Senghaas, D.: Abschreckung und Frieden. Überarb. u. erg. Ausg. Europäische Verlagsanstalt, Frankfurt 1981
Singer, U.: Massenselbstmord. Hippokrates Verlag, Stuttgart 1980
Strasser, J.: Sicherheit als destruktives Ideal. L'80, Nr. 17, 1981
Thompson, E. P.: ‹Exterminismus› als letztes Stadium der Zivilisation. Befreiung Nr. 19/20, 1980
Weede, E.: Weltpolitik und Kriegsursachen im 20. Jahrhundert. Oldenbourg Verlag, München–Wien 1975
Weizsäcker, C. F. v.: Wege in der Gefahr. Hanser Verlag, München 1976
Zinner, P. E.: Diskussionsbemerkung. Bergedorfer Gesprächskreis, Protokoll Nr. 66, 1980